寫給所有人的
特洛伊與希臘故事集

TALES
OF TROY AND
GREECE

ANDREW LANG

安德魯・蘭格 ──── 著　謝靜雯 ──── 譯

本書獻給作家
亨利・萊特・哈葛德（H. Rider Haggard）

掠城者尤里西斯
ULYSSES THE SACKER OF CITIES

尤里西斯的流浪
THE WANDERINGS OF ULYSSES

金羊毛
THE FLEECE OF GOLD

翟修斯
THESEUS

帕修斯
PERSEUS

古希臘地名索引

掠城者尤里西斯

ULYSSES THE SACKER OF CITIES

◆ 尤里西斯的童年和父母 ◆

　　從前從前在希臘西岸，有個叫伊薩卡（Ithaca）的小島，住著一位名叫拉厄耳特斯（Laertes）的國王。他的王國很小而且多山。人們總說，伊薩卡「有如貼在海上的盾牌」，聽起來彷彿是個地勢平坦的國度。當時的盾牌非常大，中央有兩處隆起，隆起之間有一個凹陷。從遠處的海上看，伊薩卡有兩座主峰以及介於中間的裂谷，看起來就像一面盾牌。這個國家地勢崎嶇，當地人不養馬，因為在當時戰場，人們站在兩匹馬拉的輕型戰車上，站著駕駛，並不騎馬，所以也沒有騎兵。伊薩卡國王拉厄耳特斯的兒子尤里西斯從不曾在戰車上作戰，他沒有戰車，總是徒步戰鬥。

　　伊薩卡沒有馬，倒有很多牲畜。尤里西斯的父親擁有幾群綿羊和豬，野山羊、鹿、野兔則放養在山丘和平原上。海裡滿是形形色色的魚，人們用網、竿、線和勾子捕撈牠們。

　　伊薩卡是個宜居的島嶼。夏天很長，幾乎沒什麼冬天；一年只有幾個星期寒冷，然後燕子就會歸來。平原宛如一座花園，野花茂密似錦──紫羅蘭、百合、水仙和玫瑰。在碧海藍天之間，這座島嶼美不勝收。白色的神廟矗立在海岸上，寧芙（nymphs）──某種仙子──有屬於自己的小小石砌神龕，一叢叢的野生薔薇從上頭垂掛下來。

放眼可見其他島嶼，島上群山環繞，一個接一個朝著落日延伸而去。尤里西斯這輩子見過不少富裕國家和雄偉城市，但無論他身處何方，他的心永遠在伊薩卡這座小島上，他在這裡學會划船、駕駛帆船、操弓使箭、獵捕野豬和雄鹿，以及管理自己的獵犬。

　　尤里西斯的母親名叫安提克勒亞（Anticleia），她是奧托里庫斯（Autolycus）國王的女兒。這位奧托里庫斯住在大陸的帕那索斯山（Parnassus）附近，是最狡猾的人。他是竊盜大師，能從別人的腦袋底下偷走枕頭，但眾人對他的評價似乎並未因此降低。希臘人有個竊賊之神叫荷米斯（Hermes），奧托里庫斯非常崇拜祂，比起他的欺瞞作為所造成的傷害，人們更看重他的狡猾技巧。也許他這些把戲只是用來自娛。無論如何，尤里西斯變得跟他祖父一樣機靈；尤里西斯同時是個最有膽識也是最狡猾的人，不過，他不曾偷竊，除了一次，是在戰爭時偷走敵人的東西，我們在後面的故事裡會知道。無論在戰略上，或是多次從巨人和食人族手中脫逃的奇特過程，他在在展現出自己的狡猾。

　　尤里西斯出生不久，奧托里庫斯來到伊薩卡探望。當他坐著吃晚飯時，尤里西斯的奶媽尤麗克萊亞（Eurycleia）將嬰兒抱進來，放在奧托里庫斯的膝上，說：「為您的孫子取個名字吧，因為他是個受眾多禱告庇佑的孩子。」

　　奧托里庫斯說：「我對世上的許多男人女人都懷抱怒火，所以這孩子就取名憤怒之人（A Man of Wrath）吧。」以希臘文來說，也就是奧德賽（Odysseus）。於是該國人民稱呼這孩子為奧德賽，後來的羅馬人則稱呼他為尤里西斯，我們就叫他尤里西斯吧。

我們對童年時期的尤里西斯所知不多，只知道他總跟著父親在花園裡東奔西跑，問問題，哀求能夠擁有「屬於他自己的」果樹。他沒有其他兄弟，父母對他疼愛有加，於是父親送給他十三棵梨子樹、四十棵無花果樹，並答應給他五十排葡萄藤，葡萄結實纍纍，他想吃就吃，不必先問過園丁。所以他不像外祖父那樣，受到誘惑去偷水果。

　　奧托里庫斯為尤里西斯取名時，要求孫子長大後一定要去拜訪他，到時會送給孫子精美的禮物。尤里西斯長成高大的少年，聽說了這件事，便渡海，駕著馬車前往老人位於帕那索斯山上的房子。大家都歡迎他。第二天一早，他和舅舅、表兄弟出門捕獵凶猛的野豬。尤里西斯或許也把自己的狗帶去了，那隻狗叫阿爾戈（Argos），是隻頂尖的獵犬，很久之後我們會再聽到牠的消息，因為這隻狗很長壽。不久，獵犬們嗅到野豬的氣味追了過去，人們手拿長矛跟在後面，尤里西斯跑在最前頭，因為他當時已經是全希臘跑得最快的人了。

　　他來到一頭大野豬旁，野豬躺在樹枝和蕨類糾纏的灌木叢間，陽光永遠照射不到那個陰暗地方，雨水也穿透不了。接著，人們的吶喊和獵犬的吠叫驚醒野豬，牠一躍而起，背上鬃毛直豎，雙眼閃著怒火。尤里西斯率先衝過去，舉著長矛準備攻擊，但野豬衝了過來，動作快得他反應不及，銳利的獠牙從他的側面一刺，撕裂他的大腿。所幸野豬的獠牙並未刺中腿骨，尤里西斯投出尖矛射進野豬的右肩，長矛俐落的一穿而過，野豬大聲號叫倒地而亡。尤里西斯的舅舅仔細包紮他的傷口，對它唱著魔法歌謠；就像奧爾良圍城期間，聖女貞德的肩膀被箭刺穿，法蘭西士

兵所嘗試做的那樣。接著鮮血不再噴湧，尤里西斯的傷口不久便
痊癒了。他們認為尤里西斯將會成為優秀的戰士，並送給他精美
的禮物，當他返家後，將發生的事情都告訴了父母和奶媽尤麗克
萊亞。他左膝上方永遠留下一道白色的印記或傷痕，關於這道傷
痕，多年後我們會再次聽到。

✦2✦

✥在尤里西斯的時代，大家如何生活✥

　　尤里西斯還是個年輕人的時候，他希望娶一位與他同階層的公主。當時希臘有許多國王，確實有必要知道他們的生活方式。每個國王有自己的小王國，王國裡有主要城市，城市周圍環繞著巨大的石牆。這些城牆有許多至今仍然屹立不倒，儘管大部分已經變成雜草叢生的廢墟，後來，人們相信這些城牆一定是巨人建造的，因為那些石塊是如此巨大。每個國王底下都有貴族、富人，他們各自擁有宮殿。每座宮殿都有中庭和長型大廳，大廳中央燃燒著火堆，國王和王后坐在火邊高聳的寶座上，在支撐屋頂的四根雕刻主柱之間。寶座由雪松和象牙製成，鑲嵌著金子，還有許多供賓客使用的椅子和小桌子，牆壁和門上覆著青銅片、金與銀以及藍色玻璃片。有時上面還繪有獵牛的圖畫，其中有些圖畫直到今天仍然可以看到。到了晚上，火炬被點燃，插在黃金男孩塑像的手裡，而火堆和火炬的煙霧會從屋頂的一個洞口散逸出去，燻黑天花板。牆上掛的劍、長矛、盔甲和盾牌，需要經常清除煙霧所造成的污漬。吟遊詩人或詩人坐在國王和王后身邊，晚飯後他撥奏豎琴，詠唱往昔戰爭的故事。夜間，國王和王后睡在專屬的地方，女人們有自己的房間；公主們的臥房在樓上，年輕的王子們則在中庭建造自己的房間。

浴室設有拋光澡盆，客人風塵僕僕的到訪時會被帶到那裡。因為氣候溫和，夜裡客人就睡在門廊的床上。僕從很多，通常是戰爭俘虜而來的，但他們受到良好的對待，跟主人關係友好。當時不使用鑄造的錢幣，人們以牲畜或秤重的金塊來支付。富人擁有許多金杯、金柄劍、手鐲和胸針。國王們在戰爭中是領袖，承平時期是法官，他們宰殺牛、豬、羊向眾神獻祭，這些祭品事後可作為飯食享用。

　　他們穿著簡單，麻布或絲綢做成的罩衫，長度幾乎到腳，但會往上塞進腰帶裡，可以隨意選擇穿長或穿短。若需要把衣物固定在喉嚨處，會使用製作精美，帶有安全別針的黃金領針。有腰帶和領針的這身打扮，很像蘇格蘭高地人過去常穿的格紋服飾。天氣寒冷時，希臘人會另外披上厚羊毛斗篷，但不在作戰時穿著。作戰時，他們在罩衫外綁上胸甲，下身也有其他護甲，有稱作「護脛」的腿部護甲；大盾則用一條寬帶掛在脖子上，盾牌的高度從喉嚨到腳踝，用來防護全身。劍繫在另一條腰帶上，與盾牌的背帶交叉。承平時穿輕便的鞋子，戰爭時或是要橫越鄉村時，換穿較為笨重的高筒靴。

　　婦女也穿罩衫，配戴的胸針和珠寶比男人多；會戴頭飾、面紗等，並且用斗篷蓋住一切，也戴黃金和琥珀項鍊、耳環、黃金或銅製的手鐲。衣服的顏色多樣，主要是白色和紫色；在哀悼期，她們穿的是非常深的藍色，而不是黑色。所有的盔甲、劍刃和矛頭都不是鋼或鐵，而是青銅，青銅是銅和錫的混合物。盾牌由好幾層厚皮革所製，上面鍍了層青銅。斧頭和犁鏵等工具不是鐵就是青銅製的；刀和匕首的刀身也是。

對我們來說，那些房子和生活方式似乎相當華麗，但在某些方面也相當粗陋。宮殿的地板上，至少在尤里西斯的房子裡，散落著被殺來吃的牛骨和牛腳，不過這是尤里西斯長年出門在外時發生的。尤里西斯家的大廳地板並沒有鋪木板或石頭，而是黏土製的；因為他只是個統治小島的窮國王。烹飪的方式粗糙：豬或羊被殺之後，立刻烤來吃。我們從沒聽過用水煮肉的作法，雖然人們可能吃魚，但我們也沒聽過他們這樣做，除非無法取得獸肉。不過，一定有些人喜歡吃魚，因為這時期畫在或刻在寶石上的圖畫，可以看到半裸的漁夫提著大魚走回家。

這些人是出色的黃金和青銅工匠。後來在他們的墳墓裡發現了幾百件黃金飾品，但這些飾品可能早於尤里西斯時代兩三個世紀以前，製造和埋葬的。匕首的刀面上，有人與獅子搏鬥、花朵的圖案，鑲嵌著各種顏色的金和銀；這麼美麗的東西現在已經沒有人做了。在一些金杯上有男人狩獵公牛的身影，栩栩如生。陶瓶和陶罐上繪製了迷人的圖案；總之，生活在這個世界是相當美好的。

當時的人信仰眾多神祇，這些神有男有女，主神是宙斯。在大家的心目中，這些神比人類高大，永生不死，生活方式和人類相差無幾，在輝煌的宮殿裡吃、喝、睡。雖然祂們應該要獎賞好人，並懲罰不守誓言、惡待陌生人的人，但是有很多故事講述了眾神善變、殘忍、自私，給人類立下很壞的榜樣。我們不清楚大家相信這些故事到什麼程度；可以確定的是「所有的人都覺得自己需要那些神祇」，並認為祂們對善行感到滿意，對惡行不悅。然而，當有人覺得自己的行為不妥時，卻往往責怪神祇，說神祇

誤導他，其實言外之意就是「他自己忍不住」。

　　當時有個奇怪的習俗：王子用牲畜、黃金、青銅和鐵，跟公主的父親換取公主來當妻子。但有時候王子因為英勇的行為而得到妻子作為獎賞。人們不會把女兒嫁給她不愛的求婚者，即使提出極高的價格，至少這一定是當時的通則，因為夫妻往往非常喜愛對方和他們的孩子，而丈夫總是讓妻子掌管家務，並對所有事情提供建議。一個女人喜歡其他男人勝過自己的丈夫時，一般會被認為是敗德的事情，而這樣的妻子很少，但其中有一位是有史以來最美麗的女人。

3

→ 追求特洛伊的海倫 ←

　　尤里西斯年輕的時候想要結婚，這就是當時人們的生活方式。這種生活方式最糟糕的事情是，最了不起且最美麗的公主可能被俘虜並作為奴隸，被帶到殺父殺夫仇人的城鎮。當時，有個全世界最美麗的女子，也就是海倫，廷達瑞俄斯（Tyndarus）國王的女兒。每個年輕王子都聽過她，都想娶她，所以她的父親邀請他們到他的宮殿，款待他們，並了解他們願意付出什麼。尤里西斯也去了，但他父親的王國很小，是個地勢崎嶇的島嶼，加上附近的其他島嶼，尤里西斯的勝算不大。他長得不高，十分強壯，活力充沛；儘管身材矮小，肩膀寬闊，但容貌俊美，而且就像所有王子，他留著黃色的長髮，濃密有如風信子花。他的舉止有些遲疑，起初似乎說話很慢，不過後來就能暢所欲言。男人會做的一切他都相當拿手；他會耕種、建屋、造船，是希臘第二優秀的弓箭手，能夠拉開死去的國王尤里勒斯（Euryrus）的大弓，這是其他人做不到的。但他沒有馬匹，也沒有大批追隨者；簡而言之，眼前有這麼多高大英俊的年輕王子，身上披掛閃閃發亮的金飾，海倫或她父親都不考慮選擇尤里西斯。儘管如此，海倫還是對尤里西斯很好，兩人建立起堅實的友誼，這點到最後為她帶來好運。

　　廷達瑞俄斯首先要求所有的王子發誓，將支持他所選定的

王子，並為該王子所有的衝突挺身而戰，接著指定拉刻代蒙*（Lacedaemon）的國王梅內勞斯（Menelaus）為海倫的丈夫。梅內勞斯非常英勇，但並不是最強者之一；他不像高大強壯的巨人艾阿斯（Ajax）那般勇猛；也比不上尤里西斯的朋友戴歐米德斯（Diomedes）；也不如他自己的兄弟阿加曼儂（Agamemnon），富裕城市邁錫尼（Mycenae）的國王，所有王子的首領，也是戰爭時整支大軍的統帥。邁錫尼城門上方，狀似守護著城市的石雕巨獅，至今依然挺立，阿加曼儂曾駕著戰車從下方穿過。

被證明是最佳戰士的阿基里斯（Achilles），當時並不在海倫的情人之列，因為他還是個男孩。他的母親是海洋女神，銀足的緹蒂絲（Thetis），祂把他送到遠方的斯庫羅斯島（Scyros），和國王呂科墨得斯（Lycomedes）的幾個女兒一起生活，將他當成女孩扶養長大。緹蒂絲之所以這麼做，是因為阿基里斯是她的獨生子，有預言說，如果他去參戰，將贏得最大的榮耀，但會英年早逝，再也見不到母親。祂想，若是戰爭爆發，而他在很遠的地方，穿著女孩的衣服，躲在女孩中間，就不會被發現了。

廷達瑞俄斯思考良久，最後將美麗的海倫交給梅內勞斯，富有的拉刻代蒙國王。她的孿生姊妹克萊婷（Clytemnestra）也非常美麗，許配給眾王子之首阿加曼儂。起初他們幸福快樂的住在一起，但為時不久。

同時，廷達瑞俄斯國王找他的兄弟伊卡里俄斯（Icarius）談話，伊卡里俄斯有個女兒叫潘妮洛普（Penelope），也長得很美，

---

* 編按：拉刻代蒙，斯巴達的古名。

但不及她美麗的堂姊海倫，我們知道潘妮洛普不太喜歡她的堂姊。伊卡里俄斯欣賞尤里西斯的力量與智慧，將女兒潘妮洛普嫁給他當妻子，尤里西斯深愛著她，沒有丈夫與妻子比他們更親密。兩人一起回到崎嶇的伊薩卡，也許潘妮洛普並不為自己家和海倫家之間隔著廣闊大海，而感到遺憾；因為海倫不只是世間最美的女人，而且善良、優雅和迷人，凡是看到她的男人都會愛上她。海倫還是個孩子時，著名的王子翟修斯（Theseus）（他的故事之後再說），把海倫帶到他自己的城市雅典，打算在她長大後娶她。甚至在當時有一場因她而起的戰爭，因為她的兄弟帶著軍隊追上翟修斯，與他戰鬥，後來將她帶回家。

她有來自仙界的禮物：例如，她有一顆巨大的紅寶石叫做「星星」，當她戴上時，它的紅彷彿水滴般紛紛滴落，在碰到並沾染她雪白的胸脯之前即消失──她如此雪白，人們都稱她為「天鵝之女」。她可以模仿任何男人或女人的聲音說話，所以人們也稱她為「回聲」，且認為她既不會老也不會死，最後將前往至福樂土（Elysian plain）和世界的盡頭，在那裡生活極為舒適。那裡不下雪，沒有暴風雨，也不下雨；但圍繞整個土地的海洋之河會送來西風，為金髮拉達曼迪斯（Rhadamanthus）國王*的人民帶來涼意。這些是美人海倫的一些故事，但尤里西斯不曾因為娶不到海倫而抱憾，他深愛著她的堂妹，他的風暴，潘妮洛普，她非常睿智和善良。

尤里西斯帶妻子回家，遵照習俗，他們住在他父親拉厄耳特

* 編按：拉達曼迪斯是宙斯之子，克里特島的國王，死後成為冥府的審判者之一，住在位於大地邊緣的至福樂土。

斯國王的宮殿裡，但尤里西斯親手為自己和潘妮洛普建造了一間臥室。宮殿的內院裡長著一棵大橄欖樹，樹幹粗壯如大廳的雕花高柱。尤里西斯圍繞著這棵樹建造臥室，用緊密鑲嵌的石塊完成它，並蓋上屋頂，製作緊固的門。接著他砍除橄欖樹的所有枝椏，磨平樹幹做成床柱，美麗的床架鑲嵌著金銀和象牙。全希臘沒有這樣的床，也沒有人能移開它，這張床在故事末尾會再出現。

　　時光荏苒，尤里西斯和潘妮洛普有了一個兒子叫特勒馬庫斯（Telemachus）；曾是他父親的奶媽尤麗克萊亞，負責照顧他。他們非常幸福，在地勢崎嶇的伊薩卡過著平靜的生活。尤里西斯照料自己的土地、羊群和牛群，並帶著最迅捷的獵犬阿爾戈去打獵。

4

◆偷走海倫◆

　　這段快樂的時光並沒有持續多久，當戰爭爆發時，特勒馬庫斯還是個嬰孩，世界上從未有過如此偉大、強大和奇妙的戰爭。遠在希臘東部的大海彼端，住著一位富有的國王普瑞阿姆（Priam），他的城市叫特洛伊（Troy）或伊里奧斯（Ilios），坐落在靠近海岸的山丘上，那裡是介於歐洲和亞洲之間的赫勒斯滂海峽（Hellespont）；特洛伊是一座宏偉的城市，被堅固的城牆包圍起來，它的廢墟至今依然存在。特洛伊歷代國王要求通過海峽的商人支付通行費，他們在色雷斯（Thrace）有盟友，色雷斯是歐洲的一部份，與特洛伊隔海峽相對。普瑞阿姆是大海這一側所有王子之首，就像阿加曼儂是希臘最主要的國王一樣。普瑞阿姆擁有許多美麗的東西；他有一株黃金製的葡萄藤，上面掛著金葉子和成串的金葡萄，他有最快的馬，還有許多強壯勇敢的兒子；最強壯最勇敢的叫赫克特（Hector），最年輕最俊美的叫帕里斯（Paris）。

　　有個預言說普瑞阿姆的妻子會生下燃燒的火炬，因此帕里斯出生時，普瑞阿姆派僕人將嬰兒抱到艾達山（Mount Ida）的野樹林裡，任他自生自滅或被野狼和野貓吃掉。僕人丟下那個孩子，但有個牧羊人發現了他，將他當作自己的兒子養大。這男孩變得和海倫一樣漂亮，一個俊美非凡，一個美若天仙；而且在鄉間，

他是最好的跑者、獵人和弓箭手。他為美麗的俄諾涅（Oenone）所愛，她是寧芙──也就是某種仙子──住在艾達樹林中的洞穴裡。當時的希臘人和特洛伊人相信，如此美麗的仙子出沒在所有美麗的林地、山間和泉水，並且和人魚一樣擁有海浪下的水晶宮殿。這些仙子溫柔善良，並不愛捉弄人。有時候她們會嫁給凡人；俄諾涅是帕里斯的新娘，並希望他一生都屬於她。

人們相信俄諾涅有治癒傷者的神奇力量，不管他們的傷勢多嚴重。帕里斯和俄諾涅在森林裡過得很幸福；但是有一天，普瑞阿姆的僕人趕走了帕里斯牛群裡一頭美麗的公牛，他離開艾達山去尋找牠，最後來到特洛伊城。他的母親赫秋芭（Hecuba）一看到他便仔細打量，見他戴著一枚戒指，那是他出生不久被帶走時，她繫在嬰兒脖子上的。赫秋芭看到他長得如此俊美，知道他是自己的孩子，高興得哭了起來，他們都忘記他將成為燃燒的火炬那個預言，普瑞阿姆給他一座房子，就像他的兄弟其他幾位特洛伊王子的房子一樣。

美麗的海倫聲名傳到了特洛伊，帕里斯完全忘掉哀怨的俄諾涅，決心親眼見到海倫。也許他想趕在她結婚以前贏得她的芳心，並娶她為妻。可是在那個時代，人們對航行知之甚少，大海遼闊，船隻經常被迫偏離航道多年，駛向埃及和非洲，進入遙遠的未知海域；在那裡，仙子住在施過魔法的島嶼上，食人族住在山洞裡。

帕里斯來得太晚，失去與海倫結婚的機會；不過，他下定決心要見到她，於是前往她位於泰格特斯山（Taygetus）下、依傍著湍急清澈的尤羅塔斯河（Eurotas）的宮殿。僕人聽見車輪和馬

蹄聲，便從大廳裡出來，有的牽馬到馬廄，把戰車斜靠在門口，有的領帕里斯進到大廳，大廳裡像太陽一樣閃耀著金色和銀色的光芒。接著帕里斯跟他的同伴被帶到浴室，他們在那裡沐浴並換上新衣，白色斗篷和紫色長袍，接下來他們被帶去見梅內勞斯國王，他親切的歡迎他們，大魚大肉和金杯盛裝的酒擺在他們面前。在他們談話的時候，海倫從她芬芳的房間裡出來，像一位女神，侍女跟在她身後，為她拿著一根捆有紫羅蘭色羊毛的象牙紡紗桿，她坐下來紡紗，聽到帕里斯講述他走了多遠，只為了一睹她馳名的美貌。

帕里斯明白自己從未看過，也永遠不會再看到這般美好高雅的女子，海倫坐在一旁紡紗，被稱為星星的紅寶石流下紅色的液滴然後消失；海倫知道，在世界上所有的王子裡，沒有誰比帕里斯更俊美。現在有人說帕里斯施了魔法，偽裝成梅內勞斯，邀請海倫一起出海，海倫以為他是自己的丈夫，便跟著他，於是帕里斯帶著海倫穿過廣闊的水域到特洛伊，遠離她的丈夫和美麗的小女兒赫敏（Hermione）。還有人說，眾神將海倫本人帶到埃及，祂們用花朵和落日的雲彩，塑造了一個肖似她的美麗幽靈，帕里斯把那個幽靈帶到特洛伊，祂們這樣做是為了引起希臘人和特洛伊人之間的戰爭。另一個說法是，梅內勞斯外出狩獵時，海倫和她的侍女以及她的珠寶全被強行奪走了。唯一可以確定的是，帕里斯和海倫一起渡過了大海，將梅內勞斯和小赫敏留在尤羅塔斯河畔那座憂鬱的宮殿裡。我們確知的是，潘妮洛普沒有替她美麗的堂姊找藉口，而是痛恨她，因為海倫是她悲傷的起因，也是戰爭中成千上萬人喪生的原因。因為所有的希臘王子都曾發誓要為

梅內勞斯而戰，反對任何傷害他並偷走他妻子的人。可是海倫在
特洛伊很不快樂，她像所有女人責備她一樣的痛苦自責，最不滿
的莫過於俄諾涅，她曾是帕里斯的愛。男人們對海倫友善得多，
為了將她的美留在身邊，決心戰鬥到死。

　　梅內勞斯和希臘所有的王子蒙受羞辱的消息，迅速傳遍了
全境，有如大火穿過森林一樣。消息從東、西、南、北傳播：傳
到了山上、河邊和海邊懸崖上城堡裡的國王們。吶喊傳到了皮洛
斯（Pylos），有著白鬍子的年老的聶斯托（Nestor）那裡；聶斯托

統治了兩代人，曾與山上的野蠻人作戰，他想起強壯的海克力斯（Heracles），以及擁有黑弓的歐律托斯（Eurytus），那把弓會在戰鬥的前一天歌唱。

呐喊傳到了黑鬍子的阿加曼儂耳裡，他堅固的城市叫做「黃金邁錫尼」，因為它是如此富有；傳到了緹絲碧（Thisbe）人們耳裡，野鴿在那裡流連不去；傳到了地勢崎嶇的庇索（Pytho，德爾菲〔Delphi〕的舊稱），那裡是阿波羅和女先知的聖殿。傳到了艾阿斯耳裡，他是撒拉米島（Salamis）上最高大最強壯的人；傳到戰吼宏亮的戴歐米德斯那裡，他是最勇敢的戰士，掌握著阿爾戈斯城（Argos）和提林斯城（Tiryns），它們都有巨石砌成的黑牆，至今依然屹立。那些召喚的呐喊傳到了西邊島嶼和伊薩卡的尤里西斯那裡，甚至遠至南方的百城大島克里特（Crete），那裡由克諾索斯（Cnossos）的伊多墨紐斯（Idomeneus）所統治；伊多墨紐斯的宮殿現今已成廢墟，但依然可以看見國王的寶座，牆上的壁畫，國王的金銀棋盤，以及幾百塊黏土板，上頭記錄著皇家寶庫的清單。消息傳到遙遠的北方，色薩利的佩拉斯吉亞（Pelasgian Argos）和赫拉斯（Hellas），也就是佩琉斯（Peleus）的人民居住的地方，即密耳彌冬人（Myrmidons）；但是佩琉斯年事已高，無法戰鬥，他的兒子阿基里斯正在遙遠的斯庫羅斯島，打扮成女孩，和呂科墨得斯國王的女兒們住在一起。即將開戰的悲慘消息，傳到了許多城鎮和幾百個島嶼，因為所有的王子都知道，他們的榮譽和誓言迫使他們從田野和漁場，召集長矛手、弓箭手和投石兵，並準備船隻，在奧利斯港（Aulis）與阿加曼儂國王會合，然後度過廣闊的大海圍攻特洛伊。

尤里西斯百般不願離開他的島嶼和他的妻子潘妮洛普以及小特勒馬庫斯；潘妮洛普也不希望他陷入危險，進入孅孅玉手的海倫的視線。據說當兩位王子來召喚尤里西斯時，他裝瘋，帶著公牛去犁沙，還用鹽來播種。帕拉墨得斯（Palamedes）從奶媽尤麗克萊亞懷中抱走嬰兒特勒馬庫斯，把他放在犁溝裡，如此一來犁鏵將會撞死他。但尤里西斯把犁轉到一邊。兩位王子喊著說他根本沒有瘋，而且神智正常，要他 ．定遵守誓言，加入奧利斯的艦隊。這段航程對他來說非常的漫長，必須繞過南邊風暴肆虐的瑪勒亞岬（Cape of Maleia）*。

不管這則傳說是真是假，尤里西斯整軍出發了。他率領十二艘黑色的船，船頭和船尾高聳的鳥嘴飾塗成紅色。船上有槳，沒有風的時候，由戰士們操槳划船。船的每一端都有個小型凸出的甲板；海上發生戰鬥時，人們站在這些甲板上用劍和長矛作戰。每艘船只有一根桅杆，撐起寬大的四角帆，而且他們只用沉重的石頭繫上纜繩當作錨。通常他們在夜間登陸，只要情況允許，就在眾多島嶼之一的岸上過夜，因為他們非常害怕航行到看不見陸地的地方。

這支希臘艦隊有千餘艘戰船，每艘有五十名戰士，所以軍隊有五萬多人。阿加曼儂有一百艘船，戴歐米德斯有八十艘，聶斯托有九十艘，伊多墨紐斯率領的克里特島人有八十艘，梅內勞斯有六十艘；但住在小島上的艾阿斯和尤里西斯各自只有十二艘。然而艾阿斯如此勇敢和強壯，尤里西斯如此勇敢和睿智，他們被

* 編按：特洛伊圍城戰結束後，尤里西斯返鄉的航行便是在瑪勒亞岬開始偏離航道，進入漫長的漂流。

列入阿加曼儂最偉大的首領和顧問，與梅內勞斯、戴歐米德斯、伊多墨紐斯、聶斯托、雅典的墨涅斯透斯（Menestheus）以及其他兩三位並列。這些首領被稱為議會（Council），他們向統帥阿加曼儂提出建議。阿加曼儂是勇敢的戰士，但非常焦慮和害怕失去士兵的生命，尤里西斯和戴歐米德斯常常不得不非常嚴厲的對他說話。阿加曼儂非常傲慢和貪婪，但是只要有人反對他，他隨時準備道歉，生怕受傷的首領退出，並帶走麾下的士兵。

聶斯托十分受到敬重，因為他仍然很勇敢，儘管他老到無法在戰鬥中發揮作用。當王子們和阿加曼儂發生爭執時，他總會試圖調和。他喜歡長篇大論講述年輕時的偉業，希望首領們用傳統的方式打仗。

例如，在他的時代，希臘人以部落兵團的形式作戰，貴族從不下戰車戰鬥，而是以戰車中隊作戰，但是現在戰車的主人都徒步作戰，人人各自奮戰，而他的侍從則將戰車駛近他，以便他在必須撤退時逃離。聶斯托希望能回到昔日的好戰法，用戰車衝鋒的方式來對抗敵人成群結隊的步兵。總之，他是老式軍人的典範。

艾阿斯雖然非常高大、強壯又勇敢，但卻相當愚蠢。他很少說話，但隨時準備戰鬥，往往奮戰到最後才撤退。梅內勞斯雖然體弱，但與最優秀的人一樣勇敢，或者更勇敢，因為他有強烈的榮譽感，並願意去做超出自己能力所及之事。戴歐米德斯和尤里西斯是非常要好的朋友，只要情況允許，他們總是並肩作戰，並在最危險的行動裡相互支援。

這些就是率領偉大的希臘艦隊從奧利斯港出發的首領群像。在海倫逃走之後，過了好長一段時間，龐大的艦隊才集結起來，

而嘗試渡海前往特洛伊，又花費了更多時間。先是暴風雨使船隻四散，因此他們不得不回奧利斯重新整備；當艦隊再次出發，他們與不友好的島嶼人交戰，圍困他們的城鎮。他們最想要的莫過於讓阿基里斯加入，因為他是五十艘船艦和兩千五百名戰士的領袖，而且據說他擁有魔法盔甲，是製作盔甲的鐵匠之神赫費斯托斯（Hephaestus）為他父親打造的。

最後，艦隊來到斯庫羅斯島（Scyros），他們懷疑阿基里斯就藏在此處。呂科墨得斯國王親切的接待這些首領，他們看到他美麗的女兒們都在跳舞和玩球，而阿基里斯仍然那麼年輕、苗條、漂亮，以至於他們認不出他來。有個預言說，沒有他，他們就攻不下特洛伊，可是他們找不到他。後來尤里西斯想出一個計畫。他染黑眉毛和鬍子，穿上腓尼基商人的衣服。腓尼基人是一個住在猶太人附近的民族，屬於同一種族，語言幾乎相同，可是，猶太人當時在巴勒斯坦是農民，耕種土地，飼養羊群和牛群，腓尼基人則是偉大的商人和水手，也是奴隸的盜竊者。他們運載美麗的布料、刺繡品、金飾和琥珀項鍊等，在希臘海岸和各島嶼到處販售。

尤里西斯打扮得像個腓尼基商販，揹著背包，手裡拿著一根木杖，長髮往上梳整，藏在一頂紅色水手帽底下，他以這個形象出現，在背包的重量下彎腰，走進呂科墨得斯國王的庭院。女孩聽到有個小販來到，全都跑出來，阿基里斯和其他人一起看著小販解開背包。每個人都挑選自己最愛的東西：一個拿起黃金的花冠；另一個挑了一條黃金和琥珀項鍊；另一個選擇耳環；第四個選一組胸針，另一個是一件刺繡的緋紅色裙子；另一個是面紗；

另一個是一對手鐲；但在背包底部放著一把青銅大劍，劍柄鑲著黃金飾釘。阿基里斯奪過那把劍，「這個正好適合我！」他說著，從鍍金的劍鞘拔出劍，揮動它，讓它在他的頭上呼嘯。

尤里西斯說：「你是阿基里斯，佩琉斯的兒子！你將成為阿該亞人的主將。」當時的希臘人稱自己是阿該亞人（Achaeans）。阿基里斯聽到這些話非常高興，因為他厭倦了和少女們一起生活。尤里西斯帶他到大廳，首領們正在喝酒，阿基里斯就像女孩一樣紅著臉。

「這位是亞馬遜女王，」尤里西斯說——亞馬遜是一群好戰的女子——「或者更確切的說，這是阿基里斯，佩琉斯之子，手裡握著劍。」接著他們都握住他的手，歡迎他，他換上了男人的衣服，身側掛著劍，不久他們派十艘船送他回家。他的母親，銀足的海洋女神緹蒂絲為他哭泣，說：「我的孩子，你可以選擇和我一起在這裡過著長久、幸福、平靜的生活，或是選擇短暫的戰爭和不朽的名聲。如果你選擇戰爭，我將無法在阿爾戈斯見到你了。」可是阿基里斯選擇了英年早逝，名垂千古。於是他的父親給他五十艘船，讓比他年長的帕特羅克斯（Patroclus）作他的友伴，還有一位叫菲尼克斯（Phoenix）的長者為他提供建言。他的母親給他神祇為他父親打造的輝煌盔甲，以及除了他以外無人能揮動的沉重的梣木長矛，之後，他啟程加入阿該亞人的軍隊，他們都稱讚並感謝尤里西斯為他們找到這樣一位王子。因為阿基里斯是他們當中最凶猛的戰士，腳程最快的人，最有禮貌的王子，對婦女和小孩非常溫柔，但他心高氣傲，只要被激怒，他的憤怒是非常可怕的。

如果只有特洛伊人為保住海倫而戰，特洛伊人根本沒有機會對抗希臘人。但是他們有著說不同語言的盟友，從歐洲和亞洲前來為他們作戰。在特洛伊和希臘地區都有被稱作佩拉斯吉亞（Plasgians）的民族，他們似乎生活在大海的兩岸。也有色雷斯人，他們居住在比阿基里斯更北的歐洲，靠近赫勒斯滂海峽，在此，狹窄的大海奔流如河。有呂基亞（Lycia）的戰士，由薩耳珀多（Sarpedon）、格勞克斯（Glaucus）率領；有卡里亞人（Carians），他們說的是一種奇怪的語言；有邁西亞人（Mysians）和來自被稱為「白銀發源地」的艾利比人（Alybe），還有許多其他民族派出了軍隊，因此，這場戰爭一邊是東歐一邊是小亞細亞。埃及人沒有參與這場戰爭：希臘人和群島人（Islesmen）以前常常乘船南下攻擊埃及人，就像丹麥人從前入侵英格蘭一樣。你可以在古埃及的圖畫裡看到來自島嶼的戰士，他們戴著帶角的頭盔。

　　特洛伊人的統帥是普瑞阿姆的兒子赫克特（Hector）。他被認為是任何一個希臘人的敵手，而且既勇敢又善良。他的兄弟也都是軍隊的領袖，但帕里斯更喜歡用弓箭遠距離作戰。他和住在艾達山山坡上的潘達羅斯（Pandarus）是特洛伊軍隊中最優秀的弓箭手。王子們通常使用重長矛作戰，彼此投擲，另外也用劍，將射箭留給沒有青銅盔甲的普通士兵*。不過，透克爾（Teucer）、墨里俄涅斯（Meriones）和尤里西斯，是阿該亞人最好的弓箭手。被稱為達達尼亞人（Dardanians）的民族，由埃涅阿斯（Aeneas）領軍，據說他是最美麗的女神**之子。這些人，加上薩耳珀多和

---

　　* 編按：一整套青銅盔甲所費不貲，戰士必須自備，因此只有貴族才負擔得起。
　** 編按：指愛與美的女神阿芙蘿黛蒂，在特洛伊戰爭中阿芙蘿黛蒂支持特洛伊。

格勞克斯，是為特洛伊作戰的人裡最著名的。

特洛伊是一座堅固的山城，艾達山位在後方，前面是一片向海岸傾斜的平原。有兩條美麗清澈的河流經這片平原，四處散布著乍看像是陡峭的小山丘，但其實是久遠以前，為埋葬陣亡戰士的骨灰所堆成的土丘。哨兵站在這些土丘上眺望水面，如果希臘艦隊靠近，就發出警告，因為特洛伊人聽說希臘艦隊正在路上。終於，艦隊出現在視野中，海面布滿船隻，槳手們奮力划船，爭取第一個登陸的榮耀。王子普洛特西拉（Protesilaus）贏得比賽，他率先跳上岸，但在他縱身一躍時，被帕里斯的弓箭射穿心臟。這對特洛伊人來說一定是個好兆頭，對希臘人則相當不祥，但我們並沒有聽說登陸遭到強大的抵抗，就像諾曼人征服者威廉（Norman William）當初入侵英格蘭時那樣。

希臘人將所有的船艦拉上岸，士兵安營紮寨，在船艦前方建造營房。因此在岸上艦隊的前方，有一長排營房。持續十年的特洛伊圍城戰，希臘人一直住在這些營房裡。這段時間，他們似乎不瞭解如何進行圍城。你可能期望希臘人在特洛伊城周圍建造塔樓和挖掘戰壕，並在塔樓上監視道路，阻止從鄉間運來糧食。使用這些手段被稱作「包圍」一座城鎮，可是希臘人從未包圍過特洛伊。也許他們人手不足；無論如何，特洛伊持續開放，總是可以把牲畜趕進城去餵飽戰士、婦女和孩子。

此外，長期以來，希臘人似乎不曾嘗試摧毀城門，更不曾試著用梯子攀上高聳的城牆。另一方面，特洛伊人和盟友也不曾冒險將希臘人趕入大海；他們通常留在城牆內，或在城牆下進行小規模戰鬥。較年長的人堅持此種戰鬥方式，儘管赫克特一向希

望能主動攻擊希臘人的營地。雙方都沒有後來羅馬人所使用的投擲重石的機械，希臘人頂多跟著阿基里斯攻占鄰近小城，擄掠婦女為奴，搶走牲畜。他們從乘船而來的腓尼基人那裡取得糧食和酒，腓尼基人在這場戰爭中獲利頗豐。

一直到第十年，戰況才真正激烈起來，主要的首領幾乎都未殞落。那時希臘人染上熱病，營地一整天都被籠罩在黑色濃煙裡，整夜閃耀著大堆木柴燃燒的火光，希臘人在火堆裡焚燒死者，然後把骨頭埋在土丘裡。這些土丘有許多至今仍轟立在特洛伊的平原上。瘟疫肆虐了十天後，阿基里斯召集全軍，想要查明眾神發怒的原因。他們認為俊美的阿波羅神（祂站在特洛伊那邊）正用銀弓朝他們射出隱形的箭，即使軍隊中的熱病往往起因於土壤以及飲用不潔的水。太陽的高溫也可能導致這種疾病，但我們必須像希臘人自己講述的那樣來講述這個故事。於是阿基里斯在集會上發言，提議請問先知，阿波羅為何發怒。首席先知是卡爾卡斯（Calchas）。他站起來說，如果阿基里斯承諾保護他，免遭任何因真相而被冒犯的王子的怒氣，他就宣布真相。

阿基里斯很清楚卡爾卡斯指的是誰。十天前，阿波羅的一位祭司來到營地，為他的女兒克律塞伊斯（Chryseis）提供贖金。她是個美麗的女孩，阿基里斯攻占一座小城時俘虜了她和其他人。克律塞伊斯被送給阿加曼儂為奴，阿加曼儂總是得到最好的戰利品，因為他是國王之首，無論是否參加戰鬥，而他通常都不參加。阿基里斯得到另一個女孩布里賽絲（Briseis），他非常喜歡她。現在，當阿基里斯承諾保護卡爾卡斯時，先知便大膽的大聲說出眾所皆知之事：阿波羅造成這場瘟疫，因為阿加曼儂不願歸還克律

塞伊斯，並侮辱她的父親，神的祭司。

阿加曼儂聽到這些話，勃然大怒。他說他願意送克律塞伊斯回家，但是他要從阿基里斯身邊帶走布里賽絲。阿基里斯拔劍出鞘，想殺阿加曼儂，但就算在盛怒之下，他也知道這樣做是不對的，所以他只是罵阿加曼儂是個貪婪的懦夫，「狗臉鹿心」，他發誓說，他和他的部下將不再與特洛伊人作戰。老聶斯托試圖調解，雙方並沒有拔劍相向，但布里賽絲從阿基里斯身邊被帶走了；而尤里西斯將克律塞伊斯送上他的船，與她一起航行到她父親的城市，把她交給她的父親。然後她的父親向阿波羅祈禱讓瘟疫停止，瘟疫確實停止了──當希臘人清理營地，淨化自己，並將穢物扔進海裡時。

我們知道阿基里斯是多麼兇猛和勇敢，可能會納悶他為何不去挑戰阿加曼儂進行決鬥。不過希臘人從不決鬥，而且阿加曼儂被認為是神聖的王中之王。於是當阿基里斯親愛的布里賽絲被帶走時，他獨自來到海邊，哭著呼喚母親，銀足的海洋女神。祂從灰色的海中升起，像一團薄霧，坐在兒子身邊，輕撫他的頭髮，他向祂訴說所有的傷心事。祂說祂會到眾神的居所，祈求眾神之首宙斯，讓特洛伊人贏得一場偉大的戰役，這樣阿加曼儂就會覺得自己需要阿基里斯，並為自己的傲慢做出補償，並尊重他。

緹蒂絲信守諾言，而宙斯保證特洛伊人會打敗希臘人。那天晚上，宙斯給阿加曼儂一場虛假的夢境。那場夢化作老聶斯托的樣子，說那天宙斯會給他勝利。阿加曼儂還在睡夢中時，滿心希望能立刻拿下特洛伊，但一覺醒來，似乎又沒那麼自信，因為他沒有穿上盔甲，也沒有命令希臘人武裝自己，他只穿著長袍和斗

篷，拿起權杖，走去跟那些首領說他的夢境。他們並沒有因此而感到振奮，於是阿加曼儂說要先試探軍隊的情緒。他說他會召集軍隊，並提議返回希臘；但是，如果士兵們當真了，其他首領要阻止他們。這真是一個愚蠢的計畫，因為士兵早已疲憊不堪，渴望回到美麗的希臘、他們的家、妻子和孩子身邊。因此，當阿加曼儂按照自己說的去做時，整個軍隊都像西風吹拂的海面一樣站了起來，他們大喊一聲，接著衝向船隻，腳下塵土飛揚。然後他們開始拉船隻下水，王子們看來也受此情緒感染，和其他士兵一樣歸心似箭。

但尤里西斯只是悲傷憤怒的站在他的船旁邊，一直沒動手去碰它，因為他覺得逃跑是非常可恥的行為。最後他扔下斗篷，他的傳令官伊薩卡的歐律巴特斯（Eurybates）撿了起來，他是個棕膚、圓肩、卷髮的男人。尤里西斯跑去找阿加曼儂，拿起阿加曼儂的權杖，一根鑲著黃金飾釘的權杖，就像司儀的指揮棒。他溫和的告訴一路遇到的首領們，說他們正在做可恥的事；他用權杖把士兵趕回集合地。他們都回來了，困惑且喋喋不休，但是一個跛腳、羅圈腿、禿頭、圓肩、無禮的傢伙，名叫特耳西特斯（Thersites），跳起來發表一場厚顏無恥的演說，侮辱眾王子，且慫恿軍隊逃跑。尤里西斯揪住他，打得他直流血，他坐下來抹掉淚水，一副傻呼呼的蠢樣，以致整個軍隊都嘲笑他。當尤里西斯和聶斯托命令他們武裝起來戰鬥時，他們都為尤里西斯歡呼。阿加曼儂仍然深信那場夢境，祈禱他能在那天攻下特洛伊，殺死赫克特。就這樣，尤里西斯獨力把軍隊從怯懦的撤退中拯救出來，要不是他，艦隊會在一個小時內啟航。希臘人全副武裝，全力推

進，除了阿基里斯和他朋友帕特羅克斯以及部下的兩三千人。特洛伊人知道阿基里斯不會參戰，信心大增，雙方大軍逐漸靠近。帕里斯帶著兩支長矛和一把弓，沒有穿盔甲，他走進了雙方軍隊之間，向任何希臘王子挑戰單打獨鬥。梅內勞斯——帕里斯帶走的正是他的妻子——高興的就像一頭餓獅發現雄鹿或山羊，他全副盔甲跳下戰車。但帕里斯轉身溜走了，就像在山間小路遇到一條大蛇似的。赫克特斥責帕里斯的怯懦，帕里斯備感羞愧，提議透過跟梅內勞斯決一勝負來結束戰爭。若是他倒下，特洛伊人必須交出海倫和她所有的珠寶；若是梅內勞斯倒下，希臘人必須在沒有海倫的情況下返回。希臘人接受提議，雙方卸下武裝，輕鬆的旁觀戰鬥，且願意以最莊嚴的誓言保持和平，直到戰鬥分出勝負，爭端平息。赫克特派人回特洛伊取來兩隻羔羊，要在宣誓之時作為獻祭。

與此同時，玉手的海倫正在家裡製作一幅巨大的紫色掛毯，她在上面繡著希臘人和特洛伊人之間的戰爭。就像巴約（Bayeux）的織毯，諾曼的婦女在上面繡諾曼人征服英格蘭的戰役。海倫非常喜愛刺繡，就像可憐的蘇格蘭女王瑪麗，瑪麗女王被囚禁在利文湖城堡（Loch Leven Castal）期間也是如此。或許這樣的工作讓海倫和瑪麗不會想起她們過去的生活與她們的悲傷。

海倫聽說丈夫要跟帕里斯對決時，哭了起來，她把閃亮的面紗蒙在頭上，和兩個宮廷侍女走去城門塔樓的屋頂，國王普瑞阿姆和特洛伊的老首領們正坐在那裡。他們看到她的時候，說，也難怪會為了這麼美麗的女子而戰。普瑞阿姆稱她為「親愛的孩子」，並說：「我並不怪你，我怪的是發動這場戰爭的眾神。」可

是海倫說，她真希望自己離開小女兒和丈夫以及她的家之前就死
了。「哎呀！我真是可恥！」接著她告訴普瑞阿姆主要的希臘戰
士和尤里西斯的名字，尤里西斯比阿加曼儂矮一個頭，胸部和肩
膀更寬闊。她納悶為何沒看到自己的兄弟卡斯托（Castor）和波
路克斯（Polydeuces），以為他們對她的罪惡感到羞恥，刻意疏遠
她；但是綠草覆蓋了他們的墳墓，因為他們都已死於戰鬥，在遙
遠的拉刻代蒙，他們自己的國家裡。

　　獻祭羔羊，眾人宣示。帕里斯穿上他兄弟的盔甲：頭盔、
胸甲、盾牌和腿甲。拈鬮決定誰先擲矛。帕里斯贏了，他投出長

矛，但矛尖撞到梅內勞斯的盾牌後變鈍了。輪到梅內勞斯投擲長矛時，它乾淨俐落的穿過帕里斯的盾牌，穿過他胸甲的側邊，但只擦到了他的長袍。梅內勞斯拔出劍，衝過去，擊中帕里斯頭盔的頂部，他的青銅劍身卻斷成四片。梅內勞斯抓住帕里斯盔頂上的馬毛，把他拖向希臘人，帕里斯下巴處的綁帶斷了，梅內勞斯轉身把頭盔拋進希臘人的隊伍中。等梅內勞斯再次手持長矛尋找帕里斯時，卻找不到他！希臘人相信是美麗的女神阿芙蘿黛蒂（Aphrodite，羅馬人稱為維納斯〔Venus〕）將他藏進濃密的黑雲裡，送他回家。玉手的海倫找到他，對他說：「但願你死了，被我丈夫那偉大的戰士所征服！再次上前去挑戰他與你面對面戰鬥吧。」可是帕里斯再也無心戰鬥，而女神強迫海倫繼續留在特洛伊陪伴他，他證明了自己是個懦夫。然而在其他日子裡，帕里斯都打得很好；他似乎對梅內勞斯有所畏懼，因為他心中以自己為恥。

同時間，梅內勞斯四處尋找帕里斯，痛恨帕里斯的特洛伊人巴不得透露他的藏身處，但他們不知道他的去向，因此希臘人宣布取得勝利，並認為既然帕里斯落敗了，海倫將歸還給他們，那麼他們便能航行返家。

5

◆ 特洛伊的勝利 ◆

　　原本戰爭現在就可能結束，但為特洛伊而戰的艾達（Ida）的王子潘達羅斯（Pandarus），卻生出一個邪惡愚蠢的想法。他違背和平誓言，朝梅內勞斯射箭，箭刺穿胸甲的甲片相接處，鮮血湧了出來。深愛兄弟的阿加曼儂開始哀嘆，說如果梅內勞斯死了，軍隊會全部回家，特洛伊人會在他的墳上跳舞。梅內勞斯說：「不要驚動我們的軍隊，箭對我傷害不大。」事實證明，外科醫生輕而易舉的把箭從傷口拔出來。

　　阿加曼儂四處奔走，命令希臘人武裝起來攻打特洛伊人，因為特洛伊人違背和平誓言，一定會被擊潰。可是他一如既往的傲慢無禮，指責尤里西斯和戴歐米德斯怯懦，儘管戴歐米德斯跟任何人一樣勇敢，而且尤里西斯先前才剛阻止全軍啟航回鄉。尤里西斯生氣勃勃的回應他，但戴歐米德斯此刻什麼也沒說，要到後來他才說出自己的想法。他從戰車上跳下來，所有的首領也都跳下來列隊前進，戰車跟在他們後面，戰車的後方是長矛手和弓箭手。特洛伊軍隊往前進，用不同的語言叫喊，但希臘人沉默的走向他們。緊接著雙方陣線交鋒，盾牌撞擊盾牌，發出的轟鳴聲猶如群山間無數激流的咆哮。有人倒下時，殺他的人試圖剝除他的盔甲，而被殺者的朋友則為屍體奮戰，以免死者蒙受屈辱。

尤里西斯在一位受傷友人的上方戰鬥，他的長矛刺穿一位特洛伊王子的頭盔和頭部。到處都有人倒在戰士投擲的長矛、箭和重石之下。梅內勞斯用長矛刺中那個為帕里斯建造船隻駛往希臘的人。塵土揚起如雲，霧氣從戰士之間升起，而戴歐米德斯如暴漲的河流衝過平原，屍體留在他的身後，如同河流留下樹枝和草莖來為自己標記路線。潘達羅斯射傷戴歐米德斯，但戴歐米德斯殺了他，特洛伊人被趕得四處逃跑，薩耳珀冬和赫克特轉身向希臘人撲去；當赫克特衝過來，撲向一路斬殺特洛伊人的尤里西斯時，連戴歐米德斯都不寒而慄。戰局左右搖擺，箭矢密布如雨。

赫克特被派往城裡，讓婦女向雅典娜女神祈禱求助。他去了帕里斯的家，海倫懇求帕里斯像個男人一樣出去戰鬥，說：「我真不知羞恥啊！在這些事情發生以前，但願風將我吹走，潮水淹沒我。」

赫克特去見他親愛的妻子安德洛瑪刻（Andromache），她的父親在圍城初期被阿基里斯殺死了。他找到妻子和她的奶媽，她抱著她的小男孩，也就是赫克特的兒子，小男孩美麗且閃亮著金髮的頭顱像星星一樣，靠在她的懷裡。海倫催促帕里斯回去戰鬥，而安德洛瑪刻祈求赫克特留在城裡和她在一起，不要再去作戰以免被殺，留下她成為寡婦，留下兒子成為孤兒，無人保護。她說，軍隊應該回到城牆內，長久以來裡面一直都很安全，不要到開闊的平原上戰鬥了。赫克特回答說，他永遠不會在戰鬥中退縮，「可是我心裡明白，神聖的特洛伊有朝一日會被夷為平地，普瑞阿姆和普瑞阿姆的人民也是。但這件事和我個人的死，沒有那麼困擾我，真正讓我愁煩的，是想到你將作為奴隸被帶到希

臘，按照另一個女人的吩咐紡紗，從希臘的井裡取水。在我聽到你的哭聲和你被俘的消息以前，但願墳中堆積的泥土已覆蓋我。」

赫克特雙手伸向小男孩，孩子看到父親閃亮的大頭盔和晃動的馬毛頂飾時，害怕起來。於是赫克特將頭盔放到地上，把孩子抱在懷裡搖晃逗弄，他試圖安慰他的妻子，和作最後一次道別，因為他再也沒有活著回特洛伊。他返回戰場，帕里斯穿著燦爛的盔甲與他同行，兩人一路殺死好幾個希臘的王子。

激烈的戰鬥持續到傍晚，希臘人和特洛伊人在夜裡焚燒他們的死者。希臘人在營地四周挖壕溝築護牆，既然特洛伊人踏出城門，在開闊的平原上作戰，他們需要做這些來防護自己的安全。

隔天，特洛伊人連連得勝，夜裡並未退回城牆內，而是在平原上點燃大篝火：一千堆篝火，每堆火圍坐五十個人吃晚飯，聽著橫笛的音樂飲酒。希臘人士氣低落，阿加曼儂召集全軍，提議趁夜啟航返鄉。戴歐米德斯此時站起來說：「你最近指責我是懦夫。你才是懦夫！如果你害怕留在此地，儘管開船離開，我們留下來的人會戰鬥到奪下特洛伊城。」

所有人都高聲讚美戴歐米德斯，聶斯托建議他們派出五百名年輕人，在他的兒子特拉緒墨德（Thrasymedes）的率領下，監視特洛伊人，守衛新的護牆和壕溝，以防特洛伊人在黑暗中襲擊。接著，聶斯托建議阿加曼儂，派尤里西斯和艾阿斯去找阿基里斯，承諾會歸還布里賽絲和許多黃金禮物，並請求原諒他的無禮。如果阿基里斯再次與阿加曼儂成為朋友，如同過去那樣戰鬥，很快就能將特洛伊人趕回城裡。

阿加曼儂已經準備好請求對方原諒，因為他擔心整支軍隊即

將戰敗，被切斷與船隻的聯繫，而他們都會被殺或淪為奴隸。於是尤里西斯、艾阿斯和阿基里斯的老教師菲尼克斯，一起去找阿基里斯，與他爭論，祈求他收下豐厚的禮物，幫助希臘人。可是阿基里斯回答，他不相信阿加曼儂說的話；阿加曼儂恨他，而且會一直恨他；不，他不會停止憤怒，明天他將帶著他所有的人啟航，他建議其他人跟他一起走。「何必如此激烈？」鮮少開口的高大的艾阿斯說：「為什麼要為一個女孩惹出這麼多麻煩？我們為您提供七個女孩，還有更多的禮物。」

阿基里斯說，那麼他隔天不啟航了，但要等到特洛伊人企圖燒他的船，他才出戰，那樣赫克特就有的忙了。阿基里斯最多只承諾了這些，尤里西斯回營傳達他的訊息，所有的希臘人都默默無語。但戴歐米德斯站起來說，不管有沒有阿基里斯，他們都必須戰鬥；所有人都心情沉重的回營房就寢，或露宿在營房門口。

阿加曼儂焦慮到夜不成眠。他在黑暗中看到特洛伊人幾千堆篝火的光芒，聽到他們歡樂的笛聲。他呻吟著一把一把揪下自己的長髮。等他厭倦了哭泣、呻吟和扯髮，他想他應該向老聶斯托尋求建議。他順手披上當作床單的獅子皮，拿起長矛走出去，遇見了梅內勞斯——他也睡不著。梅內勞斯提議派個間諜到特洛伊人之間，如果有人有足夠的勇氣前去的話，因為特洛伊人的營地到處都被火光照亮，做這件事相當危險。兩人喚醒聶斯托和其他首領，他們來了，裹著獸皮毯，沒穿任何盔甲。他們先去探視五百名看守護牆的年輕人，然後越過壕溝，在外面坐下，商量著可以做些什麼。「沒有人要去特洛伊人中間當間諜嗎？」聶斯托說；他的意思是那些年輕人都不會去。戴歐米德斯說他願意冒

險，如果有人和他一起去，而且，如果可以選擇同伴，他想找尤里西斯。

尤里西斯說：「來吧，我們走，因為夜已深，天快亮了。」這兩位首領沒有穿盔甲，所以他們向守衛的年輕人借來盾牌和皮盔，因為皮革不像青銅頭盔會在火光下閃閃發亮。借給尤里西斯的皮盔，外面用幾排野豬牙加固了。在阿加曼儂的城市邁錫尼的一座墳墓中，除了劍和盔甲，也發現了很多為此目的而塑形的獠牙。這頂借給尤里西斯的皮盔，曾經被他身為竊盜大師的外祖父奧托里庫斯偷走，他把它作為禮物送給一位朋友，後來經過幾手，來到了克里特島年輕的墨里俄涅斯手中，他是五百名守衛之一，他現在把它借給尤里西斯。於是兩位王子在黑暗中出發，天色太黑了，他們雖然聽到蒼鷺的叫聲，卻看不到牠飛走的身影。

尤里西斯和戴歐米德斯悄無聲息的穿過黑夜，就像兩匹狼行走在死屍之間。與此同時，特洛伊的首領們聚在一起開會，思考著他們應該做些什麼。他們不知道希臘人是否跟往常一樣設立了哨兵和崗哨，以便在敵人接近時發出警告，或是已疲倦到無法好好看守，也或許他們正準備船隻好在黎明啟程回家。因此赫克特提出獎賞，給任何願意在夜間前去偵查希臘軍隊的人；他承諾給那位間諜兩匹希臘營地最好的馬。

特洛伊人中有個年輕人叫多隆（Dolon），他是富人之子，家中有五個姊妹，他是唯一的男孩。他相貌醜陋，但跑得非常快，對馬匹的喜愛勝過世上任何事物。多隆站起來，說：「只要你發誓將佩琉斯之子阿基里斯的馬和戰車給我，我就偷偷到阿加曼儂的營房，去聽聽希臘人到底打算戰鬥還是逃跑。」赫克特發誓會

將那些世上最好的馬送給多隆。於是他拿起弓，往肩上披一張灰狼皮，奔向希臘人的船隻。

尤里西斯看到多隆來了，對戴歐米德斯說：「先讓他從我們身邊經過，你再用長矛把他趕向船隻那邊，遠離特洛伊。」於是尤里西斯和戴歐米德斯躺在陣亡的死者之間，多隆從他們旁邊跑過，朝希臘人而去。他們起身追趕他，好似兩隻格雷伊獵犬追逐一隻野兔。多隆靠近哨兵時，戴歐米德斯喊道：「站住，不然我就用矛殺死你！」接著將長矛拋過多隆的肩膀上方。多隆站著不動，嚇得臉色發青、牙齒打顫。兩人走向他，他哭著說，他的父親很富有，願意付很多的金、銅、鐵當作贖金。

尤里西斯說：「振作起來，把死亡從你的腦海中抹去，告訴我們你在這裡做什麼。」多隆說赫克特答應給他阿基里斯的馬，如果他去偵查希臘人的話。尤里西斯說：「你把目標設得太高了。阿基里斯的馬不是凡間駿馬，而是神聖的；是眾神的禮物，只有阿基里斯才能驅使牠們。不過，告訴我，特洛伊人守衛嚴密嗎？赫克特和他的馬在哪裡？」尤里西斯認為，趕走赫克特的馬匹將是一場偉大的冒險。

多隆說：「赫克特正跟首領們一起在伊魯斯（Ilus）*的墓前舉行會議，但沒有設置常規的守衛。特洛伊人圍坐在篝火旁，因為他們必須守望妻兒的安全；但來自遠方的盟友不需要守望，因為他們的妻兒安全的待在家裡。」他說出所有為普瑞阿姆作戰的不同民族，各自的據點在何處，接著，他說：「如果你們想偷馬，

* 編按：伊魯斯是赫克特的曾祖父。

最好的是色雷斯國王瑞索斯（Rhesus）的馬，他今晚才加入我們。他和他的部下在隊伍的最遠端睡著了，他的馬是我所見過最好、最了不起的：高大，潔白如雪，疾馳如風。他的戰車裝飾著金銀，鎧甲是黃金製的。現在把我當作俘虜帶到船上，不然就綁住我，留我在這裡，你們可以去驗證我說的話是真是假。」

戴歐米德斯說：「不，如果我饒你一命，你可能又來偵查。」他拔出劍，砍下多隆的腦袋。他們把他的皮盔、弓和長矛藏在容易找到的地方，並標記地點，之後連夜去了瑞索斯國王黑暗的營地，那裡沒有營火、沒有守衛。戴歐米德斯悄悄刺入每個熟睡者的心臟，尤里西斯抓住死者的腳，將他們拋到一旁，免得驚嚇馬匹，那些馬匹從未上過戰場，如果牽著牠們越過屍體，牠們會因驚嚇而退縮。最後，戴歐米德斯殺死瑞索斯國王，尤里西斯牽著他的馬，用弓敲打牠們，因為他忘記從戰車上取下馬鞭。尤里西斯和戴歐米德斯來不及拉走戰車，他們躍上馬背，朝自己的船隊奔去，途中停下來拿走多隆的長矛、弓箭和皮盔。他們騎到眾王子那裡，王子們歡迎他們，看到那些白馬和聽說瑞索斯國王已死，都高興的笑了，因為他們猜測瑞索斯的軍隊都將返回色雷斯去。肯定是如此，因為在隨後的戰鬥中我們從未聽說過他們。尤里西斯和戴歐米德斯一舉讓特洛伊人失去了數千軍力。其他王子心情振奮的去睡了，但尤里西斯和戴歐米德斯先到海裡游泳，再去泡熱水澡，然後吃早飯，因為玫瑰色的黎明正浮現天際。

6

◈ 船隊那裡的戰鬥 ◈

　　黎明時分，阿加曼儂醒來，恐懼從他的心中消失了。他穿上盔甲，讓首領們徒步列陣在他們的戰車前，戰車後方是長矛手，軍隊的兩翼是弓箭手和投石兵。此時一大片烏雲籠罩天空，雲裡落下紅雨。特洛伊人聚集在平原高處，赫克特一身閃亮的盔甲，前後左右走來走去，像一顆星星，時而閃耀，時而隱沒在雲裡。

　　接下來，雙方軍隊彼此衝撞，彼此砍劈，就像持鐮刀的收割者穿越一片高大的玉米地。雙方都毫不退讓，在希臘軍隊的深處，可以看見最勇敢的特洛伊人的頭盔；而最勇敢的希臘人的劍，則在特洛伊軍隊裡起起落落。這段時間裡，箭矢始終如雨水灑落。但是到了中午，疲倦的樵夫停止砍伐，在安靜的山丘上吃飯休息，第一線的希臘人發起衝鋒，由阿加曼儂帶領，他用長矛刺穿兩個特洛伊人，奪走他們的胸甲放到自己的戰車上，然後用長矛刺穿赫克特的一個兄弟，再用劍擊倒另一個，之後又殺死另外兩個哀求成為戰俘而未果的人。步兵殺死步兵，戰車手殺死戰車手。希臘人衝進特洛伊人的陣線，有如大風天，火球落進森林，在樹林間跳躍、咆哮、奔竄。馬匹拉著空蕩蕩的戰車，瘋狂的穿過原野，因為車夫已死，貪婪的禿鷹在上方盤旋，拍打寬闊的羽翼。阿加曼儂緊追在後，殺掉落在後面的特洛伊人；其餘的人逃

到城門處，城門外有棵橡樹，他們在那裡停下腳步。

　　赫克特暫時止戰，因為他必須讓他的士兵面對敵人，重新整隊，也喘口氣。他為他們打氣，因為他們已經從希臘人的護牆撤退，越過整片平原，路過昔時國王伊魯斯墳所在的山丘，也路過那棵野生無花果樹所在之地。赫克特費盡力氣集結特洛伊人，他知道，當大家再次回歸，便很難再被擊敗。事實證明也是如此。當特洛伊人集結列陣，阿加曼儂殺死一位色雷斯首領，此首領在瑞索斯國王抵達以前就來為特洛伊作戰了。那位死者的大哥用長矛刺穿阿加曼儂的手臂，傷口血流不止，疼痛難忍，於是阿加曼儂跳上自己的戰車，被載回船隊所在之處。

　　赫克特下令往前衝鋒，如同獵人喝令獵犬對抗獅子，他在特洛伊隊伍的前方帶頭激戰，邊走邊殺。他殺死九名希臘首領，接著撲向長矛手，擊散他們，就像海浪的浪花被遊蕩的風吹散一樣。

　　此時希臘人的戰陣已被突破，要不是尤里西斯和戴歐米德斯在戰陣中央站穩陣腳，殺掉四個特洛伊首領，希臘人可能會被趕到船隊那裡，然後被毫不留情的殺死。希臘人開始捲土重來，再次面對他們的敵人，先前一直在特洛伊右翼作戰的赫克特，衝向希臘人。戴歐米德斯用長矛瞄準赫克特的頭盔，並準確的擊中它。矛尖並未穿透頭盔，但赫克特一驚之下倒了下去。等他回過神，便跳上戰車，他的侍從載著他前往希臘軍隊的左翼，與聶斯托和伊多墨紐斯率領的皮洛斯人和克里特島人作戰。戴歐米德斯持續戰鬥著，直到帕里斯站在山丘上伊魯斯國王墓的柱子旁，用箭射穿他的腳。戴歐米德斯登上戰車，被載回船隊處。

　　尤里西斯是唯一還在戰陣中央奮戰的希臘首領。希臘人全都

逃跑了，只有他獨自面對成群的特洛伊人，特洛伊人衝向他，像獵犬和獵人圍著一頭站在樹林裡的野豬。尤里西斯自言自語：「他們是避戰逃跑的膽小鬼，可是我會堅守陣地，以一敵眾。」他用大盾護住身體前部，盾牌以一條背帶掛在脖子上；他擊殺四個特洛伊人，打傷第五個。但傷者的兄弟用長矛刺穿尤里西斯的盾牌和胸甲，撕裂他的肋骨。尤里西斯轉向這個特洛伊人，但這人逃了，尤里西斯拿長矛刺進他的肩膀，直穿過他的胸膛，此人便死了。尤里西斯拉出刺傷他肋骨的長矛，三次大聲召喚其他希臘人，因為有不少特洛伊人團團圍住他，有如豺狼包圍一頭被人用箭射傷的雄鹿。艾阿斯跑了過來，以他的巨大的盾牌掩護受傷的尤里西斯，直到他爬上梅內勞斯的戰車，梅內勞斯將他載回船隊。

此時赫克特正在斬殺戰場左側的希臘人，帕里斯的箭射中希臘外科醫生瑪卡翁（Machaon）；伊多墨紐斯要聶斯托把瑪卡翁放在他的戰車上，帶他到聶斯托的營房，在那裡照料他的傷口。此時赫克特飛奔到隊伍中央，因為艾阿斯正對特洛伊人大開殺戒。而希臘首領歐律皮洛斯（Eurypylus）被帕里斯的箭射傷，他的朋友們用盾牌和長矛保護他。

除了艾阿斯，最優秀的希臘人都受傷退出戰鬥，長矛手逃之夭夭。同時，阿基里斯站在船尾看著希臘人吞下敗仗，當他看到受重傷的瑪卡翁搭聶斯托的戰車經過時，便要他的朋友帕特羅克斯——阿基里斯對他的愛勝過其他人——去探問瑪卡翁戰局的情況。帕特羅克斯來的時候，瑪卡翁正和聶斯托坐在一起喝酒，聶斯托告訴帕特羅克斯有多少個首領受傷，雖然帕特羅克斯急著要走，但聶斯托開始冗長的說起年輕時的偉大戰功。最後他要帕特

羅克斯轉告阿基里斯，如果他自己不願出戰，至少應該派出帕特羅克斯麾下的人馬，帕特羅克斯穿上阿基里斯輝煌的盔甲。特洛伊人會以為阿基里斯返回戰場，他們將會害怕，因為他們之中沒有人敢跟阿基里斯直接交鋒。

於是帕特羅克斯跑回去找阿基里斯，但在路上遇見受傷的歐律皮洛斯，他帶歐律皮洛斯回自己的營房，拿刀把箭從大腿上割下來，用溫水清洗傷口，再拿苦根擦在傷口上止痛，因此他陪歐律皮洛斯等待了一陣子。而聶斯托的建議，最終導致帕特羅克斯的死亡。戰況現在更加激烈了，阿加曼儂、戴歐米德斯、尤里西斯只能拄著長矛跛行；阿加曼儂再次想要將船隻停泊在岸邊，乘夜逃離。尤里西斯對他非常生氣，說道：「你應該帶領名不見經傳的軍隊，不是我們。我們會繼續戰鬥，直到每個人都死去為止，而不是像個逃跑的懦夫！安靜，以免士兵聽到你在談論逃跑，任何人都不該說這樣的話。我完全蔑視你的建議，在戰鬥中，如果你命令希臘人開船，他們會信心潰散。」

阿加曼儂相當羞愧，在戴歐米德斯的提議下，受傷的那些首領前往戰場邊緣去鼓勵其他人，儘管他們自己無力作戰。他們將希臘人集結起來，在艾阿斯的率領下投出一顆大石，大石正中赫克特胸膛，赫克特的朋友們將他從戰場抬到河邊，取水淋在他的身上，但他昏倒在地，嘴裡噴出黑血。當赫克特倒在那裡，所有人都認為他會死的時候，艾阿斯和伊多墨紐斯正在擊退特洛伊人，看來，即使沒有阿基里斯和他的部下，希臘人也能抵禦特洛伊人。但是只要赫克特還活著，戰鬥從未輸過。當時的人相信預兆：他們認為鳥出現在右手邊或左手邊，代表著好運或厄運。有

一次在戰鬥中，有個特洛伊人給赫克特看了一隻代表不幸的小鳥，要他退回城裡。但赫克特說：「最好的預兆是：為我們的國家而戰。」赫克特倒在地上，徘迴在生死之間時，希臘人正逐漸占上風，因為特洛伊人沒有其他偉大的首領帶領他們。但是赫克特從昏迷中醒來了，他跳起來，在戰場上跑來跑去，鼓勵特洛伊人。大多數希臘人看到他就逃了。但艾阿斯、伊多墨紐斯和其他最勇敢的人，在特洛伊人和船隊之間組起一個方陣，赫克特、埃涅阿斯、帕里斯衝向方陣，投擲他們的長矛，四處殺戮。希臘人轉身逃跑，特洛伊人本想停下來剝掉被殺者的盔甲，但赫克特喊道：「趕快去船隊那裡，留下戰利品。我會殺死任何落後的人！」

聽見這話，所有特洛伊人都將戰車駛入守護希臘船隊的壕溝裡，就像大海掀起巨浪掃過船隻的一側；希臘人站在船艦的甲板上，用海戰專用的特長長矛刺擊，特洛伊人登上船，拿劍和斧頭攻擊。赫克特點燃火炬，企圖燃燒艾阿斯的船；但艾阿斯用長矛擋住他，並殺死一個特洛伊人，死者的火炬從手中落下來。艾阿斯不停的喊道：「來啊，趕走赫克特。他召喚他的部下，不是去跳舞，而是去戰鬥。」

死者成堆倒下，生者從他們身上跑過去，踩著屍堆，爬上船。赫克特像沖向陡峭巨岩的海浪般往前衝去，但希臘人也像巨岩一樣挺立；特洛伊人仍然一波波衝過最前方船艦的船首，艾阿斯則用超過二十呎的長矛刺擊，從一個甲板跳到另一個甲板，就像在駕馭並行的四匹馬，從一匹馬的背上跳到另一匹馬的背上。赫克特抓住普洛特西拉的船尾，他就是希臘人初次登陸那天，帕里斯用箭射中的那個王子。赫克特不停的喊：「帶火過來！」甚至艾

阿斯，在這場奇特的陸上海戰中，也離開甲板走到下方，用他的長矛刺穿舷窗。有十二個人打算放火燒毀艾阿斯守護的船，但最後全數倒地而亡。

7

⇒ 帕特羅克斯的戰死和阿基里斯的復仇 ⇐

　　就在這時，火炬在船艦周圍熊熊燃燒，一切似乎已經無力回天。帕特羅克斯從歐律皮洛斯的營房裡走出來，因為他之前在照料歐律皮洛斯的傷口；當他看到希臘人的處境岌岌可危，哭著去找阿基里斯。阿基里斯說：「你為什麼哭？就像小女孩跑到母親身邊扯著她的長袍，淚眼汪汪看著她，直到母親把她抱進懷裡？家裡傳來壞消息，說你父親或我父親死了？還是希臘人因為自己的愚蠢咎由自取，讓你覺得難過？」帕特羅克斯告訴阿基里斯，尤里西斯和多位王子是如何受傷無法戰鬥，並請求阿基里斯允許自己穿上他的盔甲，並帶領他的部下，因為這些士兵全都精神抖擻、不知疲倦，兩千名生龍活虎的戰士或許能扭轉當天的命運。

　　阿基里斯很遺憾曾經發誓，要等到赫克特引火來燒自己的船隊才願意出戰。他願意把盔甲、馬匹和部下借給帕特羅克斯；但帕特羅克斯只能將特洛伊人趕出船隊，而不要追擊他們。這時艾阿斯已疲憊不堪，無數長矛擊中他的盔甲，他幾乎無法舉起大盾，而且赫克特一劍砍掉他的矛頭，青銅矛頭砰的一聲掉在地上，艾阿斯只能揮著無頭長桿。艾阿斯往後退縮，烈火在船上到處肆虐。阿基里斯見此情景，猛拍大腿，要帕特羅克斯盡快行動。帕特羅克斯穿上了所有特洛伊人都懼怕的阿基里斯閃亮的盔甲，

跳上戰車，侍從奧托墨冬（Automedon）駕著贊瑟斯（Xanthus）、貝利斯（Balius），這兩匹馬據說是西風（West Wind）之子，另外有匹備用的馬被套在旁邊。與此同時，阿基里斯的兩千名被稱為密耳彌冬人的士兵，全副武裝，在五名貴族首領率領下，五個連隊，每隊四百人。他們來了，就像一群狼吃掉一頭大紅鹿後，急著跑到山丘上喝幽暗的泉水解渴。

　　隊伍排列得非常緊密，頭盔挨著頭盔，盾牌挨著盾牌，就像一堵移動的閃閃發光的青銅牆。戰車上的帕特羅克斯帶領阿基里斯的士兵往前衝鋒。他們全速衝向特洛伊人的側翼，特洛伊人看到領頭的人，認出閃亮的盔甲和馬匹屬於令人喪膽的阿基里斯，以為他回到戰場。每個特洛伊人都環顧四周，看看可以往哪裡逃脫，當人們在戰鬥中有此反應，很快就會按照選定的路線逃走。帕特羅克斯衝到普洛特西拉的船上，殺了特洛伊人的首領，將他們趕出去，並熄滅火勢。特洛伊人從船隊處撤退，艾阿斯與其他未受傷的希臘王子跳進他們中間，用劍和長矛攻擊。赫克特很清楚戰局再次生變，但即使如此，他仍挺立不搖，盡力而為。而特洛伊人則陣腳大亂，被趕過了壕溝，許多戰車的車桿都折斷了，馬匹掙脫之後在平原上奔逃。

　　阿基里斯的馬越過壕溝，帕特羅克斯駕著馬擋在特洛伊人和他們城市的城牆間，一路殺死很多人，最主要的是呂基亞人的國王薩耳珀冬。在赫克特的指揮下，特洛伊人圍住薩耳珀冬的屍體，戰況左右搖擺，長矛和劍擊打盾牌和頭盔的聲音如此之大，就像許多樵夫在山間的峽谷裡砍樹。特洛伊人終於讓步了，希臘人剝下勇敢的薩耳珀冬的盔甲；但人們說，睡眠和死亡，就像兩

位有翼的天使，將他的身體帶回他的國家。現在帕特羅克斯忘記阿基里斯是如何交代他，不要越過平原追擊特洛伊人，而要在將他們趕離船隊後返回。他繼續奔跑，一路殺戮，直至特洛伊的城牆腳下。他三次試著爬上城牆，三次都跌了下來。

　　赫克特在城門口的戰車上，命令他的侍從策馬投入戰鬥，目標不是其他偉大或渺小的人，而是直奔帕特羅克斯。帕特羅克斯站起來，對赫克特投出一塊重石。石頭沒砸到他，卻殺了駕駛他戰車的侍從。帕特羅克斯跳到戰車上要剝掉那個侍從的盔甲，但赫克特站在死者上方，抓住死者的頭，而帕特羅克斯拖住死者的腳，密布的矛與箭在死者周圍飛來飛去。最後，接近日落時，希臘人把屍體從戰車中拉了出來，帕特羅克斯三次衝進特洛伊的人叢中。但是阿基里斯的頭盔在打鬥中鬆脫了，從帕特羅克斯的頭上掉落下來，他的背部遭襲而受傷，赫克特從前方用長矛刺穿他的身體。帕特羅克斯在最後一口氣中預言：「死神就在你的身邊，赫克特，在高貴的阿基里斯手中。」奧托墨冬趕回那兩匹快馬，要告訴阿基里斯他最親愛的朋友被殺的消息。

　　尤里西斯在這場大戰初期受傷之後，連續數日無法戰鬥，由於這個故事的主角是尤里西斯，但還是要很快的講述阿基里斯如何回到戰場為帕特羅克斯復仇，以及他如何殺死赫克特。當帕特羅克斯倒下，赫克特奪走神祇賜予佩琉斯、佩琉斯再傳給兒子阿基里斯的那副盔甲，而阿基里斯後來把盔甲借給帕特羅克斯，為了讓特洛伊人恐懼。赫克特退到長矛的射程之外，脫下自己的盔甲，穿上了阿基里斯的。希臘人和特洛伊人正在爭搶帕特羅克斯的屍體。眾神之王宙斯低頭往下看，說赫克特應該永遠無法從戰

場上回到妻子安德洛瑪刻身邊。赫克特又回到圍繞著死去的帕特羅克斯的戰鬥中，所有最優秀的戰士都在這裡，甚至包括為帕特羅克斯駕駛戰車的奧托墨冬。當特洛伊人似乎占了上風時，希臘人派老矗斯托的兒子安提洛科斯，去告訴阿基里斯他的朋友被殺的消息。安提洛科斯拔腿就跑。艾阿斯和他的兄弟保護試圖將帕特羅克斯的屍體搬回船隊的希臘人。

安提洛科斯飛快的跑到阿基里斯身邊，說：「帕特羅克斯倒下了，他們正在爭奪他赤裸的身體，赫克特搶走他的盔甲了。」阿基里斯一言不發，倒在營房的地面，把黑灰撒在自己金色的頭髮上，直到安提洛科斯抓住他的手，怕他悲傷過度用匕首割斷自己的喉嚨。他的母親緹蒂絲從海中升起前來安慰他，但他說，赫克特殺了他的朋友，要是不殺死赫克特，他寧願死。緹蒂絲告訴他，他沒有盔甲就無法戰鬥，現在他沒有盔甲了，但祂會去找打造盔甲的神祇，從祂那裡帶回人類前所未見的盾牌、頭盔和胸甲。

同時雙方圍繞著帕特羅克斯的屍體激戰不休，屍體被血和塵土弄髒了，在船隊附近，屍體在地上被拖來拖去，留下更多的撕裂和創傷。阿基里斯無法忍受這番景象，但他的母親警告他，在沒穿盔甲的狀況下，切勿進入重石、箭矢、尖矛有如冰雹飛舞的戰場。他如此高大魁梧，也穿不下別人的盔甲。於是他毫無武裝的來到壕溝處，高高的站在壕溝邊，迎向火紅的夕陽，他一頭金髮好似燃燒的火焰，就像一座島城在夜間遇襲時，烽火的烈焰朝黑暗的天空竄升，人們點燃烽火，好讓其他島嶼的人看見並前來救援。阿基里斯站在一片燦爛的火光中高聲吶喊，清晰的聲音，猶如人們猛攻被圍困的城牆時響起的號角。阿基里斯吶喊三次，

特洛伊人的馬匹三次因恐懼而顫抖，並從突襲現場掉頭而去，特洛伊人三次因恐懼而不知所措，嚇得發抖。後來希臘人把帕特羅克斯的屍體從塵土和箭雨中拉出來，放在停屍架上，阿基里斯哭著跟在後面，因為他派他的朋友帶著戰車和馬去打仗，卻再也無法迎接朋友回來。接著太陽沉落，夜晚降臨。

有個特洛伊人希望赫克特退到特洛伊的城牆內，因為阿基里斯明天肯定會親自率兵上陣。但赫克特說：「你們被關在城牆內，還沒受夠嗎？讓阿基里斯戰鬥，我會在空曠的平原上迎戰。」特洛伊人齊聲歡呼，在平原上紮營；而阿基里斯的營房裡，婦女正清洗著帕特羅克斯的屍體，阿基里斯發誓要殺了赫克特。

黎明時分，緹蒂絲來了，為阿基里斯帶來神祇為他打造的嶄新輝煌的盔甲。阿基里斯穿上盔甲，喚醒他的部下；但熟知所有榮譽規則的尤里西斯不願讓他出戰，希望阿基里斯和阿加曼儂之間，先透過祭品和其他儀式彼此言和，並要阿加曼儂將阿基里斯先前拒絕接受的禮物都給了他。阿基里斯不想要禮物，他只想要戰鬥，但尤里西斯命他服從，按慣例行事。阿加曼儂帶著禮物來了，他站著為自己當初的傲慢致歉，接著眾人一起吃早飯，但阿基里斯不吃也不喝。阿基里斯登上戰車，戰馬贊瑟斯低下了頭，直到長長的馬鬃垂到地面，身為仙界的馬，西風之子，牠開口了（據說如此），牠這麼說：「我們會背負你急馳，但你將在戰鬥中被殺，你的死期近在咫尺了。」阿基里斯說：「唔，我知道，但我不會停止戰鬥，我要讓特洛伊人飽嘗戰爭的滋味。」

因此他整整一天都在追擊特洛伊人。他將他們趕進河裡，鮮血染紅河水，他渡過河流，到平原上殺死他們。平原著火了，

灌木叢和乾燥的長草在他周圍燃燒，但他一路穿越火焰，將特洛伊人趕到他們的城牆。城門敞開，特洛伊人像受驚的小鹿衝了進去，他們爬上城垛，安全的往下看，整個希臘軍隊在盾牌下列隊前進。

但赫克特獨自一人站在城門前，老普瑞阿姆看到阿基里斯來勢洶洶，一身嶄新盔甲，像星星般放光，他含淚對赫克特喊道：「快進城門來！這個人殺了我那麼多個兒子，如果他殺了你，我晚年有誰可以幫我？」赫克特的母親也聲聲呼喚赫克特，但他堅定的站著，等待阿基里斯。據說他十分害怕，全副盔甲繞著特洛伊城跑了三圈，讓阿基里斯緊追在後。不過這不可能是真的，因為沒有凡人能夠身穿重甲，而且腳踝時時被巨大的盾牌撞擊，而還能繞著特洛伊城跑三圈。再者，赫克特是所有人裡最勇敢無畏的，特洛伊的婦女們都從城牆上俯視著他。

我們無法相信他逃跑了，另外據說他要求跟阿基里斯達成協議。戰鬥中的勝利者應該歸還陣亡者的屍體，交給對方的友人埋葬，但應保留對方的盔甲。阿基里斯說他無法與赫克特達成協議，他擲出長矛，長矛從赫克特的肩膀上飛過。接著赫克特也拋出長矛，但刺不穿神祇為阿基里斯打造的盾牌。赫克特沒有其他長矛了，而阿基里斯手上還有，於是赫克特喊道：「不要讓我死得沒有尊嚴！」他拔出劍，衝向阿基里斯，阿基里斯跳起來應戰，但赫克特還來不及出劍，阿基里斯的長矛就刺穿了他的脖子。他倒在塵土中，阿基里斯說：「狗和鳥會撕裂你未埋葬的肉體。」赫克特用死前最後一口氣，請求他接受普瑞阿姆的黃金，把他的屍體交還給特洛伊火葬。但阿基里斯說：「狗東西！我恨不得親

手割下你的生肉吃掉，但就讓野狗吃吧，即使你父親願意給我與你等重的黃金。」赫克特在臨終前預言，說：「當帕里斯在斯坎伊恩門殺掉你的那一天，記得我。」接著他英勇的靈魂前往亡者之地，希臘人稱之為冥府的地方。正如這個故事後來講述的那樣，尤里西斯還是活人的時候，曾經航行到過那片土地。

後來阿基里斯做了件可怕的事；他把死去的赫克特的腳從腳跟到腳踝切開，用皮繩穿過，皮繩的另一端綁在戰車上，他拖著屍體在塵土中行走。在城牆上觀看的特洛伊婦女全都驚聲尖叫，赫克特的妻子安德洛瑪刻聽到了聲音。她原本在家中的內室，編織一張紫色的網，上面繡著花。她正要交代侍女為赫克特準備沐浴，等他疲憊的從戰場上歸來時。但當她聽到牆上傳來的呼喊聲，渾身顫抖，用來編織的梭子從手中滑落。「我肯定聽到了我丈夫母親的叫聲。」她說，然後吩咐兩個侍女跟她一起去看看人們為什麼悲嘆。

她飛快的跑到城垛前，看到親愛的丈夫的屍體在阿基里斯的戰車後面，在塵土翻騰中被拖往船隊。夜幕籠罩她的眼睛，她暈厥過去。當她回過神時，大聲喊道，現在沒有人可以保衛她的小孩了，其他孩子會把他從盛宴推開，並說：「你走吧；你的父親不在我們的餐桌旁。」而他的父親赫克特會赤身裸體躺在船隊那裡，身無寸縷，無法焚燒，無人哀悼。當時，死者未被焚燒和埋葬被視為最大的不幸，因為未經焚燒的亡者無法進入死者之神黑帝斯（Hades）的冥府，只能在死者和生者之間的幽暗邊界孤獨遊蕩，毫無慰藉。

✦8✦
✤ 阿基里斯的殘酷和赫克特的贖回 ✤

　　那天晚上阿基里斯入睡時，帕特羅克斯的鬼魂來了，說：「你為什麼不把我燒掉埋葬呢？其他亡者的幽魂不讓我靠近他們，我只能孤獨的在黑帝斯陰暗的冥府裡遊蕩。」阿基里斯醒了，他派人去砍伐樹木，疊成一座巨大的柴堆。他們將帕特羅克斯放在上面，蓋上白麻布，宰殺很多牲畜，阿基里斯割斷十二名特洛伊戰俘的喉嚨，將他們跟帕特羅克斯一同焚燒，以此榮耀帕特羅克斯。此舉是種恥辱，因為阿基里斯為了摯友之死，悲傷憤怒到發狂。高高的柴堆長寬各三十碼，他們往上頭澆灌酒，酒液浸濕柴堆後，點著了火，大火燃燒一整夜，直到早晨才熄滅。他們把帕特羅克斯的白骨裝進金匣，放在阿基里斯的營房。阿基里斯說，當他死後，他們必須焚燒他的屍體，將他的骨灰與他朋友的骨灰混在一起，在上頭建造一間石室，再用土堆覆蓋成一座大土丘，並在上方立一根石柱。這就是特洛伊平原上的一個山丘，但久遠以前，那根石柱已從墳塚上倒落。

　　按照習俗，為了向帕特羅克斯致敬，阿基里斯舉辦比賽──戰車競賽、賽跑、拳擊、摔角、箭術。尤里西斯贏得賽跑和摔角，所以到這時他的傷勢一定已經痊癒了。

　　阿基里斯仍然每天拖行赫克特的屍體，繞著為帕特羅克斯墓

而建的山丘轉一圈，直到天上的眾神大發雷霆，吩咐緹蒂絲告訴祂的兒子，他必須把屍體還給普瑞阿姆，並接受贖金。祂們派一位使者去見普瑞阿姆，要他贖回兒子的屍體。對普瑞阿姆來說，不得不去阿基里斯面前低聲下氣，真是情何以堪，阿基里斯的雙手上被他幾個兒子的鮮血染紅了，但他沒有違抗眾神的旨意。他打開寶物箱，取出二十四套美麗的刺繡服飾，秤出十塊（或者說十個塔冷通〔talent〕）沉重的金條，挑選了一只漂亮的金杯，然後把九個兒子都叫來，有帕里斯、赫勒諾斯（Helenus）、戴佛巴斯（Deiphobus）和其他人，說：「去吧，你們這些壞兒子，我的恥辱；但願赫克特還活著，而你們都死了！」因為悲傷使他憤怒，「去吧，為我準備好馬車，把這些寶物放上去。」於是他們將騾子套上車，把寶物放在車上，祈禱之後，普瑞阿姆連夜駕車來到阿基里斯的營房。四下無人之際，他走進去，跪在阿基里斯面前，吻了他那雙可怕的、致命的雙手。他說：「憐憫我吧，敬畏諸神，把我死去的兒子還給我。記住你自己的父親。可憐我吧，我忍受了出生在世之人不曾做過的事，親吻了殺死我兒子的手。」

　　阿基里斯想起身處遠地的父親，此時年老孱弱；他哭了，普瑞阿姆與他同哭，接著阿基里斯扶起跪著的普瑞阿姆，親切的對他說話，讚賞他即使年老依然相貌堂堂，普瑞阿姆也對阿基里斯的俊美感到驚奇。阿基里斯想著，普瑞阿姆長久以來是如何富有和幸福，就像他自己的父親佩琉斯，而現在年老、虛弱和悲傷都落在他們兩人身上，因為阿基里斯知道自己不久於人世，死神近在門前。於是阿基里斯吩咐婦女們為安葬赫克特的屍體做準備，她們用普瑞阿姆帶來的白斗篷裹住他，放在馬車上；晚飯準備好

了，普瑞阿姆和阿基里斯一起吃喝，婦女們為普瑞阿姆鋪床，但他不願久留，趁阿基里斯睡著時悄悄回到特洛伊。

所有的婦女都出來迎接，為赫克特哀悼。他們將屍體搬進安德洛瑪刻的房子，放在床上，女人們圍攏過來，輪流為這位死去的偉大戰士唱自己的歌。他的母親和妻子為他慟哭，玉手的海倫穿著深色喪服，舉起潔白的雙臂，說道：「赫克特，自從帕里斯將我帶到此地，在特洛伊的所有兄弟中，你與我最親近。但願我在那天之前就已死去！今年是我來到的第二十年，這二十年間，我不曾聽你說過一句刻薄無情的話。因為你的父親待我如親生子女，其他人可能會斥責我，你的姊妹或你母親；但你用好心和溫柔的話語，制止說壞話的人。啊！我為你悲痛，也為我自己悲痛，所有人都嫌惡我，在廣闊的特洛伊土地上再也沒有人像你一樣與我為友，我的兄弟和我的朋友！」

海倫如此悲嘆，但人事已盡。柴堆已壘起，赫克特被焚燒，他的骨灰放在金甕裡，收進一個空心山丘的陰暗石室中。

✦9✦
✦尤里西斯偷走「特洛伊的運氣」✦

　　赫克特下葬後，圍城緩慢的進行著，就像戰爭的前九年一樣。正如我們所知道的，當時的希臘人不懂得如何圍攻一座城市，方法是挖壕溝、建塔樓、用機械投擲重石以擊打城牆。特洛伊人失去了勇氣，不敢踏進開闊的平原，他們正在等待新的盟軍亞馬遜人到來，亞馬遜人是來自遠方的女戰士，還有一個叫契塔（Khita）的東方民族，他們的國王是門農（Memnon），光明的黎明女神（Bright Dawn）之子。

　　大家都知道，在特洛伊，女神帕拉斯雅典娜的神廟裡有尊神像從天而降，稱作帕拉迪恩（Palladium）。這尊古老的神像是「特洛伊的運氣」（Luck of Troy）。人們相信，只要它仍然安全的在神廟裡，特洛伊永遠不會被占領。神像在特洛伊城中央的神廟裡，由女祭司們日夜看守，希臘人似乎不可能潛入這座城市偷走它。

　　由於尤里西斯是竊盜高手奧托里庫斯的外孫，他常希望老人家和希臘軍隊在一起，因為如果有東西要偷，奧托里庫斯一定能得手。但此時奧托里庫斯已經過世了，尤里西斯只能苦思如何盜走「特洛伊的運氣」，並忖度外祖父會如何進行。他向竊賊之神荷米斯獻祭山羊，暗中祈求荷米斯幫助，終於想出一個計畫。

　　據說提洛斯島（Isle of Delos）的國王艾尼奧斯（Anius）有三

個女兒，分別叫做俄諾（Oeno）、斯佩耳摩（Spermo）、厄拉伊斯（Elais）。俄諾能將水變成酒，斯佩耳摩能將石頭變成麵包，厄拉伊斯能將泥巴變成橄欖油。人們說這些仙界的贈禮是酒神戴奧尼索斯（Dionysus）、穀物女神狄蜜特（Demeter）送給這些少女的禮物。現在希臘人急需穀物、酒和油，他們厭倦了為取得物資，得支付大量的黃金和青銅給腓尼基商人。因此有一天尤里西斯去找阿加曼農，請求准許他航行到提洛斯島，如果那三位少女真的能創造奇蹟，他會想辦法把她們帶回營地。既然目前沒有戰事，阿加曼農便允許尤里西斯離開，於是他帶五十名伊薩卡人登船，揚帆遠航，承諾一個月內回來。

兩三天後，一個骯髒的老乞丐開始出現在希臘人的營地裡。他在某天的深夜悄悄潛了進來，穿著髒兮兮的罩袍和一件非常骯髒的破舊斗篷，斗篷滿是破洞與煙漬；全身又披了張鹿皮，有一半的鹿毛都磨掉了；他拄著一根木杖，放食物用的袋子又髒又破，用繩子掛在脖子上。他微笑著蹲下身來到戴歐米德斯的營房門口，就在門口坐下，在東方，乞丐仍然坐在門口。戴歐米德斯看到他，送給他一條麵包和兩把肉，乞丐把吃的放在背袋上，就在雙腳之間，然後貪婪的吃著晚飯，像狗一樣的啃著一根骨頭。

飯後戴歐米德斯問他是誰，來自何處，他講了一個很長的故事，說他曾經是克里特島的海盜，打劫時被埃及人俘虜，之後他如何在他們的採石場工作多年，那裡太陽把他曬成褐色，以及他藏在木筏上的大石頭間逃脫，木筏順著尼羅河而下，那些石頭是為了建造海邊的一座神廟。木筏在夜裡抵達，乞丐說他趁著夜色悄悄離開，在港口發現一艘腓尼基人的商船，腓尼基人讓他上

船，打算把他賣到某地為奴。但一場暴風雨襲來，船在特洛伊附近的特涅多斯島（Isle of Tenedos）外撞毀，乞丐獨自靠著一塊船板逃到島上。他搭乘漁船從特涅多斯島來到特洛伊，希望可以在營地派上用場，賺取勉強餬口的物資，直到他找到一艘航向克里特島的船。

他把故事說得饒富興味，描述埃及人的奇特行徑；他們如何崇拜貓和公牛，用和希臘做事方式相反的方式做事情。於是戴歐米德斯給他地氈和毯子，讓他睡在營房的門廊，隔天這個老傢伙就在營地到處乞討，和士兵閒聊。他是個最無禮、最惹人心煩的老流浪漢，總是吵架。如果任何一位王子的父親或祖父有什麼不愉快的故事，他都知道，並會毫無顧忌的講出來，結果被阿加曼儂的權杖打了一記，艾阿斯踢他一腳，伊多墨紐斯用長矛托揍他，因為他講了一個關於他祖母的故事；每個人都恨他，罵他是討厭鬼。他老是嘲笑遠行的尤里西斯，講奧托里庫斯的故事，最後他從聶斯托的營房裡偷走一個金杯，那是個非常大的杯子，有兩個把手，每個把手上坐著一隻鴿子。老首領很喜歡這個從家裡帶來的杯子，當它在乞丐的髒背袋裡被找到時，人人都喊說一定要好好鞭打他，把他趕出營地。於是聶斯托的兒子，年輕的特拉緒墨德跟其他年輕人，邊笑邊叫，把乞丐又推又拉，來到特洛伊的斯坎伊恩門附近，在那裡，特拉緒墨德大聲喊道：「噢，特洛伊人啊，我們受夠了這個無恥的乞丐。我們先打他一頓，要是他再回來，我們會挖他的雙眼，砍他的手腳，餵給狗吃。如果他想要，可以到你們那裡去；否則，就只能流浪到餓死。」

特洛伊的年輕人聽到這話大笑起來，一群人聚集在城牆上

看乞丐受罰。特拉緒墨德用他的弓弦鞭打乞丐，大家都不停的揍他，直到他停止號叫倒在地上，渾身是血，一動不動的躺著。特拉緒墨德又踢他一腳，才和他的朋友們離開。乞丐靜靜的躺了一陣子，然後動了動，坐起來，抹掉眼裡的淚水，對著希臘人的背影大聲咒罵，祈禱他們被刺穿後背，被狗吃掉。

後來他勉強站起來，又倒了下去，他用手和膝蓋爬向斯坎伊恩門。他坐在城門的兩側牆壁之間，哭泣哀嘆。玉手的海倫看到有人受到比野獸還慘的待遇，覺得很難過，她從城門塔樓走下來，跟乞丐說話，問他為何受到這般殘忍的對待？

起初他只是呻吟，揉著痠痛的兩側，但最後他說他是個不幸的人，遇到船難，正沿路乞討回鄉，但希臘人懷疑他是特洛伊人派來的間諜。他說他之前待過拉刻代蒙，就是海倫的國家，可以告訴她關於她父親的事，如果她如他所料是美麗的海倫的話，他還要說說她的兄弟卡斯托、波路克斯以及她的小女兒赫敏的近況。

他說：「可是也許你不是凡人女性，而是某個喜愛特洛伊人的女神。如果你真的是女神，依你的美貌、身高和優美的線條來看，我會將你比作阿芙蘿黛蒂。」海倫哭了出來，因為多年來她不曾聽到父親、女兒和兄弟的消息。她的兄弟已經死了，但她並不知情。她伸出雪白的手扶起跪在腳邊的乞丐，要他跟著，一起去她的屋子，就在普瑞阿姆的宮殿花園裡。

海倫往前走，兩邊各有一名侍女，乞丐跟在她後面慢吞吞走著。她進屋時，帕里斯不在，她吩咐僕人給浴盆裝滿溫水，拿來新的衣服，她親自為老乞丐沐浴，為他抹油。這對我們來說非常奇怪，雖然匈牙利的聖麗莎（Saint Elizabeth）曾經為乞丐沐浴更

衣，但我們很驚訝，不是聖人的海倫竟然也這麼做。很久以後，她自己告訴尤里西斯的兒子特勒馬庫斯，說他父親曾經偽裝成一個被打得很慘的乞丐，來到特洛伊城，當時她為他的父親洗浴。

你一定猜到這個乞丐是尤里西斯，他並未乘船去提洛斯島，而是暗中搭小船回來，偽裝之後出現在希臘人之間。他這麼做是為了確保沒人能認得他，而他刻意觸犯眾怒挨鞭子，以免被特洛伊人懷疑是希臘間諜，還能得到特洛伊人的憐憫。他確實配得上「無窮耐力的尤里西斯」這個稱號。

他坐在浴盆裡，海倫幫他洗腳。洗完以後，她用橄欖油塗抹他的傷口，給他穿上白色的束腰外衣和紫色的斗篷。她張嘴驚叫出聲，因為她認出尤里西斯，但他把手指放在她的嘴唇上，說：「噓！」海倫想起尤里西斯的處境有多危險，要是特洛伊人發現他，會殘忍的處死他。她坐下來顫抖著啜泣，而他看著她。

她說：「噢，你這個不可思議的人。你的心是何等的堅忍，又是何等的狡猾！你如何忍受這樣的毆打和屈辱，並進入特洛伊的城牆？好吧，因為你，我的主人帕里斯出門遠行，他去為潘賽西莉亞（Penthesilea）引路，人們稱為亞馬遜女戰士的女王。她要來幫助特洛伊人。」

尤里西斯笑了，海倫知道自己說了不該說的話，洩露特洛伊人的祕密希望。她哭了，說：「噢，殘忍又狡猾！你讓我背叛了和我共同生活的人，雖然我曾因為離開了我自己的人民、我親愛的丈夫和孩子而悲痛！現在如果你活著離開特洛伊，你會去告訴希臘人這個消息，而他們會在夜裡埋伏並殺死前往特洛伊的亞馬遜人。如果我跟你久遠以前毫無交情，我會告訴特洛伊人你在這

裡，他們會拿你的屍體餵狗，把你的頭插在城牆的木樁上。真悲哀啊，我曾經出生在世。」

尤里西斯回答說，「女士，正如你所說，我們兩人過去是朋友，而且我將是你的朋友一直到最後。當希臘人闖入特洛伊，殺死男人、俘虜婦女，如果我活到那個時候，沒有人會傷害你，你會安全而光榮的回到拉刻代蒙，回到你在裂谷的宮殿。此外，我向你發誓，憑著天上的宙斯，憑著在地下懲罰發假誓者的靈魂的神靈，我不會將你說的話告訴任何人。」

他宣誓並履行那個誓言時，海倫得到安慰並抹掉淚水，然後跟他說自己有多麼的不快樂，以及當赫克特去世時，她如何失去了最後的安慰。她說：「我一直都很痛苦，除了進入甜美的夢鄉。我們在往特洛伊的路上行經埃及，埃及國王索恩（Thon）的妻子給我一份禮物，一種能讓最不快樂的人也能入睡的藥，那是從睡眠之神花環裡的罌粟種莢榨出來的。」她將裝滿藥的奇特金瓶拿給他看：那是埃及人製作的小藥瓶，上面覆滿魔咒以及野獸和花卉的圖樣。她說：「我會給你一瓶。即使你離開特洛伊城，你也不能沒有一件禮物來紀念海倫之手。」於是尤里西斯收下那只金瓶，心裡很高興。海倫在他面前擺上酒和食物，他吃飽喝足，恢復了體力，說：「現在我一定要換回我的破衣服，帶上我的背袋和木杖，在特洛伊城裡乞討。我必須在這裡乞討幾天。如果我連夜從你的屋裡逃走，特洛伊人會以為你跟我說了他們的祕密決策，而我正把這些祕密帶給希臘人，他們可能會生你的氣。」於是他又穿上乞丐的衣服，拿起木仗，把裝有埃及藥劑的小金瓶藏在破衣裡，背袋裡放著海倫給他的新衣服和一把劍。他道別時

說：「振作起來，你的悲傷即將結束了。如果你在街上或井邊的乞丐裡看到我，不要理我，我只會向你致意，就像一個被女王善待過的乞丐。」

他們就此分別，尤里西斯出去了，白天他和街上的乞丐在一起，晚上他通常睡在鐵匠的火爐旁，就像乞丐的習慣一樣。他乞討了幾天，說他在收集食物，同時他走到很遠的一個平靜的城鎮，在那裡他可能會找到工作做。他現在不放肆了，不去富人家裡，不講惹人反感的故事，也不笑，但他經常去神廟向諸神祈禱，尤其是帕拉斯雅典娜的神廟。特洛伊人認為，對於乞丐來說，他真是一個虔誠的人。

當時有個習俗，生病或受難的男男女女，晚上應該睡在神廟的地板上。他們這麼做是希望神祇給他們一個夢，讓他們知道如何治癒他們的疾病，或是如何找到失去的東西，或是如何擺脫困境。

尤里西斯過夜的神廟不只一座，有一次睡在帕拉斯雅典娜神廟裡，祭司和女祭司都對他很好，早上打開神廟的大門時分給他食物。

在帕拉斯雅典娜的神廟裡，「特洛伊的運氣」總是放在祭壇上，習俗是由女祭司整夜輪流值班，一次兩個鐘頭，士兵則在隨叫隨到的地方守衛。一天晚上，尤里西斯睡在那裡的地板上，和其他受苦的人在一起，向神祇尋求夢境。他整夜一動不動的躺著，直到輪最後一位女祭司看守。女祭司過去經常光著腳在做夢的人之間走來走去，手裡拿著火炬，嘴裡喃喃念著獻給女神的聖歌。尤里西斯趁她轉過身時，從破衣中取出金瓶，擺在他身邊光

滑的地板上。女祭司再次走回來時，火炬的光芒落在閃閃發光的金瓶上，她彎腰拾起它，好奇的端詳。它散發出甜甜的香氣，她打開來嘗了嘗，覺得這似乎是她嘗過最甜的的東西，她越喝越多，最後闔上金瓶放了下來，繼續邊走邊低聲唱她的聖歌。

很快的她感到昏昏欲睡，坐在祭壇臺階上睡著了，火炬從她手中滑落，熄滅了，一切陷入黑暗中。尤里西斯把金瓶收進背袋，在黑暗中非常小心的爬到祭壇，偷走「特洛伊的運氣」。那只是一小塊黑色的物質，現今被稱為隕鐵，有時會跟隕石一起從天而降；這塊東西的形狀像一面盾牌，大家認為那是好戰女神持盾的形象，從天界落了下來。這種由玻璃和象牙製成的神聖盾牌，曾在尤里西斯時代城市廢墟的地下深處被發現。尤里西斯迅速的把「運氣」藏進他的破衣裡，並在祭壇原處留下一尊複製品，那是他用塗黑的黏土做成的，接著他回到原本躺著的地方，一直待到天亮，等尋夢的沉睡者醒來，神廟的大門打開，尤里西斯和其他人一起走了出去。

他悄悄走過一條小巷，那裡還沒有人活動，他拄著木杖慢慢的走，最後來到城後的東門，希臘人不曾攻擊過這裡，因為他們從未布署軍隊包圍城市。尤里西斯對哨兵解釋說，他收集的食物足夠長途跋涉到其他城鎮，然後打開背袋，裡頭看來裝滿了麵包和碎肉。士兵們說他真是個幸運的乞丐，放他出城。他沿著馬車的車道緩緩走著，從艾達山的森林運送木頭到特洛伊城就是走這條路。當他發現他的視線範圍內沒有任何人時，便溜進森林，鑽入陰暗的灌木叢，躲在糾纏的樹枝下。他躺在這裡一直睡到傍晚，從背袋裡拿出海倫送他的新衣服穿上，把劍帶掛在肩上，將

「特洛伊的運氣」藏在懷裡。他在山間的小溪中把自己清洗乾淨，現在所有看到他的人都知道他不是乞丐，而是伊薩卡的尤里西斯，拉厄耳特斯之子。

他小心翼翼沿著小溪的一側走下去，小溪流過樹林深處高高的堤岸，沿著它走到希臘防線左側的贊塔斯（Xanthus）河。他在這裡找到守衛營地的希臘哨兵，他們驚喜的大聲歡呼，因為他的船還沒從提洛斯島返回，所以他們猜不出尤里西斯是如何獨自渡海回來的。兩個哨兵護送尤里西斯到阿加曼儂的營房，阿加曼儂、阿基里斯以及所有首領都坐在宴會上。他們全都跳了起來，當尤里西斯從斗篷裡拿出「特洛伊的運氣」時，他們高呼說這是此次戰爭中最勇敢的行為，而後向宙斯獻祭了十頭公牛。

「原來你就是那個老乞丐。」年輕的特拉緒墨德說。

尤里西斯說：「是的，下次你打乞丐的時候，別打那麼重、那麼久。」

那天晚上所有的希臘人都充滿希望，因為現在他們有了「特洛伊的運氣」。但特洛伊人卻絕望了，他們猜測那個乞丐是小偷，而尤里西斯就是那個乞丐。女祭司西雅娜（Theano）什麼也不能告訴他們；他們發現她坐在祭壇的臺階上睡著了，手中垂著熄滅的火炬，再也沒有醒來。

☞ 與亞馬遜人和門農交戰 —— 阿基里斯之死 ☜

　　尤里西斯經常想起海倫，如果沒有她的善意，他不可能偷走「特洛伊的運氣」拯救希臘人。他看到她美麗如昔，如同當年眾王子向她求婚時，但她非常不快樂，因為她知道自己是造成這麼多苦難的原因，並擔心未來會發生什麼。尤里西斯沒有將她洩漏的祕密 —— 亞馬遜人的到來 —— 告訴任何人。

　　亞馬遜人是一群好戰的年輕女子，住在遙遠的塞莫頓河（Thermodon）畔。她們過去曾經與特洛伊交戰，特洛伊平原上有一個巨大的山丘墳墓，覆蓋著亞馬遜人快腳米麗娜（Myrine）的骨灰。人們相信她們是戰神的女兒，在戰場上，她們跟最勇敢的男人不相上下。她們年輕的女王潘賽西莉亞來為特洛伊作戰有兩個原因：一是她想贏得名聲，二是她在打獵時不小心殺死了妹妹希波麗塔（Hippolyte），為此她徹夜難眠。潘賽西莉亞投向一頭雄鹿的長矛，擊中希波麗塔殺死了她，從此她不再關心自己的性命，並希望光榮的戰死沙場。於是潘賽西莉亞和她的十二名亞馬遜護衛，從寬闊的塞莫頓河出發，騎馬進入特洛伊。據說她們不像希臘和特洛伊首領那樣駕駛戰車，而是騎馬，這一定是她們國家的習俗。

　　潘賽西莉亞是亞馬遜人裡最高大、最美麗的一位，在她的

十二個少女護衛中閃耀著光芒，就像群星間的月亮，或是像黎明女神，在跟隨祂戰車輪子的那些荷萊（Hours）之中閃閃發亮。特洛伊人看見她時歡欣鼓舞，因為她看來既可怕又美麗，眉頭緊鎖，美麗的眼睛閃著光彩，臉頰泛著紅暈。對特洛伊人來說，她就像暴風雨過後的彩虹女神伊麗絲（Iris）一樣來到特洛伊人的身邊，他們聚集在她的周圍歡呼，向她拋撒鮮花，親吻她的馬鐙，好似聖女貞德前來拯救奧爾良人民時，受到的熱烈歡迎。連普瑞阿姆也很高興，他像一個長期失明的人痊癒後再次見到陽光。普瑞阿姆舉行一場盛宴，送給潘賽西莉亞許多精美的禮物：金杯、刺繡和一把銀柄的劍，她發誓要殺死阿基里斯。但是當赫克特的妻子安德洛瑪刻聽到這話時，她在心裡說：「啊，不幸的女孩，你竟敢如此誇口！你沒有力量與不可戰勝的佩琉斯之子戰鬥，如果赫克特不能殺死他，你又有什麼機會呢？現在，堆積的泥土覆蓋著赫克特！」

清晨，潘賽西莉亞從睡眠中一躍而起，穿上她華麗的盔甲，手持長矛，身側配劍，弓與箭袋掛在背後，她的大盾遮住脖子到馬鐙處的身體，她騎上馬，向平原疾馳。跟在她身邊的是她的十二名少女護衛，以及赫克特的所有兄弟和親屬。這些人率領特洛伊軍隊，衝向希臘人的船隊。

希臘人彼此詢問：「那個像赫克特一樣帶領特洛伊人的是誰？肯定有一些神祇騎在戰車的前列！」尤里西斯原本可以告訴他們特洛伊人的新領袖是誰，但他似乎不忍與女性對戰，因為在這天的戰鬥裡沒有提到他的名字。雙方戰線激烈交戰，特洛伊的平原被鮮血染紅，潘賽西莉亞殺死了莫利歐斯

（Molios）、普希諾斯（Persinoos）、艾里索斯（Eilissos）、安提法特斯（Antiphates）、崇高之心雷諾斯（Lernos），以及戰吼宏亮的希帕摩斯（Hippalmos）、赫莫尼迪斯（Haemonides）和強壯的埃拉西普斯（Elasippus），而她的女戰士德莉諾（Derinoe）、克羅妮（Clonie）則分別殺死了希臘人的一位首領。但克羅妮倒在波達耳刻斯（Podarkes）的長矛下，潘賽西莉亞用劍砍斷了他的手。伊多墨紐斯用長矛刺向亞馬遜人布雷沐莎（Bremousa），克里特島的墨里俄涅斯殺死了艾娃德（Evadre），戴歐米德斯在近距離戰鬥中用劍殺死阿耳喀比（Alcibie）和德里瑪刻亞（Derimacheia）。因此護衛潘賽西莉亞的十二名戰士小隊變得勢單力薄。

特洛伊人和希臘人持續互相殘殺，潘賽西莉亞為她的女戰士們報仇，驅趕希臘人的隊伍，就像母獅在山上驅趕牲畜一樣，因為他們不敢站在她面前。她大喊：「你們這些狗東西！你們今天將為普瑞阿姆的悲傷付出代價！戴歐米德斯在哪裡？阿基里斯在哪裡？艾阿斯在哪裡？大家都說你們是最勇敢的，沒人敢站在我的長矛前嗎？」她率領普瑞阿姆家族──赫克特的兄弟和親屬──再度往前衝，他們所到之處，希臘人便如同秋風吹過黃葉般的倒下。潘賽西莉亞騎的白馬是北風之妻所送的禮物，在希臘人的隊伍中有如一道閃電穿過烏雲，跟隨在亞馬遜人後面衝鋒的戰車，在掠過陣亡者的屍體時搖搖晃晃。年老的特洛伊人從城牆上觀看，喊道：「這不是凡間的女子，而是一位女神，今天她將燒毀希臘人的船艦，他們都將死在特洛伊的土地上，再也見不到希臘。」

艾阿斯和阿基里斯沒有聽到戰爭的喧囂和吶喊，因為兩人都

去帕特羅克斯的新墳前哭泣。潘賽西莉亞和特洛伊人把希臘人趕回了他們的壕溝內，他們躲藏在船隻之間；人們手上拿著燃燒的火炬燒毀船隻，就像赫克特的英勇之日一樣。當艾阿斯聽見戰鬥的喧嘩，便呼喚阿基里斯加速趕往船隊處。

艾阿斯和阿基里斯迅速跑回營房，武裝自己拿起武器，艾阿斯撲倒並擊殺特洛伊人，阿基里斯則殺死了潘賽西莉亞的五名護衛。她眼睜睜看著自己的少女倒下，便驅馬直奔艾阿斯和阿基里斯，像一隻鴿子對抗兩隻獵鷹。她投出長矛，但它在神祇為佩琉斯之子製作的輝煌盾牌上變鈍，掉了下來。她向艾阿斯投擲另一支長矛，一邊喊道：「我是戰神的女兒。」但艾阿斯的盔甲擋住了長矛，他和阿基里斯放聲大笑。艾阿斯不再理會亞馬遜人，轉而衝向特洛伊人；阿基里斯舉起只有他才能投擲的沉重長矛，刺穿潘賽西莉亞的胸甲和胸膛時，她的手仍然握著劍柄。她還來不及拔劍，阿基里斯就用矛刺穿她的馬，馬和騎者一同摔倒，都在倒地時死去。

美麗的潘賽西莉亞躺在塵土中，就像一棵被風吹倒的高大白楊樹，她的頭盔掉落，聚集在她周圍的希臘人，驚奇的看見她死後如此美麗的躺著，有如樹林女神阿特蜜斯（Artemis）厭倦了在山上打獵時獨自入睡。阿基里斯的心被憐憫和悲傷刺痛，他想著，如果他饒了她，她本可能在他的國家成為他的妻子，但他想到自己無法再見到宜人的佛提亞（Phthia），他的家鄉。於是阿基里斯站著為潘賽西莉亞哭泣。

希臘人懷著憐憫和悲傷的心情握住他們的手，沒有追擊逃跑的特洛伊人，也沒剝取潘賽西莉亞和她十二位少女的盔甲，而

是把屍體放在屍架上，和平的送回普瑞阿姆那裡。特洛伊人將潘賽西莉亞和她死去的少女們一起放在堆高的乾柴上焚燒，再將她們的骨灰放在一個金匣裡，埋葬在古代特洛伊國王拉俄墨冬（Laomedon）*的大山墳中，同時，希臘人悲痛的埋葬了被亞馬遜人殺死的同袍。

特洛伊的老人和首領舉行會議，普瑞阿姆說他們還不能絕望，因為，如果他們失去許多最勇敢的戰士，那麼許多希臘人也

* 編按：拉俄墨冬是赫克特的祖父。

◆掠城者尤里西斯◆

倒下了。他們認為最好的戰鬥計畫是從城牆和塔樓上射箭，直到門農國王率領衣索比亞（Aethiopes）大軍前來救援。門農是明亮的黎明之子，黎明是美麗的女神，愛上凡人提托諾斯（Tithonus）並嫁給他。祂曾請求眾神之王宙斯，讓祂的戀人永生不死，祂的祈求得到應允；提托諾斯不會死，但他開始變灰，然後滿頭白髮、白色的長鬍，越來越虛弱，最後除了聲音什麼都沒有留下，他總是微弱的喋喋不休，像夏日的蚱蜢一樣。

　　門農是俊美的男人，僅次於帕里斯和阿基里斯，他的家與日出之地毗鄰。他被稱作海絲佩拉蒂（Hesperides）*的幾位纖細美麗的少女扶養長大，直到他發揮出全部的力量，並指揮衣索比亞全軍。普瑞阿姆希望能等這批援軍到來，但波里達馬斯（Polydamas）建議特洛伊人將海倫還給希臘人，同時送上珠寶，而珠寶的價值要雙倍於海倫從梅內勞斯家帶來的那些。帕里斯非常生氣，說波里達馬斯是個懦夫。因為對帕里斯來說，如果能多保住玉手的海倫一個月，特洛伊被拿下且在一個月內燒毀，只是件小事。

　　門農終於率領一支大軍來了，他們全身只有牙齒是白的，因為在他們的國家太陽非常猛烈。特洛伊人對門農抱有更多的希望，因為在他離開日出之地和環繞圓形世界的俄刻阿諾斯河（Oceanus）的漫長旅途中，他不得不橫越索律米人（Solymi）的國度。索律米人非常凶猛，起而攻擊門農，但門農他們戰鬥了一

* 編按：海絲佩拉蒂是一群姊妹，人數有三、四、七人不同說法，據說她們是巨人阿特拉斯的女兒，住在遙遠的西方日落之地，被稱為西方之女、黃昏之女或日落女神。分開天與地、扛著天空的阿特拉斯，我們會在後面的故事〈帕修斯〉裡讀到。

整天，最後擊潰索律米人，把他們趕到山上。門農抵達時，普瑞阿姆送他一只黃金大杯，裡頭盛滿酒，門農一口氣喝完。但他並沒有像可憐的潘賽西莉亞那樣誇耀自己的能力，只說：「我是否驍勇善戰，將在考驗人之力量的戰鬥中被證明。所以現在讓我們睡覺吧，因為徹夜飲酒是戰爭的不祥之兆。」

　　普瑞阿姆稱讚他的智慧，所有人就讓他們去睡了，但第二天，明亮的黎明不情願的升起，照亮了祂兒子將冒著生命危險進行的戰鬥。門農率領著烏雲似的軍隊進入平原。希臘人看到如此龐大、精神煥發的新軍隊時，預感到會有厄運，但阿基里斯穿著燦亮的盔甲率軍迎戰，又給了他們勇氣。門農襲擊希臘人的左翼以及聶斯托的部下，首先殺了伊路瑟斯（Ereuthus），再來攻擊聶斯托的小兒子安提洛科斯。帕特羅克斯陣亡後，安提洛科斯成為阿基里斯最親密的朋友。門農朝他撲去，就像獅子撲向小孩，但安提洛科斯舉起一塊巨石，那是久遠以前立在某位偉大戰士墓上的石柱，石頭砸中門農的頭盔。門農在重擊之下一陣暈眩。門農抓起沉重的長矛，刺穿安提洛科斯的盾牌和胸甲，甚至刺進他的心臟，他在他父親的眼前倒下死去了。聶斯托在極度哀傷和憤怒中大步跨過安提洛科斯的屍體，呼喚另一個兒子特拉緒墨德，說：「來吧，把這個殺了你兄弟的人趕走，如果你心裡有恐懼，你就不是我的兒子，也不是佩里克墨諾斯（Periclymenus）的子孫，他在對抗大力士海克力斯的戰鬥中奮勇作戰！」

　　可是門農對特拉緒墨德來說太過強壯，他被門農趕開，而老聶斯托持劍衝了上去，門農要他走開，因為他不想攻擊這麼老的人。聶斯托撤退了，因為他年老體衰。接著門農和他的軍隊衝向

希臘人，殺死並剝取死者的盔甲。聶斯托登上戰車，趕到阿基里斯那裡，哭著懇求他快點過來救安提洛科斯的屍體。阿基里斯迅速迎上門農，門農舉起一塊巨石——那是塊田野的界標——砸向佩琉斯之子的盾牌。但這一擊並未撼動阿基里斯；阿基里斯往前衝去，從門農的盾牌邊緣傷了他。然而受傷的門農仍繼續戰鬥，他的長矛刺穿阿基里斯的手臂，因為希臘人在戰鬥時沒有用青銅袖來保護他們的手臂。

阿基里斯拔出大劍撲向門農，兩人以劍擊打彼此的盾牌和頭盔，頭盔上長長的馬毛頂飾都被削斷，隨風飄落，他們的盾牌在劍擊下發出可怕的聲響。他們攻擊對方盾牌與頭盔罩面之間的喉嚨，他們擊打膝蓋，刺向胸膛，盔甲在他們身上鏗鏘作響，腳下的塵土升騰成雲，好似氾濫的大河的瀑布周圍升騰的水霧。他們激烈打鬥，雙方都不讓步，最後阿基里斯猛烈一擊，門農無法招架，青銅劍從他的胸骨下方穿過身體，他倒了下來，盔甲在他倒下時撞出了聲響。

阿基里斯受了傷，又因失血而虛弱，並未留下來剝除門農的金色盔甲，而是高喊著他的戰吼繼續前進，因為他希望與逃亡的特洛伊人一起進入特洛伊的城門，所有的希臘人緊隨其後。他們一邊追擊，一邊殺戮，斯坎伊恩門擠滿了追殺者與被追殺者。就在那一刻，希臘人本可以攻入特洛伊，燒毀這座城市，俘虜婦女，但帕里斯站在城門上方的塔樓，對兄弟赫克特的死滿腔怒火。他試了試弓弦，發現已經磨損，因為他一整天都把箭射向希臘人。於是他選了一根新弓弦，給弓上弦後，從箭袋裡選出一支箭，瞄準阿基里斯裸露的腳踝，那裡正好沒有神祇為他打造的護脛或金

屬護腿的防護。箭穿過腳踝，阿基里斯轉過身，他已相當虛弱，因此跟蹌跌倒，神祇打造的盔甲被塵土和鮮血玷汙了。

　　阿基里斯又站了起來，喊道：「哪個懦夫從遠處用暗箭射我？站出來，用劍和長矛跟我對戰！」他說著便用強壯的手從傷口拔出箭桿，鮮血噴湧出來，他眼前一黑。然而他蹣跚前行，盲目攻擊，擊中赫克特的好友歐里撒恩（Orythaon）的頭盔，他又擊中了好幾個人，但此時他的力氣已盡，倚在長矛上，高呼他的戰吼，說：「特洛伊的懦夫，你們都逃不過我的長矛，就像我一樣快死了。」他邊說邊倒下，身上的盔甲撞得鏗鏘作響。特洛伊人隔著距離觀望，好似獵人看著垂死的獅子，但不敢輕易靠近。希臘人驚恐的站在原地，直到阿基里斯嚥下最後一口氣。特洛伊婦女從城牆上為他的死歡呼，因為他殺害了高貴的赫克特。赫克特的預言應驗了，阿基里斯將在斯坎伊恩門倒下，死於帕里斯之手。

　　特洛伊的主將從城門衝出來，想奪取阿基里斯的屍體以及他燦爛的盔甲，但希臘人急著將屍體帶回船隊，以便得到應有的安葬。雙方圍著死去的阿基里斯激戰，希臘人和特洛伊人混在一起，因此沒人敢從特洛伊城牆上射箭，以免殺死自己的朋友。帕里斯、埃涅阿斯、薩耳珀多的朋友格勞克斯，他們率領特洛伊人；艾阿斯和尤里西斯率領希臘人，我們不知道阿加曼儂是否參與了這場大戰。正如憤怒的野蜂圍住一個正在採蜜的人，特洛伊人也圍住艾阿斯，試圖刺他，但他把大盾放在身體前方，擊殺了所有在他長矛範圍內的人。尤里西斯也擊倒很多人，雖然有人擲矛刺穿他膝蓋附近的腿部，但他仍然堅守陣地，保護阿基里斯的屍體。最後，尤里西斯抓住阿基里斯的屍體扛在背上，瘸著腿朝船

隊走去。艾阿斯和他的部下跟了上去，如果特洛伊人膽敢靠近，就轉身衝向他們。於是他們以非常緩慢的速度帶著死去的阿基里斯穿過平原，穿過倒下的屍體和鮮血，直到他們與戰車上的聶斯托會合，並將阿基里斯放在車上，然後聶斯托迅速駛向船隊。

那裡的婦女們哭著洗淨阿基里斯優美的身體，將他放在屍架上，蓋上白色的大斗篷，所有的女人都哀嘆，唱著輓歌，第一個是布里賽絲，她愛阿基里斯勝過愛自己的國家，還有在戰爭中被他殺死的父親和兄弟們。希臘的眾王子也站在屍體周圍，哭著割掉自己長長的黃色頭髮，這是表達悲傷的象徵，也是獻給亡者的祭品。

據說，從海裡出來的是銀足的緹蒂絲——阿基里斯的母親，和祂的侍女們，她們都是不死的水中少女。她們從海底的玻璃房間升起，數量眾多而且美麗無比，往前行進的姿態，有如湧動的夏日海浪，她們甜美的歌聲沿著海岸迴蕩。希臘人感到恐懼，本想逃跑，但聶斯托喊道：「等等，別逃，阿該亞人的年輕君主！看哪，來自大海的是他的母親，帶著不死的水中少女，來看祂死去兒子的臉。」然後那些海寧芙站在死去的阿基里斯周圍，給他穿上神祇的衣著，衣著香氣四溢，九位繆思一個接一個以甜美的嗓音互相唱和，開始了祂們的哀歌。

希臘人堆起高高的柴堆，將阿基里斯放在上面，然後點燃，直到火焰燒盡了他的身體，只剩下白色的骨灰。他們將骨灰放進一個大金杯裡，和帕特羅克斯的骨灰混在一起，他們建造一座像小山一樣的墳墓，聳立在海岬上，讓人們在航行途中永遠可以看到它，並緬懷阿基里斯。為了向他致敬，他們為他舉行賽跑、戰

車比賽和其他競技，由緹蒂絲送出精美的獎品。最後，比賽結束，緹蒂絲在眾首領面前放上一套盔甲，那是赫克特殺死帕特羅克斯的那晚，神祇為祂兒子打造的輝煌盔甲。祂說：「讓這套盔甲成為獎賞，給最優秀的希臘人，和從特洛伊人手中拯救阿基里斯屍體的人。」

　　艾亞斯站起來，另一側的尤里西斯也站起來，因為是他們兩人救了屍體，誰都不認為自己是比對方遜色的戰士。兩人都是勇士中的勇士。艾阿斯更高更壯，在赫克特的英勇之日堅持在船隊戰鬥；尤里西斯則獨自抵抗特洛伊人，即使受傷也拒絕撤退，他的勇氣和狡猾，為希臘人贏得「特洛伊的運氣」。老聶斯托站起來，說：「今天是個不幸的日子，最優秀的希臘人在爭奪這個獎賞。沒贏得獎賞的人心情沉重，在戰鬥中將無法像過往一樣堅定的站在我們身邊，這對希臘人來說是巨大的損失。誰能在這個問題上做出公正的評判，因為有些人更喜歡艾阿斯，有些人更喜歡尤里西斯，因此我們之間會產生爭論。看哪！我們當中不是有很多特洛伊俘虜，正等著他們的朋友用牲畜、黃金、青銅和鐵來支付贖金。這些人恨所有的希臘人，不會偏袒艾阿斯或尤里西斯。就交由他們評判，決定誰是最優秀的希臘人，誰對特洛伊人造成的傷害最大。」

　　阿加曼儂說，聶斯托說的話很有智慧。於是特洛伊人被要求在議會中擔任評判，艾阿斯和尤里西斯各自講述自己的偉大事蹟，這些事蹟我們已經聽過了，但艾阿斯說話粗魯無禮，說尤里西斯是懦夫和弱者。尤里西斯平靜的說：「也許特洛伊人知道，他們是否認為我應該像艾阿斯所說的那樣，是個懦夫；艾阿斯可

能還記得我們在帕特羅克斯葬禮上的摔角比賽，他並沒有發現我如此虛弱。」

於是特洛伊人齊聲說尤里西斯是希臘人裡最優秀的，也是他們最害怕的，無論是他的勇氣還是戰略上的技巧。聽到這裡，艾阿斯脹紅臉，靜靜的站著動也不動，一句話也說不出來，後來他的朋友們圍住他，帶他回營房，他坐下來，不吃不喝，直到夜幕降臨。

他坐了很久，在心裡沉思著，然後起身穿上盔甲，抓起一把劍，那是有一天他與赫克特，兩人以溫和的方式交手時赫克特送給他的，而艾阿斯送給赫克特一條黃金鍛造的寬劍帶，最後彼此禮貌的道別。艾亞斯拿著這把劍——赫克特的禮物——走向尤里西斯的營房，打算將他的四肢逐一切下來，因為他在極度悲痛中陷入了瘋狂。他衝進黑夜裡要去殺死尤里西斯，卻衝進希臘人為了食用而飼養的羊群裡。他在牠們中間走來走去，盲目攻擊，直到黎明來臨。看哪！他恢復了神智，看到自己沒有擊中尤里西斯，而是站在被他殺死的羊群血泊中。他無法忍受自己瘋狂所帶來的恥辱，於是把赫克特所贈之劍的劍柄牢牢固定在地上，他後退一小段路後，跑過去倒在劍上，劍刺穿心臟。偉大的艾阿斯就這樣死了，他在恥辱的人生之前選擇了死亡。

✦ 11 ✦

尤里西斯出航尋覓阿基里斯之子
——尤里帕勒斯的勇氣

　　希臘人發現艾阿斯自我了斷倒地死去時，他們大聲哀嘆，尤其艾阿斯的兄弟和他的妻子特克墨薩（Tecmessa）更為他痛哭，他們的悲痛響徹整個海岸。但是沒有人比尤里西斯更悲傷，他站起來說：「但願特洛伊之子從未將阿基里斯的盔甲賜予我，我寧願將它們交給艾阿斯，也不願讓希臘軍隊蒙受這種損失。請不要責怪我，也不要生我的氣，因為我沒有尋求財富使自己富有，而是為了榮譽，為了贏得讓後世銘記的聲名。」他們生起大堆的柴火焚燒艾阿斯的屍體，為他悲痛，就像他們為阿基里斯悲痛一樣。

　　現在看來，儘管希臘人贏得了「特洛伊的運氣」，擊敗亞馬遜人和門農的大軍，但是對於拿下特洛伊城並沒有更大的進展。他們殺了赫克特和眾多特洛伊人，但也失去了偉大的阿基里斯、艾阿斯、帕特羅克斯、安提洛科斯，以及被潘賽西莉亞和門農殺死的王子們，而那些死去首領的軍隊已厭倦戰鬥，渴望返鄉。首領們開會時，梅內勞斯站起來說，許多為他航行到特洛伊的勇士都犧牲了，他的心悲痛欲絕。他說：「但願在我召集這支軍隊以前，死亡降臨在我身上。不過，來吧，讓我們剩下的人乘著快船出海，返回各自的國家。」

他這樣說是為了試探希臘人，看他們的勇氣如何，因為他依然想要焚毀特洛伊城，親手殺死帕里斯。戴歐米德斯站起來發誓說希臘人永遠不會變成懦夫。絕不！他要大家磨好劍，準備戰鬥。先知卡爾卡斯也站起來提醒希臘人，他總是預言他們將在圍城的第十年占領特洛伊，而第十年已經到了，勝利幾乎掌握在他們手中。接著尤里西斯站起來說，雖然阿基里斯死了，也沒有王子率領他的部下，但阿基里斯有個兒子在斯庫羅斯島，他要帶那個兒子來接替他父親的位置。

「他當然會來的，我會把偉大的阿基里斯那些不幸的盔甲帶給他，作為證物。我不配穿戴它們，它們會讓我想起我們對艾阿斯的悲傷。但他的兒子會穿上它們，在希臘的長矛手前面和特洛伊最密集的隊伍中，阿基里斯的頭盔將閃閃發光，有如過往，因為他總是在最前面戰鬥。」尤里西斯這樣說，於是他和戴歐米德斯帶著五十名槳手，登上一艘快船，他們整齊的坐在長椅上，把灰色的大海攪打成水沫，尤里西斯掌舵，帶領他們航向斯庫羅斯島。

特洛伊人休戰了一段時間，普瑞阿姆懷著沉重的心情，吩咐人們把他的珍寶，那棵巨大的黃金葡萄藤──上頭有金葉子和金葡萄串──帶給尤里帕勒斯（Eurypylus）國王的母親。尤里帕勒斯的人民住在凱克斯河（Caycus）廣闊的沼澤地，那裡鶴、蒼鷺和野天鵝的叫聲此起彼落。尤里帕勒斯的母親曾經發過誓，她永遠不會讓他的兒子去打仗，除非普瑞阿姆送給她金葡萄藤，那是神祇送給古代特洛伊國王的禮物。

普瑞阿姆心情沉重的送去了金葡萄藤，尤里帕勒斯看到它

時很是喜悅，命令他的部下武裝起來，將馬套上戰車。生力軍的長隊沿著蜿蜒的道路進入城市時，特洛伊人非常高興。帕里斯前來迎接外甥尤里帕勒斯，他是他姊妹艾絲蒂歐科（Astyoche）的兒子，艾絲蒂歐科也是普瑞阿姆的女兒；不過尤里帕勒斯的祖父是著名的海克力斯，他是世間活過的最強壯的男人。帕里斯帶尤里帕勒斯到自己家，海倫正跟四個侍女坐著刺繡，尤里帕勒斯看到她如此美麗而驚嘆不已。契塔（Khita）人，也就是尤里帕勒斯的人民，在篝火熊熊的火光下，聽著排蕭和橫笛的樂音，和特洛伊人一起露天宴飲。希臘人看到了火光，聽到了歡快的音樂，他們整夜守望，唯恐特洛伊人在黎明前襲擊船隊。黎明時分，尤里帕勒斯醒來，穿上盔甲，用背帶把一面巨大的盾牌掛在脖子上，盾牌上以多種顏色的金和銀，描繪他的祖父海克力斯的十二項試煉：即海克力斯的奇特功績，例如與怪物、巨人以及守衛亡者住所的冥府地獄犬戰鬥。尤里帕勒斯率領自己的軍隊、赫克特的兄弟們，朝著阿加曼儂率領的希臘人進攻。

在那場戰役裡，尤里帕勒斯首先殺了涅羅斯，他是阿基里斯死後最俊美的希臘人。涅羅斯倒在那裡，就像一棵開滿紅白花朵的蘋果樹，被風吹倒在富人的果園裡。尤里帕勒斯本想剝除他的盔甲，但瑪卡翁衝了過來；赫克特在他的英勇之日放火焚燒船隊時，瑪卡翁受了傷，被帶到聶斯托的營房。瑪卡翁的長矛刺穿尤里帕勒斯的左肩，但尤里帕勒斯的劍擊中他的肩膀，血流了出來；儘管如此，瑪卡翁還是彎腰抓起一塊大石，砸向尤里帕勒斯的頭盔。他一時受到撼動，但沒有跌倒，接著他用長矛刺穿瑪卡翁的胸甲和胸膛，瑪卡翁倒地而死。他在最後一口氣中說：「你，

也會死。」但尤里帕勒斯回答說：「順其自然吧！人不能永遠活著，這就是戰爭的命運。」

這場戰鬥聲勢浩大、武器閃亮、戰局搖擺不定，最後除了梅內勞斯和阿加曼儂的部下，只剩少數希臘人堅持到底，因為戴歐米德斯和尤里西斯還在遠方的海上，準備從斯庫羅斯島帶來阿基里斯的兒子。但透克爾殺了波里達馬斯，當初警告赫克特應該回到城牆內的就是波里達馬斯。梅內勞斯打傷了戴佛巴斯，他是普瑞阿姆僅剩的兒子裡最勇敢的；這幾個兒子仍然武裝中，因為許多兄弟都已陣亡。阿加曼儂殺死幾個特洛伊的長矛手。帕里斯在尤里帕勒斯四周奮戰，還有埃涅阿斯；埃涅阿斯用一塊大石頭砸傷透克爾，打破他的頭盔，他只好駕著戰車返回船隊。梅內勞斯和阿加曼儂站在一大群特洛伊人當中戰鬥，就像兩頭野豬被一圈持長矛的獵人包圍，野豬如此凶猛，獵人一時止步不前。要不是伊多墨紐斯、克里特島的墨里俄涅斯、聶斯托的兒子特拉緒墨德前來救援，兩人原本會在那裡倒下。尤里帕勒斯渴望殺了梅內勞斯和阿加曼儂，好結束戰爭；但是正如蘇格蘭軍隊在佛洛登原野（Flodden Field）上用長矛團團護住詹姆斯國王，直到他往前跑，進到英格蘭將軍的標槍長度之內；克里特島人和皮洛斯人用長矛護衛了這兩位王子。

帕里斯的大腿被矛刺傷了，他退開一些距離，朝希臘人射出箭雨；伊多墨紐斯舉起一塊大石，拋向尤里帕勒斯，石頭打落他的矛，他回頭去找矛，因此梅內勞斯和阿加曼儂在戰鬥中得到喘息的機會。但很快的尤里帕勒斯又回來了，他召喚部下，他們一步步逼近圍著阿加曼儂的長矛陣，埃涅阿斯、帕里斯殺死克里特

島人和邁錫尼人，最後將希臘人逼退到營地周圍的壕溝。大石、長矛和箭矢，從希臘人的城垛和塔樓上，如雨般落向特洛伊人和尤里帕勒斯的軍隊。此時，夜幕降臨，尤里帕勒斯知道無法在黑暗中攻下護牆，於是他撤回部下，他們生起大火，在平原上紮營。

希臘人當前的情況如同赫克特死後特洛伊人的情況。他們埋葬瑪卡翁和其他陣亡的首領，然後留在自己的壕溝和護牆內，因為他們不敢進入開闊的平原。他們不知道尤里西斯和戴歐米德斯是否安全抵達斯庫羅斯島，還是遭遇船難或是駛入陌生的海域。於是希臘人派一名傳令官去找尤里帕勒斯，請求休戰，以便他們可以為死者收屍並焚燒，特洛伊人和契塔人也埋葬了他們的死者。

與此同時，尤里西斯的快船正飛快橫越大海前往斯庫羅斯島，以及呂科墨得斯國王的宮殿。他們在大門前的中庭裡找到了阿基里斯的兒子聶莪普勒摩（Neoptolemus）。他跟他父親一樣高，臉龐和體型也很相像，他正在練習把矛擲向標靶。看到聶莪普勒摩，尤里西斯和戴歐米德斯相當高興，尤里西斯告訴聶莪普勒摩他們是誰，為何而來，懇求他憐憫希臘人並幫助他們。

尤里西斯說：「我朋友是戴歐米德斯，阿爾戈斯的王子。我是伊薩卡的尤里西斯。跟我們來，我們希臘人會送你數不清的禮物，我也會把你父親的盔甲送給你，那副黃金盔甲是神祇鍛造的，其他凡人無法合法穿戴。再者，等我們攻下特洛伊，返鄉之後，梅內勞斯會把他的女兒美麗的赫敏給你，做你的妻子，還有大量的黃金。」

聶莪普勒摩回答：「希臘人需要我的劍就夠了。明天我們啟程前往特洛伊。」他帶他們進宮用餐，他們在那裡找到聶莪普勒

摩的母親，美麗的狄達米亞（Deidamia），她穿著喪服，聽說他們來帶走她兒子時哭了起來。但聶我普勒摩安慰她，承諾帶著特洛伊的戰利品安全返家。他說：「即使我倒下了，那也是在做了配得上我父親名字的功績之後。」第二天他們啟航，留下悲切的狄達米亞；就像燕子被蛇找到鳥巢，殺死了牠的孩子；她在屋子裡走來走去嚎啕大哭。這艘船在路途上飛快的行駛，劈開深暗的波浪，直到尤里西斯對聶我普勒摩指出遙遠的艾達山白雪皚皚的山頂，以及特洛伊附近的特涅多斯島；他們經過阿基里斯墳墓所在的平原，但尤里西斯沒有告訴他那是他父親的墳墓。

這段時間，希臘人都待在護牆內，他們在塔樓上作戰，一邊回頭眺望大海，渴望看到尤里西斯的船；就像在荒島遇難的人，每天守望著遠方是否有帆船，希望水手靠近他們的小島，憐憫他們，帶他們回家。所以希臘人一直留意載著聶我普勒摩的船隻。

戴歐米德斯也一直觀察著海岸，當他們看到岸上希臘人的船隊，見到他們被特洛伊人圍攻，希臘軍隊被困在護牆內，從塔樓上作戰。他大聲對尤里西斯和聶我普勒摩喊道：「快點，朋友們，讓我們在登陸前武裝起來，因為希臘人遭遇大難了。特洛伊人正在攻擊我們的護牆，很快就會燒毀我們的船隻，我們將無法返鄉。」

尤里西斯船上的人都武裝起來，聶我普勒摩身穿他父親輝煌盔甲第一個跳上岸。希臘人無法從護牆出來歡迎他，因為他們正跟尤里帕勒斯和他的部下進行艱苦的肉搏戰。但他們回頭一看，似乎看到了阿基里斯本人手裡拿著長矛與劍，正往他們這裡衝過來。他們高聲發出戰吼，聶我普勒摩到達城垛時，他、尤里西斯、

戴歐米德斯跳下平原，希臘人緊跟在後，他們齊舉長矛衝向尤里帕勒斯的軍隊，把他們趕出護牆。

特洛伊人顫慄了，因為他們認出戴歐米德斯和尤里西斯的盾牌，以為穿著阿基里斯盔甲的高大首領是阿基里斯本人，從亡者之地回來為安提洛科斯復仇。特洛伊人逃跑了，聚集在尤里帕勒斯四周，好似雷雨中的小孩子，害怕閃電和噪音，跑去父親身邊將臉埋在他的膝蓋上。

聶我普勒摩用長矛刺殺特洛伊人，就像在夜間的大海，有人在船上提著火炬，用矛刺向群聚的魚群。他殘忍的為他父親的死報了很多特洛伊人的仇，阿基里斯的部下跟隨阿基里斯的兒子，左右殺戮，並在特洛伊人奔跑時用長矛擊中他們兩肩之間。就這樣，他們在天還亮著的時候又追又打，但當夜幕降臨時，他們帶聶我普勒摩到他父親的營房，婦女在浴室裡為他洗浴，然後帶他去和阿加曼儂、梅內勞斯與王子們一同宴飲。他們都歡迎他，送給他豐厚的禮物，銀柄的劍、金杯和銀杯。他們很高興，因為他們把特洛伊人趕出護牆，並希望明天可以殺死尤里帕勒斯，占領特洛伊城。

他們的希望落空了。儘管第二天尤里帕勒斯在戰鬥中遇到聶我普勒摩，且被他殺死，但是當希臘人將特洛伊人追趕到他們的城市時，閃電、雷鳴、大雨落在他們身上，他們又撤回到自己的營地。他們相信眾神之王宙斯在生他們的氣。日子一天天過去，特洛伊仍然屹立未被征服。

✦ 12 ✦

✦ 帕里斯之死 ✦

　　希臘人經常遇到灰心喪氣的時候，這種時候他們就去請示先知卡爾卡斯。他通常會發現他們必須做點什麼，或是遣人去找誰過來，當這麼做的時候，他們的心思就會從諸多的不幸轉移開來。目前，在赫克特的兄弟戴佛巴斯的領導下，特洛伊人比之前更勇敢了，於是希臘人去找卡爾卡斯尋求建議。卡爾卡斯告訴他們必須讓尤里西斯和戴歐米德斯去利姆諾斯島（Isle of Lemnos），把弓箭手斐洛克特底（Philoctetes）帶來。那是一座不幸的荒島，好些年前，已婚的婦女們出於嫉妒，一夕之間謀殺了她們的丈夫。希臘人前往特洛伊的途中登上利姆諾斯島，在那裡斐洛克特底朝一條巨大的水龍射箭，水龍住在孤寂的山丘洞穴中的一口井裡，他進入洞穴時龍咬了他，雖然他最後殺死龍，但牠的毒牙咬傷他的腳。傷口一直無法癒合，還滴著毒液。斐洛克特底極度痛苦，他的叫喊讓整個營地的人徹夜難眠。

　　希臘人為他難過，但他不是一個令人愉快的同伴，不管他在哪裡都尖聲喊叫，所到之處散落著毒液。於是他們將他留在孤島上，不知道他此時是生是死。假使他正如先知卡爾卡斯說的這般重要，沒有他就無法拿下特洛伊，先知當時應該告訴希臘人不要拋棄斐洛克特底。可是現在，由於他必須提出一些建議，卡爾卡

斯說必須把斐洛克特底帶回來，所以尤里西斯和戴歐米德斯出發去帶他回來。他們航至利姆諾斯島，發現這是一個令人憂鬱的地方，沿岸那些破敗的房子沒有炊煙。他們上岸時便知道斐洛克特底沒有死，因為他痛苦的慘叫從海灘的一個洞穴裡迴蕩了出來：噢啊啊啊啊，哎哎，嗚嗚，噢啊啊啊啊。王子們來到這個洞穴，發現一個模樣可怕的男人，長著又髒又乾的頭髮和鬍鬚；他瘦成一副骷髏，雙眼凹陷，躺在一堆海鳥的羽毛上面呻吟。他的大弓和箭都放在手邊，用來射殺海鳥，他唯一的食物；洞窟裡散落一地的羽毛，但被他從腳上滴落的毒液弄得更糟。

這個模樣駭人的傢伙看到尤里西斯和戴歐米德斯逐漸走近時，他拿起弓，將一支毒箭搭在弦上，因為他痛恨把他留在荒島的希臘人。但兩位王子舉起雙手以示求和，大喊說他們來是來表達善意的，於是他放下弓。他們走進來坐在岩石上，答應治癒他的傷口，因為希臘人對於拋棄他感到非常愧疚。當尤里西斯有意說服人時，往往令人很難抗拒，最後斐洛克特底同意跟他們一起航行到特洛伊。槳手用擔架將他抬到船上，以溫水清洗他可怕的傷口，倒上油，用柔軟的亞麻布包紮起來，他的疼痛總算減輕了一些；接著給他豐盛的晚餐和足夠的酒，這些都是他多年來沒有嘗過的。

隔天早上他們啟航，正好遇到西風，西風是順風，於是他們很快就在希臘人之間登陸，並把斐洛克特底帶上岸。在這裡，瑪卡翁的兄弟波達勒里俄（Podalirius）是醫生，他竭盡所能治癒他的傷口，斐洛克特底不再疼痛了。他被帶到阿加曼儂的營房，阿加曼儂歡迎他，說希臘人為自己的殘忍感到後悔。他們給他七名

女奴、二十匹快馬和十二件大型青銅器皿，並告訴他將永遠與最偉大的首領一起生活，在他們的餐桌上吃飯。他沐浴，修剪、梳理頭髮並抹上油，很快的他就渴望戰鬥，準備用他的大弓和毒箭對付特洛伊人。當時的人認為使用有毒的箭頭是不公平的，但斐洛克特底毫無顧忌。

在接下來的戰鬥中，帕里斯用箭射殺希臘人時，斐洛克特底看見了他，便喊道：「狗東西，你為你的箭術和射死偉大的阿基里斯的箭，而感到自豪。可是，等著瞧，我是比你更好的弓箭手，我手中的弓是大力士海克力斯拿過的！」他大叫著，把帶毒的箭搭在弦上，弦拉到胸前，弓弦一響，箭飛了出去，只擦傷了帕里斯的手。但毒液引起的劇痛向他襲來，特洛伊人把他抬進城裡，醫生們徹夜照料他。帕里斯無法入睡，痛苦的翻來覆去直到黎明時，他說：「只有一個希望，帶我去找俄諾涅，艾達山的寧芙！」

他的朋友把帕里斯放在擔架上，抬著他走向通往艾達山的陡峭小路。他年輕時經常迅捷的爬上去，去看那位深愛他的寧芙；但他已有許久不曾踏上這條路了，此時他在巨大的痛苦和恐懼中被人抬著，因為毒液把他的血變成火。他的希望渺茫，因為他知道自己是多麼殘忍的遺棄了俄諾涅；他看到樹林裡被驚擾的鳥兒都飛到左邊，這是凶兆。

最後，抬夫將他抬到俄諾涅所住的山洞，他們聞到了山洞地面上燃燒雪松的甜香，還聽到寧芙唱著一首憂鬱的歌。帕里斯用她曾經喜歡聽的聲音呼喚她，她的臉色變得非常蒼白，站起來對自己說：「我祈禱的那個日子終於到了。他受了重傷，要我治療他的傷口。」她來了，站在黑暗洞穴的入口，黑暗映襯出她的潔

白。抬夫把擔架上的帕里斯放在俄諾涅的腳邊，他往前伸出雙手碰觸她的膝蓋，就像個懇求者的姿態。但她往後退開，收攏身上的長袍，免得他用手去碰它。

他說：「女士，請不要鄙視我，也不要憎恨我，我的痛苦超出我所能忍受的。我把你孤零零的留在這裡絕不是我的意願，因為無人能逃脫的命運將我帶到海倫身邊。但願我在看到她的臉之前，就死在你的懷裡。現在我以眾神的名義懇求你，為了紀念我們的愛，你會憐憫我，治癒我的傷痛，不要拒絕你的慈悲，讓我死在你的腳下。」

✦ 掠城者尤里西斯 ✦

俄諾涅輕蔑的回答：「你來找我做什麼？這條路曾經被你的腳踩過，多年以來你都沒有走這條路。很久以前你為了玉手海倫的愛，讓我孤獨悲傷。她肯定比你年少時的愛人美麗得多，也更能幫助你，據說她永遠不會老也不會死。回去找海倫吧，讓她帶走你的痛苦。」

俄諾涅說完後走進洞穴，撲倒在地爐的灰燼中，因憤怒、悲傷而啜泣。過了一會兒，她起身走到洞穴口，以為帕里斯還沒被抬回特洛伊，但她沒有找到他的蹤影，因為抬夫把他抬到另一條路上，最後他死在一棵橡樹的樹枝下。抬夫迅速的把他抬回特洛伊，他的母親為他痛哭；海倫為他唱歌，就像她為赫克特唱歌一樣，她想起許多事情，但害怕去想自己會有什麼下場。特洛伊人匆忙堆起高高的乾柴，將帕里斯的屍體放在上面點燃。火焰在黑暗中升騰，因為現在夜幕降臨了。

俄諾涅在陰暗的樹林裡遊蕩，哭著呼喚帕里斯，就像被獵人帶走幼崽的母獅。月亮升起照亮了她，葬禮的火焰照耀著天空，俄諾涅便知道帕里斯死了──美麗的帕里斯──特洛伊人正在艾達山腳下的平原上焚燒他的屍體。她哭著說帕里斯現在完全屬於她了，海倫再也無法掌握他，「雖然他活著的時候離開我，但死後我們不會分開。」她說。她快速奔下山丘，穿過樹林寧芙正為帕里斯悲嚎的灌木叢，來到平原，像新娘一樣用面紗遮住頭，衝過大群的特洛伊人，跳上燃燒的柴堆，把帕里斯的屍體抱在懷裡，火焰吞噬了新郎和新娘，兩人的骨灰混合在一起，再也沒有人能將他們分開了。他們的骨灰被裝進金杯放在石室裡，石室上方堆滿了泥土。樹林寧芙在那座墳上種下兩棵薔薇樹，它們的樹

枝交織在一起。

　　這就是帕里斯和俄諾涅的終結。

✦ 13 ✦
✦ 尤里西斯發明木馬裝置 ✦

　　帕里斯死後，並沒有把海倫交還給梅內勞斯。我們經常被告知，是特洛伊人害怕帕里斯的怒火，才沒有交出海倫並締結和平。現在帕里斯再也無法恐嚇他們了，可是城裡的人卻不願與海倫分離，不管是因為她的美貌，或是他們認為希臘人可能會殘忍的處死她，把她還給希臘人是不光彩的。於是海倫被帕里斯的兄弟戴佛巴斯帶到他家去，此時他是特洛伊最好的戰士和統帥。

　　與此同時，希臘人攻擊特洛伊城牆，進行持久且艱苦的戰鬥。但特洛伊人安全的躲在城垛後方，他們從槍眼射箭，擊退希臘人使他們損失不少人。斐洛克特底即使射出毒箭也是徒勞，毒箭從石牆上掉落，或是卡在城牆頂端的木柵上，試圖爬上城牆的希臘人則被長矛刺死，或被重石砸死。夜幕降臨時，他們退回船隊處舉行會議，像往常一樣，他們詢問先知卡爾卡斯的建議。卡爾卡斯的工作是四處觀察鳥類，並從他所看到的鳥類行為獲取預兆，這也是羅馬人使用的預言方式，一些原始的民族至今仍在做同樣的事情。卡爾卡斯說，昨天他看到一隻鷹追逐一隻鴿子，鴿子躲在懸崖的一個洞裡。很長一段時間鷹試圖找到那個洞，後來牠跟著鴿子進去，但摶不到鴿子。於是鷹飛開一小段距離後躲了起來。當鴿子再度飛向陽光，鷹撲向牠並殺了牠。

卡爾卡斯說，希臘人要從鷹的身上汲取教訓，既然依靠武力一無所獲，就該智取特洛伊。尤里西斯站起來，描述了一個不太容易理解的把戲。他說，希臘人應該製造一匹巨大的空心木馬，讓最勇敢的人坐在木馬裡面。其餘的希臘人乘船駛向特涅多斯島，隱藏在島的後方。特洛伊人會從城裡出來，像鴿子從岩洞裡飛出來一樣，想知道為什麼造出這匹巨大的木馬，又為什麼將它留下。為了避免特洛伊人很快就發現藏在裡面的戰士而放火燒木馬，所以要找個機靈的希臘人，特洛伊人不認識的，留他在營地或營地附近。他要告訴特洛伊人，希臘人已經放棄希望返鄉去了，他還要說希臘人害怕帕拉斯女神生他們的氣，因為他們偷走了祂從天而降的塑像，「特洛伊的運氣」，為了安撫帕拉斯雅典娜，防止祂對船隻發動大風暴，希臘人（這人要這麼說）建造這匹木馬作為獻給女神的祭品。相信這個故事的特洛伊人會將木馬拖進城去，晚上，王子們就從木馬裡出來，放火焚城，並打開城門，讓天黑就從特涅多斯島返航的軍隊進來。

　　尤里西斯的計謀讓先知非常滿意，此時恰好有兩隻小鳥從右手邊飛走，先知宣布這個計策必定順利無礙，另一方面聶我普勒摩贊成透過艱苦的戰鬥奪取特洛伊，不使用任何計謀。尤里西斯則回答說，如果連阿基里斯都做不到，那就根本不可能辦到了，大名鼎鼎的木匠厄帕俄斯（Epeius），你最好立刻著手製作這匹馬。

　　第二天，半數的軍隊手持斧頭被派往艾達山砍伐樹木。厄帕俄斯和他的助手從樹上砍下數千塊木板，三天之內就完成了這匹馬。尤里西斯要最優秀的希臘人上挺身而出，進入木馬的內部；另外要有一位希臘人自願留在營地誤導特洛伊人。這時一個叫西

農（Sinon）的年輕人站起來說他願意冒險，特洛伊人可能不相信他，把他活活燒死。當然，不曾有希臘人做出比這更勇敢的事，但西農過去算不上勇敢。如果他曾在前線作戰，特洛伊人就會認得他；不過有很多勇敢的戰士不敢去做西農承擔的任務。

老聶斯托率先自願進入木馬；但聶我普勒摩說，儘管他很勇敢，但他太老了，必須與軍隊一起前往特涅多斯島。聶我普勒摩願意進入木馬，因為他寧死也不要背對洛伊城離去。於是聶我普勒摩全副武裝進入木馬。梅內勞斯、尤里西斯、戴歐米德斯、特拉緒墨德（聶斯托的兒子）、伊多墨紐斯、斐洛克特底、墨里俄涅斯，以及除了阿加曼儂之外所有最優秀的戰士，都進入了木馬，厄帕俄斯最後一個進去。其他希臘人不允許阿加曼儂一起去冒險，因為軍隊從特涅多斯島返回時，他將指揮軍隊。同時他們發動船隊揚帆離去。

但梅內勞斯先把尤里西斯帶開，告訴他，如果他們拿下特洛伊（他們不是拿下這座城，就是死在特洛伊人的手裡），他將把榮耀歸於尤里西斯。等他們回到希臘，他要把自己的一座城市送給尤里西斯，這樣他們就可以永遠靠近彼此。尤里西斯笑著搖搖頭；他無法離開伊薩卡，他地勢崎嶇的島嶼王國。他說：「如果我們都能熬過即將到來的黑夜，我可以向你要一份禮物嗎，給了它不會讓你變得更窮。」梅內勞斯以宙斯的榮光起誓，尤里西斯可以向他索取任何他不樂意給予的禮物；於是兩人擁抱，各自穿上盔甲爬進木馬。所有的首領都和他們一起，除了聶斯托，他們不允許他加入，以及阿加曼儂，身為統帥他必須指揮軍隊。他們用柔軟的絲綢包裹身體和手臂，如果特洛伊人真這麼愚蠢將木馬

拖進城裡，他們的盔甲才不會碰撞發出聲音。他們坐在黑暗中等待。同時，軍隊燒毀自己的營房，啟動船隻，用槳和帆駛向特涅多斯島的後方。

✦ 14 ✦
✦ 終結特洛伊，拯救海倫 ✦

　　特洛伊人從城牆上看到濃濃的黑煙竄向天際，希臘人的整支艦隊航向大海。特洛伊人欣喜若狂，但因為怕遭到伏襲，他們武裝起來，隨後小心翼翼的前行，先派出偵查兵在前，一路前往海岸。他們發現營房被燒毀，營地空無一人。幾位偵查兵逮到西農，他躲在容易被人發現的地方。他們大叫著衝向他，用繩子綁住他的雙手，又踢又拖，一直拖到木馬那裡，普瑞阿姆和眾王子正對那匹大木馬感到驚奇。西農環顧四周的人，有些人說應該用火折磨他，讓他說出關於那匹馬的真相。木馬裡的首領們肯定嚇得發抖，唯恐酷刑從西農口中榨出真相，那樣一來特洛伊人只會燒掉這個裝置和裝置中的他們。

　　但西農說：「我是個可憐的人，希臘人憎恨我，特洛伊人急著殺死我！」特洛伊人聽到希臘人憎恨他，感到好奇，便問他是誰，怎麼會來到這裡。」他回答普瑞阿姆：「我什麼都會告訴你的，噢，國王！我是不幸的首領帕拉墨得斯的朋友和侍從，邪惡的尤里西斯憎恨他，有一天發現他獨自在海上釣魚，就暗殺他。我怒火中燒，但我愚蠢的沒有隱藏憤怒，我說的話傳到尤里西斯的耳裡。從那一刻起，他就找機會想殺掉我。然後卡爾卡斯──」他在這裡停下來，說：「何必說得這麼冗長呢？如果你們恨所有的

希臘人，那就殺了我；正好稱了阿加曼儂和尤里西斯的意；我人頭落地，梅內勞斯會感謝你們。」

特洛伊人現在更加好奇。他們要他說下去，他說希臘人求得一則神諭，神諭指示他們犧牲軍隊裡的一人來平息眾神的怒氣，回家的路上就能順風順水。「但是要犧牲誰呢？他們詢問卡爾卡斯，卡爾卡斯十五天都拒絕說話。最後被尤里西斯收買，他指向我，西農，說我必須是那個祭品。我被綁起來關進監獄，而他們則打造這匹巨馬，獻給女神帕拉斯雅典娜。他們將馬做得如此之大，好讓你們特洛伊人永遠無法拖進城裡；如果你們毀了它，女神可能會對你們發怒。現在他們返鄉去取回從天上掉下來的神像，之前他們把神像送到希臘去了；因為尤里西斯的偷竊行為惹怒女神，等他們占領你們的城市後，將歸還給帕拉斯雅典娜神廟。」

特洛伊人愚蠢到相信西農的故事。他們同情他，替他解開雙手。接著往那匹木馬繫繩子，在前方放上滾木，就像要把船推下水那樣，大家輪流把木馬拖到斯坎伊恩門。孩子和婦女都把手放在繩子上一起拉，他們邊吶喊邊跳舞，一面唱著歌一面艱難的行進，直到夜幕降臨，這匹馬才停在最裡面城堡的中庭裡。

特洛伊全城的人開始跳舞、喝酒、唱歌。駐守城門的哨兵也跟其他人一樣都喝醉了，眾人在城裡跳舞直到午夜過後才回家沉沉入睡。

此時，希臘船隊的槳手以最快的速度划槳，從特涅多斯島後方趕了回來。

有一個特洛伊人不喝酒也不睡覺，就是戴佛巴斯，海倫目

前住在他家。他要她同行，因為他知道她能用她見過的男人和女人的聲音說話，他要幾個朋友武裝起來，跟著一起去城堡。他站在那匹馬旁邊，拉著海倫的手，悄聲對她說，一定要用每個首領妻子的聲音輪流呼喚他們。她不得不從，先用自己的聲音呼喚梅內勞斯，用戴歐米德斯妻子的聲音呼喚戴歐米德斯，用潘妮洛普的聲音呼喚尤里西斯。梅內勞斯和戴歐米德斯都急著回應，但尤里西斯抓住他們的手，小聲說了「回聲」這個詞。他們想起這是海倫的一個綽號，因為她能用各種聲音說話，於是他們都保持沉默。但安提克拉斯（Anticlus）仍急著回應，尤里西斯只好用強壯的手摀住他的嘴。四周一片寂靜，戴佛巴斯帶海倫回家。他們離開後，厄帕俄斯打開了馬的一側，所有的首領輕輕落地。一些人衝去打開城門，殺了睡夢中的哨兵，讓希臘人進來。其他人拿著火炬飛奔去燒特洛伊眾王子的房子，可怕的是沒有武裝、半睡半醒的男人遭到屠殺，婦女高聲哭喊。尤里西斯一開始就跑走了，沒人知道他去哪裡。聶我普勒摩跑到普瑞阿姆的宮殿，普瑞阿姆正坐在中庭的祭壇前，徒勞的向眾神祈禱，因為聶我普勒摩殘忍的殺死這個老人，他的白髮沾染了鮮血。整座城市都在戰鬥與殺戮，但梅內勞斯前往戴佛巴斯的家，他知道海倫在那裡。

他在門口發現戴佛巴斯全副武裝躺在地上死去了，一根長矛插在胸口上。沾血的腳印穿過門廊進入大廳。梅內勞斯跟了過去，發現尤里西斯受傷，靠著大廳中央的一根柱子，火光照在他的盔甲上。

梅內勞斯說：「你為什麼殺死戴佛巴斯，剝奪我復仇的機會？」尤里西斯說：「你發誓要送我一件禮物，你會遵守你的誓

言嗎？」梅內勞斯說：「說你想要什麼，那是你的了，我絕不會違背誓言。」尤里西斯說：「那我要海倫的性命，這是我要還給她的生命代價，因為我取走『特洛伊的運氣』時，她救過我的命，我曾發誓要救她的命。」

海倫穿著閃閃發光的白袍，從幽暗的大廳深處悄悄走了出來，倒在梅內勞斯的腳邊；她的金髮落在地爐的灰燼裡，她的手移到他的膝蓋上。梅內勞斯雙手握著的劍掉了下來，憐憫和愛意湧進他的心，他把她從塵土中扶起來，她白晰的手臂摟著他的脖子，兩人都哭了。那晚，梅內勞斯不再戰鬥，他們照料尤里西斯的傷，因為戴佛巴斯的劍劈穿了他的頭盔。

黎明來臨時特洛伊城化為灰燼，婦女被長矛桿趕到船上，男人們沒有被埋葬，成為狗和各種鳥類的食物。就這樣，這座被統治好幾個世紀的灰色城市淪陷了。一切的金銀和富麗的刺繡、象牙和琥珀、馬匹和戰車，全分給了軍隊。除了一件金銀寶物，藏在牆壁凹洞的一個箱子裡，距今*不遠的幾年前，人們在特洛伊城曾經聳立的山丘深處挖掘，發現了這件寶物。婦女們被分配給眾王子：聶我普勒摩把安德洛瑪刻帶回阿爾戈斯的家，讓她從井裡汲水並成為主人的奴隸；阿加曼儂則將美麗的卡珊德拉（Cassandra）——普瑞阿姆的女兒——帶回他邁錫尼的宮殿，後來兩人在某夜一同被殺害。只有海倫光榮的被帶到梅內勞斯的船上。

* 編按：指的是作者著書時間一九〇七年。

尤里西斯的流浪

THE WANDERINGS OF ULYSSES

1

✦ 阿加曼儂被殺，尤里西斯的哀傷 ✦

　　希臘人給特洛伊留下大量悶燒的灰燼；現在名為希沙利克（Hissarlik）的山上的廢墟中，至今仍可看見焚燒的痕跡。希臘人返鄉的路上艱難曲折，有些首領歷經數年才回到自己的城市。至於阿加曼儂，他在特洛伊的時候，他的妻子，也就是海倫的姊妹克萊婷，愛上一個名叫埃吉士圖斯（Aegisthus）的年輕人，他想成為國王，於是娶了克萊婷，彷彿阿加曼儂已經死了一樣。與此同時，阿加曼儂正帶著他那份特洛伊的財富航行回家，但多次的暴風雨讓他偏離航道。最後他抵達距離他的城市邁錫尼約七英里的海港，他在登陸時親吻了土地，心裡想著自己的煩憂總算結束了，他會見到長大成人的兒女俄瑞斯特斯（Orestes）、厄勒克特拉（Electra），和他的妻子，她會因為他的歸來而高興。

　　但在一年前，埃吉士圖斯就派了一個守望人駐守高塔，只要阿加曼儂一登陸就立刻通報。當守望人帶著好消息跑回邁錫尼城，埃吉士圖斯把二十名武裝人員安置在大廳隱蔽處，然後高喊侍從要他們準備車馬，駕車去迎接阿加曼儂，並載他回宮殿。埃吉士圖斯舉辦一場盛宴，等眾人都喝下不少酒，一直藏在簾幕後面的武裝人員手持劍和長矛，撲向阿加曼儂和他的同伴。雖然大吃一驚，但阿加曼儂他們依然拔劍為保命而奮戰，最後無論是阿

加曼儂的部下或是埃吉士圖斯的部下，全都無人生還。只有埃吉士圖斯，他在戰鬥一開始便躲了起來。大廳上屍體遍布在調酒的大碗周圍和桌子附近，地板滿是鮮血。阿加曼儂斷氣前，看到克萊婷親手刺死他從特洛伊帶回來的卡珊德拉，普瑞阿姆的女兒。

在阿加曼儂的城市邁錫尼裡，人們在地底深處發現五座墳墓，埋著男男女女的骸骨，而這些骸骨上都覆蓋著數百件美麗的金飾；鑲金的劍和匕首、金杯、黃金和水晶權杖、兩副黃金胸甲。還有黃金面具，是用來遮住死去國王的臉的，也許這些面具當中有一個能向我們展示著名的阿加曼儂的五官特徵。

當然，尤里西斯當時對這些謀殺事件一無所知，因為他被風帶往陌生的海域。但後來他在亡者之地，從一位死去先知的鬼魂聽到了所有的故事，他決定到達自己的島嶼時要格外小心，因為誰知道年輕人會做出什麼事？而那些人在他航行到特洛伊後都長大成人了。

至於其他希臘人，聶斯托很快便安全抵達他的皮洛斯城，但梅內勞斯和海倫被風吹到了埃及和其他陌生的國家，而艾阿斯的兄弟的船撞上礁石失事，淹死在海中。先知卡爾卡斯在穿越希臘的途中死在陸地上。

尤里西斯離開特洛伊時，風把他帶到色雷斯的海岸，那裡的人是特洛伊人的盟友。之前戴歐米德斯和尤里西斯在夜裡潛入特洛伊的營地時，殺死色雷斯人的一位國王，搶走國王幾匹迅疾如風的白馬。尤里西斯登陸的色雷斯小鎮叫伊斯馬洛斯（Ismarus），他的部下奪取並掠奪了該座小鎮，但尤里西斯不允准任何人傷害阿波羅的祭司馬戎（Maron），而是保護他和他的妻兒，馬戎的家

在神祇的聖林裡。馬戎相當感激，送給尤里西斯十二塔冷通（或者說是楔形小塊）的黃金、一只大銀碗、十二個陶罐；陶罐大如桶，裡面裝滿了最好最烈的酒。這種酒太過強烈，人們只好在將一份酒兌上二十份水放進調酒碗裡。尤里西斯把這些禮物收在船上，他因為善待馬戎才有這種好運。

他的部下並沒有帶著戰利品離城，而是一直吃喝到黎明。鎮上的人已經警告了鄉間農場的鄰人，於是他們全副武裝進城，襲擊尤里西斯的人。在這場戰鬥中，尤里西斯損失七十二人，他的十二艘船各損失六人。其他人經過一番苦戰才得以登上自己的船，揚帆遠航。

一場狂風暴雨襲來，吹掃船艦，尤里西斯和他的部下似乎被送進了仙境（Fairyland），他們在那裡滯留了十年。我們聽過亞瑟王和詩人湯瑪斯（Thomas the Rhymer）曾被帶進仙境，他們在那裡遇到什麼樣的奇遇我們不得而知。但關於尤里西斯，我們現在要講述他的故事。他的船隻向正南方航行了十天，第十天到達食蓮者（Lotus Eaters）*的土地，當地人以花為食。他們上岸取水，派了三個人去尋找那個國家的人。食蓮者是一個安靜友善的民族，他們送蓮花的果實給這些陌生的水手。誰嘗了這種果實，就再也不想回家了，只想坐在落日和初升月亮之間，做著幸福的夢，忘記這個世界。那三個人吃了蓮花的果實後，坐下來做夢，

---

* 編按：Lotus Eaters 希臘文是 Lotophagi，歷來的譯名有多種，除了食蓮者，還有食落拓棗者、食忘憂果者。文學史上對於荷馬描述的 lotus 到底是何種植物，並無定論，但 lo-tos 有魔果、魔棗之意，因此能確定這是一種致幻植物。埃及的藍花睡蓮、齒葉睡蓮都能造成聲音和色彩的幻覺，所含的植物鹼有安神作用；尤里西斯漂流到北非附近，以地緣關係來說，食用了致幻的睡蓮可能性很高。

尤里西斯去找他們，把他們趕回船上，綁住他們的手腳，扔在甲板上，然後揚帆離去。他和他的船隊到達獨眼巨人庫克洛普斯（Cyclopes）之地的海岸，庫克洛普斯的意思是圓眼睛的人，每個人只有一隻眼睛，位於前額的中間。他們不住在房子裡，而是住在山間的洞穴，沒有國王也沒有法律，不耕種也不播種，任由野生小麥和葡萄自由生長，但飼養著大群的綿羊。

海灣口有一座美麗的荒島，島上到處都是野山羊，有一道沙洲擋住浪濤，這樣船隻就可以安全的停在沙洲後方，並且停到海灘上，因為那海沒有潮汐。尤里西斯將船隊停在沙灘上，大家捕獵野山羊打發時間，享用鮮肉和阿波羅祭司馬戎的美酒。第二天，尤里西斯把所有的船和人都留在那裡，只帶著自己搭乘的船和船員，去看看大陸上住著什麼樣的人，因為到目前為止都還不曾遇見。他發現了一個靠近海邊的大山洞，岩石屋頂上長著月桂樹，粗石牆圍著前側的院子。尤里西斯帶十二個人在身邊，剩下的人都留在船上。他用馬龍的烈酒裝滿一張山羊皮，把一些穀粉裝近袋子裡，然後往上走到山洞。那裡沒有人，但製酪場有的東西應有盡有：有裝滿起司的籃子、裝滿奶和乳漿的桶和碗，還有小山羊和小綿羊在圍欄裡玩耍。

一切顯得非常安靜宜人。他們想帶走盡可能多的乳酪，但尤里西斯希望見到洞穴的主人。他的部下把這裡當成自己家，在洞穴深處生火，烤乳酪來吃。後來夕陽投下的陰影落在洞口，一個可怕的人走了進來，扔下一根他拿來做柴火的乾樹幹。接著他把羊群裡的母羊趕進洞穴，把公羊留在院子裡，撿起一塊扁平的大石頭，放在洞穴入口做成一扇緊閉的門，連二十四匹馬也拖不走

那塊石頭。最後，巨人給他的母羊擠奶，把羊奶裝進桶子裡在晚飯時喝。在此期間，尤里西斯和他的部下安靜的坐著，非常害怕，因為他們和一個獨眼巨人一起被關在山洞裡，而他們擅自吃了巨人的乳酪。

巨人點燃火堆後，便看到了這些人，就問他們是誰。尤里西斯說他們是希臘人，占領了特洛伊，在海上迷失方向，他請求巨人以他們的主神宙斯的名義，善待他們。

巨人說：「我們庫克洛普斯不在乎宙斯或眾神，因為我們認為我們比祂們更好。你的船在哪裡？」尤里西斯回答說，在海岸失事損毀了，巨人沒回話，而是抓起十二個人當中的兩個，在地板上敲爛他們的腦袋，扯下屍體的四肢，在火堆上烤來吃，又喝了好幾桶奶，之後就躺下睡著了。尤里西斯想用劍尖刺巨人的肝臟，他用手去摸找位置。可是他想到，即使殺了巨人，也沒辦法移開洞穴門口的巨石，所以他和他的部下會在吃完所有的乳酪後餓死。

到了隔天早上，巨人又吃了兩個人當早餐，將母羊趕出去，又把那塊大石頭重新放在洞口，輕鬆得就像人把箭筒的蓋子蓋上一樣。接著他出門去了，趕著羊群到青翠的山丘上吃草。

尤里西斯並未陷入絕望。巨人把他的木杖留在山洞裡，和大船的桅杆一樣大。尤里西斯從中切出六呎長的部分，他的部下像在製作矛桿一樣進行切割和打磨，然後尤里西斯把桿頭磨尖，並在火中燒硬。那是一根又粗又圓的木棍，他們抽籤選出四個人，當巨人晚上睡著時，要用這根木棍扎進他的眼睛。巨人在日落時分回來，把他的羊群全部趕進洞穴，包括公羊，而後他立起石門，

給母羊擠奶，殺了兩個人煮了。

　　尤里西斯在一個長春藤的木碗裡倒滿馬戎的烈酒，一滴水也沒摻。他把這個碗端給從未聽說過酒的巨人。他一碗又一碗的喝著，高興的說要送給尤里西斯禮物。他問：「你叫什麼名字？」尤里西斯說：「我叫沒人（Nobody）。」巨人說：「那我會先吃掉其他人，最後再吃沒人。那就是我送你的禮物。」然後他睡著了。

　　尤里西斯舉起木棍，在火中把尖頭燒得通紅。他的四個部下用木棍猛力撞進巨人的獨眼，並按住木棍，而尤里西斯則轉動它。他們把那顆眼球浸入冷水裡，這隻眼睛像燒紅的鐵一樣嘶嘶作響，這就是鐵的力量。獨眼巨人咆哮著跳起來，向住在鄰近洞穴裡的其他巨人呼救。他們回應：「誰給你惹麻煩了，波利菲莫斯（Polyphemus）？你為什麼把我們叫醒？」巨人回答：「沒人用他的奸計要殺掉我，根本不是公平的戰鬥。」有個巨人吼道：「如果沒人傷害你，那就沒人能幫你。要是你病了，就向你的父親海神波賽頓（Poseidon）祈禱。」於是巨人們都回去睡覺了，尤里西斯低聲笑著看自己的狡猾是如何騙過巨人的。後來巨人將石門搬開，坐在洞口伸長雙臂，以便俘虜走出洞口時逮住他們。

　　但尤里西斯有一個計畫。他用絞繩把每三隻公羊栓成一組，中間的那隻公羊都綁上一個人，這樣瞎眼巨人的手只能摸到外側的兩隻公羊。尤里西斯抓住最大最壯的公羊，躲在在羊肚底下，手腳抓住羊毛。所有的羊都從洞口出去了，巨人摸了摸牠們，但不知道牠們正把人載出去。他對尤里西斯抓著的那隻最大的公羊說：「親愛的公羊！你沒有像平日那樣第一個出來，而是最後一個，好像你因為主人的眼睛被沒人弄瞎，你覺得難過才放慢速

度！」

　　所有的公羊都到了空曠的地方，尤里西斯解開他的部下，把羊群趕到他的船上，然後上船。當船員們聽說他們的六個朋友喪生時都哭了，但尤里西斯要他們趕快划到海上。當他遠離山洞，來到還在聽力範圍的距離時，他對著獨眼巨人大喊大叫並嘲笑他。那個巨人折斷一座大山丘的石峰，朝聲音的方向扔過去。那塊巨石掉落在船的前方，掀起巨浪，把船送回了岸邊，但尤里西斯用一根長竿把船撐開了，他的部下再次划到遠方。尤里西斯又對巨人大喊：「如果有人問是誰弄瞎了你的眼睛，就說是攻城者尤里西斯，伊薩卡的拉厄耳特斯之子。」

　　那個巨人向他的父親海神祈禱，希望尤里西斯永遠回不了家，或者即使回到家也太遲了，他會孤孤單單，失去所有的部下，在他的房子裡飽嘗悲傷。接著巨人又扔另一塊石頭，但是它落在船尾，海浪把船推到更遠的地方，到了島嶼的岸邊。尤里西斯和部下在那裡登陸，殺死幾隻巨人的羊，吃晚飯喝酒，飽餐了一頓。

　　但是海神聽到了他兒子瞎眼巨人的祈禱。

　　尤里西斯和他的部下繼續航行，朝哪個方向或航行多久，我們並不清楚。最後他們看到遠處有座島嶼在海上閃閃發光。他們航近那座島嶼時，發現那裡有面陡峭的青銅斷崖，頂端有一座宮殿。裡面住著風之王埃俄洛斯（Aeolus）他的六個兒子六個女兒。他在島上熱情的接待尤里西斯，款待他整整一個月。然後國王送給尤里西斯一只皮袋，風之王把所有愛搗亂的風全部束縛在裡面。這個袋子用銀繩繫緊，除了西風以外，其餘的風都裝在裡頭；西風會將尤里西斯直接吹到伊薩卡。他當時身在何處，我們無法

猜測，只知道他在自己島嶼的西邊。

　　他們往東航行了九天九夜，船隻始終是由尤里西斯掌舵，到了第十天他卻睡著了。他的部下對彼此說：「他在皮袋裡放的是什麼寶物，埃俄洛斯送他一件禮物，那是風之王的禮物嗎？袋子裡肯定裝滿了金銀，我們卻兩手空空。」他們離伊薩卡很近了，近到可以看見人們在海岸上升火，此時他們打開蓋子，所有的風都衝出來，把船帶到了未知的海域。當尤里西斯醒來時，他是如此萬念俱灰，以至於想淹死自己。但他有一顆堅忍不拔的心，他一動不動的躺著，船回到了風之王埃俄洛斯的島嶼，埃俄洛斯大喊：「滾開！你是活著的人中最倒楣的一個，你一定被眾神憎恨。」

　　埃俄洛斯就這樣把他們趕走，他們航行七天七夜，終於看見陸地，來到一處入口狹窄的港口，兩側都是高大陡峭的岩石。其他十一艘船駛進港口，但尤里西斯沒有冒險進去。他把他的船固定在港口外側盡頭的礁石上。這個地方一定是在遙遠的北邊，因為當時是夏天，太陽幾乎沒有落下，黎明又再度開始，就像在挪威和冰島那樣，那裡有許多類似這種兩側岩壁聳立的狹窄的海港，這種地方就叫「峽灣」。尤里西斯派三個人去偵查這個國家，他們在城外的水井邊遇到正在取水的少女。她是萊斯特戈尼人（Laestrygonians）的國王之女。少女帶他們到她父親的房子；國王是個巨人，抓住尤里西斯的一個部下，打算殺死並吃掉他。另外兩個人逃到船上，但萊斯特戈尼人跑到懸崖頂，拋下大石頭，擊沉船隻，殺死水手。尤里西斯看到這一幕，拔劍斬斷將船固定在礁石上的纜繩，船員們為了寶貴的生命拚命划槳逃脫了，為朋友的死而哭泣。

盲眼的獨眼巨人他的祈禱應驗了，因為尤里西斯十二艘船的船隊，現在只剩下一艘。

2

◈ 女巫瑟西、亡者之地以及海妖塞壬 ◈

　　他們繼續航行，來到了一座島，在那裡登陸。他們並不知道那是什麼地方。其實那裡叫艾尤島（Aeaea），女巫瑟西（Circe）就住這裡，她是巫師國王埃帖斯（Aeëtes）的姊妹，埃帖斯是金羊毛的主人，傑森（Jason）*在這位國王的女兒美狄亞（Medea）的協助下，贏得了金羊毛。他們的船停泊在島嶼的一個海灣裡，兩天以來，尤里西斯和他的部下都在船邊的陸地上躺著休息。第三天早上，尤里西斯帶著他的劍和長矛，攀上山丘的頂端，看到煙霧從瑟西宮殿所在的樹林裡升起。他想去那個房子看看，但覺得最好回到他的部下那邊，先派幾個人去偵查那個地方。由於在獨眼巨人島上的經歷，尤里西斯不想冒險與陌生人接觸，而且據他所知島上可能有食人巨人。他循原路回頭，來到河岸時，看到有隻大紅鹿在青綠樹枝的陰影下飲水。他用長矛刺死那頭鹿，綁起鹿腳，把屍體吊掛在脖子上，他倚著長矛走回同伴身邊。他們很高興看到新鮮的鹿肉，於是煮熟吃了，還喝了很多酒。

　　第二天早上，尤里西斯把人分成兩隊，歐里羅科斯（Eurylochus）率領一隊，他自己率領另一隊。他們把兩塊做了記

＊ 編按：希臘語發音即「伊阿宋」，這個譯名更常被使用。

號的木頭放在頭盔裡，一塊代表歐里羅科斯，另一塊代表尤里西斯，他們拈鬮決定誰應該去樹林裡的房子。他們搖了搖頭盔，歐里羅科斯的那塊木頭跳了出來，他因恐懼而哭泣起來，帶著他二十二個部下走進森林。尤里西斯和其他二十二個人在原地等待，後來歐里羅科斯獨自回來，他哭了，悲傷得說不出話來。最後他講述了他的故事：他們來到樹林裡瑟西美麗的房子，馴服的狼和獅子在房子前面走來走去。牠們圍著尤里西斯的部下，搖著尾巴，往上撲跳，像友善的狗。他們站在門口，聽到瑟西用甜美的聲音唱歌，一邊在織布機前上上下下的織布。尤里西斯的一名部下呼喚她，她走了出來，是一位身穿白色長袍的美麗女子，長袍上綴滿金飾。她打開門，要他們進屋，但歐里羅科斯躲在暗處看著，看到瑟西和她的侍女替客人調製混和蜂蜜和酒的飲料，她要他們坐在桌邊的椅子上，當他們喝完杯子裡的東西，她便用魔杖碰觸他們。接著他們全變成了豬，瑟西把他們趕出去，關在豬圈裡。

尤里西斯聽完後把劍帶掛在肩上，抓起弓，要歐里羅科斯陪他一起回瑟西的房子。但歐里羅科斯很害怕。尤里西斯獨自穿過樹林，在小山谷裡遇到一個最漂亮的年輕人，他握著尤里西斯的手說：「不幸的人！你要怎麼把你的朋友從這麼偉大的女巫手中解救出來呢？」年輕男子從地裡摘下一株植物，花像奶一樣白，但根是黑的；這是一種人類無法挖掘的植物，但對眾神來說，一切都很容易。這個年輕人就是狡猾的荷米斯神，是尤里西斯的祖父奧托里庫斯生前敬拜的神。祂說：「拿著這株神恩草（herb of

grace)*，當瑟西讓你喝下她的魔法之杯時，這株藥草會發揮作用，
她將無法控制你。然後拔出你的劍，衝向她，要她發誓不會用她
的魔法傷害你。」

　　荷米斯離開了，尤里西斯前往瑟西的家，她請他進去，讓他
坐在椅子上，拿施了魔法的蜂蜜酒給他喝，再用她的魔杖打他，
要趕他去豬圈。但尤里西斯拔出劍，瑟西大叫一聲，撲倒在他腳

* 編按：王煥生翻譯的《奧德賽》中，對於這種神奇的植物是這樣描寫的，「……
　一面從地上拔起藥草交給我，告訴我它的性質。那藥草根呈黑色，花的顏色如
　奶液。神明們稱這種花為摩呂，有死的凡人很難挖到它，因為神明們無所不能。」

下，說：「你是誰？這杯酒對你無能為力！你真的是伊薩卡的尤里西斯？因為荷米斯神告訴我，尤里西斯從特洛伊離開後，旅途中會來到我的島。來吧，別怕，讓我們成為朋友！」

接著瑟西的侍女們來到他們身邊，她們是泉水、樹林和河流的精靈。她們給椅子蓋上紫色的絲綢罩子，把黃金籃子放在銀桌上，在銀碗裡調酒；熱了水，在拋光的浴盆裡為尤里西斯洗浴，給他穿上新衣，然後領他到桌前，請他盡情享用。但他一言不發的坐著，不吃也不喝，為他的同伴感到悲傷，直到瑟西把他們從豬圈裡叫出來，解除他們身上的魔法。他們很高興見到尤里西斯，擁抱他，喜極而泣。

於是他們回到船上的朋友那裡，告訴他們，瑟西希望他們所有人和她住在一起；但歐里羅科斯試圖嚇唬他們，說她會把他們變成狼和獅子。歐里羅科斯如此懦弱，尤里西斯拔出劍想砍下他的頭，但其他人為他求情，讓他獨自守船，尤里西斯這才放過他。不過歐里羅科斯沒有勇氣一個人待著，便偷偷跟在他們後面去了瑟西的家。她歡迎他們，為他們舉行盛宴，他們在那裡住了整整一年，後來厭倦了，想念起妻子和孩子，渴望回到伊薩卡。但是他們沒料到接下來會有一個多麼奇怪的航程。

當尤里西斯晚上單獨跟瑟西在一起的時候，他說他的部下得了思鄉病，很想回伊薩卡。瑟西說：「只有一個辦法：你必須航行到環繞世界的俄刻阿諾斯河的最後一段河岸。那裡是亡者之地，和黑帝斯和波瑟芬妮（Persephone）的冥府，祂們是鬼魂的國王和王后。在那裡你要召喚盲先知的鬼魂，底比斯的特伊西亞斯（Tiresias of Thebes），只有他知道你的道路，到時會有其他的

幽靈像影子一樣在周圍掃過。」

　　尤里西斯覺得自己的心就要裂開了，因為他一個活著的人怎麼能夠進入可怕的死者的住所呢？瑟西告訴他，他必須做些奇怪的事情，她給了他一隻黑公羊和一隻黑母羊。第二天，尤里西斯召集部下，所有的人都跟他上船，除了厄爾皮諾（Elpenor）。他為了涼爽的空氣，一直睡在房子平坦的屋頂上，突然被喚醒，他從高高的梯子上失足跌落，摔到地上斷了脖子。他們沒有焚燒他也沒有安葬他，他們哭著，不得不跟著尤里西斯，一起前往鬼魂的居所和黑帝斯的冥府。他們非常憂傷，帶著黑公羊和黑母羊一起上船，揚帆啟航，風隨心所欲的載著他們。

　　正午時，他們駛出陽光進入黑暗，來到了西米里族（Cimmerian）的土地，太陽永遠看不到那裡，一切都是烏雲和迷霧。他們將船駛上岸，帶兩隻黑羊下船，沿著俄刻阿諾斯河陰暗的河岸，走到瑟西告訴尤里西斯的地方。兩條亡者之河在那裡交會，一塊岩石隔開了兩條奔騰的黑暗溪流。他們在那裡挖一條溝渠，倒進蜂蜜酒、葡萄酒、水，向鬼魂祈禱，然後割斷黑母羊的喉嚨，灰色的鬼魂聚過來嗅聞鮮血。淺淡的幽靈來了，久遠以前死去的新娘的幽靈、未婚的年輕人、不幸的老人；以及許多在戰鬥中陣亡者的鬼魂，手持朦朧的長矛，身穿破損的盔甲。尤里西斯將黑公羊獻祭給先知特伊西亞斯的鬼魂，他手持劍坐下，以免任何幽靈在特伊西亞斯之前嘗到溝渠裡的血。

　　首先來的是厄爾皮諾的幽靈，請求尤里西斯焚燒他的屍體，因為他的屍體未焚燒前，他不得與其他死者的靈魂相處。尤里西斯承諾回到瑟西的島嶼後，會焚燒並安葬他。接著來到的是尤里

西斯母親的幽靈，他在特洛伊的時候她就去世了，即使他悲痛萬分，但在特伊西亞斯嘗過血之前，他不允許任何幽靈靠近。盲先知的幽靈終於來了，他祈求尤里西斯收劍入鞘，讓他飲用黑公羊的血。

先知嘗過之後說，海神因為祂兒子獨眼巨人的眼睛失明而生氣，要讓他的航行徒勞無功。可是如果尤里西斯的人有智慧，沒有在叫做翠納西亞（Thrinacia）的島上宰殺和吃掉太陽神的聖牛，最後可能得以成功返鄉。但是如果他們不明智，尤里西斯將孤孤單單且延宕多時，才能搭上陌生人的船回鄉，並發現驕傲的男人浪費他的財產，企圖與他的妻子潘妮洛普結婚。即使尤里西斯能獨力殺死那些人，他的麻煩也不會結束。他必須在自己的土地上流浪，就像他之前在水面上流浪一樣，肩上扛著槳，直到他來到那些從未聽過大海或船隻的人面前。當其中一個人不知道槳是什麼，而走過來告訴他，他拿著一把用來篩穀子的扇子；這時尤里西斯必須把槳固定在地上，獻祭給海神，然後回家，以後他最終會過上平靜的生活。尤里西斯說：「那就這樣吧！」並問他如何與鬼魂交談。特伊西亞斯教他怎麼做，然後他的母親告訴他，她是如何為他悲傷而死的，尤里西斯試圖擁抱和親吻她，但他的手臂只是緊抱著空氣。

許多死去的、不幸的古代女士她們美麗的幽靈出現了，接下來是阿加曼儂、阿基里斯以及艾阿斯。阿基里斯聽說他年輕的兒子在特洛伊的戰鬥中是多麼勇敢時，很是高興，但他說，寧願在人世間做一個貧窮農夫的僕人，也不願在這片灰濛濛的寂靜之地統治所有亡者的鬼魂，這個地方太陽從不照耀，除了悲傷的長春

花，沒有其他花朵生長。許多在特洛伊遇害的希臘人的幽靈前來問起朋友的消息，但艾阿斯站在一旁保持沉默，他仍然很生氣，因為阿基里斯的盔甲被交給了尤里西斯。即使尤里西斯告訴他，希臘人對他的哀悼和對阿基里斯的哀悼是一樣的，仍是徒勞；艾阿斯一語不發的離開了，走進黑帝斯的冥府。最後，無數從開天闢地以來死去的人蜂擁而至，空氣中彌漫著他們低沉的哀號，恐懼降臨在尤里西斯身上，他沿著世界盡頭那悲傷的最後一段河岸，回到船上，再次啟航，離開黑暗駛向陽光，前往瑟西的島。他們在那裡焚燒了厄爾皮諾的屍體，在上頭堆了一個土堆，把死者的船槳放在土堆上，之後前往瑟西的宮殿。

尤里西斯將他所有的冒險經歷都告訴瑟西，她警告他即將到來的危險，並教他如何避開這些危險。他聽著，牢記她的囑咐，兩人互道永別。瑟西獨自走進樹林，尤里西斯和部下啟航，穿越陌生的海域。不久風停了，海面平靜，他們看到一座美麗的島嶼，從那裡傳來甜美的歌聲。尤里西斯知道唱歌的人是誰，因為瑟西跟他說過，她們是海妖賽任，一種美麗的人魚，對人們來說是致命的。她們坐在花叢中唱歌，但花叢間隱藏著那些聽過歌聲並登上島嶼之人的骨頭，他們死於那能將靈魂帶走的奇特音樂。

尤里西斯拿一大塊蜂蠟切成小塊，要他的部下軟化之後塞進耳朵，這樣他們就不會聽到歌聲。由於他既想聽到它又想活下去，他吩咐水手們用繩子把他牢牢的綁在桅杆上，不許解開，無論他怎麼哀求。當這一切都完成後，大家在長凳上依序坐下，用槳划動灰色的海水。船在清澈平靜的海上疾馳，來到那座島嶼的對面。

賽壬甜美的歌聲傳遍海面。

> 來吧，過來這裡，名聞遐邇的尤里西斯，
> 阿該亞人的偉大榮耀，
> 把你的船停在這裡，好好聽我們的歌。
> 只要有人航行經過我們的島嶼，
> 都會聽見我們的聲音，像巢蜜一樣甜美；
> 聽到的時候心生歡喜，離開的時候更添智慧。
> 來吧，過來這裡，因為我們知曉所有事，
> 希臘人在特洛伊之地的作為和忍受的一切，
> 還有今後那片豐饒的土地將會發生的一切。

她們就這樣唱著，向尤里西斯獻上所有的知識和智慧，她們知道他對這些知識和智慧的喜愛，勝過世上任何東西。對於其他人，毫無疑問，她們會提供其他樂趣。尤里西斯渴望傾聽，他向部下點點頭，要他們解開他的束縛。但佩里墨德斯（Perimedes）、歐里羅科斯站起來，又把他綁得更牢。船駛過那座島，直到海妖賽壬的歌聲逐漸遠去，他們才釋放尤里西斯，並取出了耳朵裡的蜂蠟。

3

→ 漩渦、海怪和太陽神的牛群 ←

　　他們航行沒多遠，就聽見大海在怒吼，看到一道巨大的波浪，上面掛著一層厚厚的閃亮的浪花。他們漂進一處狹窄的海域，兩側是高大的黑岩；左邊的岩石下面有一個翻湧的漩渦，任何船隻都無法生還。對面的岩石看似安全無虞，但瑟西警告過尤里西斯，那裡同樣危機四伏。我們可能會問，為什麼尤里西斯要穿過那兩排岩石之間的狹窄地帶？為什麼不沿著其中一邊岩石的外側行駛？原因似乎是這些懸崖的外側有高大的礁石，人們稱之為「遊蕩的礁石」（Rocks Wandering）。海水在礁石之間跳躍成高高的白色泡沫柱，礁石本身互相衝撞，發出摩擦和撞擊聲，同時火焰從裂隙和山頂噴發而出，就像從火山噴出一樣。

　　瑟西跟尤里西斯說過遊蕩礁石的事，連成群的鴿子都無法安全飛過；總會有一隻鴿子被困住並被壓碎，試圖經過的船隻也無法逃脫，水手的屍體和解體的船板在翻湧的浪濤和毀滅之火的風暴中，混亂的翻來覆去。行經這片海域的船，只有傑森的阿果號（Argo）逃出遊蕩的礁石，就像你會在金羊毛的故事裡讀到的。因為這些原因，尤里西斯被迫在漩渦的岩石和狀似無害的岩石間航行。在這兩個懸崖之間的狹窄地帶，大海就像一條湍急的河流奔騰而下，人們害怕的握不住槳，槳順流而下混亂的拍打著。瑟

西告訴過尤里西斯這個新的危險，尤里西斯命他們再次握住槳，使勁划。他要舵手在右側的懸崖下方行駛，遠離左側的漩渦和霧氣。他知道左側那塊岩石有多危險，因為那裡面是一個很深的洞穴，住著一個叫斯庫拉（Scylla）的女妖，她有六個醜陋的頭，發出短促尖銳的叫喊。每個頭都從細長、長滿鱗片的脖子上垂下來，每張嘴裡有三排貪婪的牙齒，十二根末端長著爪子的長觸手垂下來，隨時準備抓住人。斯庫拉坐在她的洞穴裡，用觸手釣海豚和其他大魚，或是航行經過的人*。沒人能夠對抗這個致命的生物，因為長矛也殺不死她。

尤里西斯知道這一切，因為瑟西警告過他。但他也知道，在海峽的另一邊，海浪總是高高的飛過岩石，那裡有個漩渦叫卡律布狄斯（Charybdis），如果船被捲進水流，漩渦會把他整艘船吞沒，而斯庫拉只能抓住他的幾個部下。因為這個原因，他要舵手把船開近斯庫拉的岩石，他沒有告訴水手她潛伏在那裡，身體就藏在深洞中。他自己穿上盔甲，拿起兩支長矛，站在船頭凸出的甲板，心想至少能給斯庫拉一擊。他們順著湍急的海流划去，漩渦的波浪此時往上升起，最後浪花遮住了岩石頂端，然後落下，水泡中混雜著黑沙。他們正在觀察漩渦的時候，從懸崖的洞口跳出了斯庫拉的六個頭，尤里西斯的六個部下被捲到空中，每個都向他呼救，他們被捲進她的岩洞，在那裡慘遭吞噬。「這是在我尋找海上的路徑時，所有悲傷的事情裡，我親眼所見最可憐的事。」尤里斯西說。

* 作者注：有一幅圖畫是這個怪物攻擊船上的人，繪成時間在尤里西斯時代之前的幾個世紀。

船駛過了庫拉的岩石和卡律布狄斯漩渦之間咆哮的海峽，進入了開闊的海面，他們疲憊不堪、心情沉重，伏在船槳上渴望休息。

　　這時可以休息的地方似乎就在附近，因為船的前方有一座美麗的島嶼，他們聽得到牛羊被趕往畜欄時，羊的咩咩聲和牛的低鳴聲。但尤里西斯記得，在亡者之地，盲先知的鬼魂曾經警告過他一件事。如果他的部下在神聖的翠納西亞島宰殺並吃掉太陽的牛，他們會全部喪命。尤里西斯將預言告訴他的船員，要他們划船經過不停留。歐里羅科斯很生氣，說大家都累了，不能再划了，

◆ 尤里西斯的流浪 ◆

必須登陸吃飯，並在海岸上舒舒服服的睡一覺。聽到歐里羅科斯
這麼說，全部的船員都大聲喊著說他們當晚不再繼續前進，尤里
西斯也無力強迫他們，只能要大家發誓絕不碰太陽神的牲畜，他
們立刻許下承諾，於是就上岸吃飯睡覺了。

　　夜裡出現一場暴風雨：烏雲和強風吹掃的霧氣遮住了海面和
天空，整整一個月，狂暴的南風掀起巨浪拍擊海岸，當時的船隻
無法在暴風雨期間出海。船員已經吃光了船上的存糧，酒也喝乾
了，不得不去獵捕海鳥和魚，但他們抓到的很少，因為海浪依然
猛烈的打在礁石上。尤里西斯獨自深入島嶼，向眾神祈禱，祈禱
後他找到一個遮風避雨的地方，就在那裡睡著了。

　　歐里羅科斯趁尤里西斯不在的時候，要船員捉住並宰殺太
陽神的聖牛，這些牲畜是任何人都不可以碰的，他們卻做了。尤
里西斯醒來朝著船走去，聞到了烤肉的味道，就知道發生了什麼
事。他責備那些人，但是牛已經死了，他們繼續吃了六天。然後
暴風雨停了，狂風也停了，他們揚帆啟航。但這種惡行還是遭到
懲罰。當他們離開陸地時，一片巨大的雷雲籠罩他們，狂風吹斷
桅杆，壓碎了舵手的頭，雷電擊中船的正中央；船搖搖晃晃，船
員們落水了，他們的腦袋像鸕鷀一樣漂浮在浪濤上好一會兒。

　　尤里西斯一直握著一根繩子，等船身回正以後，他走過甲
板。一道強浪捲走了船上所有的索具，船的兩側從龍骨上脫落
了。尤里西斯只來得及用一根繩子把斷掉的桅杆綁在龍骨上，然
後坐在這個臨時拼湊的木筏上，雙腳浸在水裡。這時南風又猛烈
的吹起來，將木筏往回吹，最後來到了岩石下方卡律布狄斯的漩
渦。在這裡尤里西斯差點淹死，但他抓住了長在岩石上一棵無花

果樹的根部，腳趾緊緊抓住崩落的石頭，直到漩渦再次翻騰，木頭浮了上來。尤里西斯跳到木頭上，坐下來用雙手划水，最後風把他吹到一座島嶼傾斜的海灘。

這裡住著某種叫做卡呂普索（Calypso）的精靈，她發現尤里西斯差點死在沙灘上，她對他很好，讓他住在自己的洞穴裡，他在那裡住了七年之久，總是想著要離開那位美麗的精靈，回到伊薩卡和妻子潘妮洛普的身邊。但總是沒有人類的船隻駛近這座島，而這裡是所有海洋的中心，他既沒有船，也沒有部下可以控帆和划船。卡呂普索非常善良也非常美麗，是巫師阿特拉斯（Atlas）的女兒，阿特拉斯負責撐起分開陸地和海洋的兩根柱子。但尤里西斯渴望見到地勢崎嶇的伊薩卡，即使是房屋升起的炊煙也好。他想要一死了之。

✦4✦
✦特勒馬庫斯去尋找父親✦

　　尤里西斯在卡呂普索的島上住了將近七年之後，他的兒子特勒馬庫斯出發去尋找父親。尤里西斯離開伊薩卡的時候，兒子還很幼小。在伊薩卡，特勒馬庫斯和母親潘妮洛普長期以來一直都很不快樂。戰後尤里西斯遲遲未歸，而且希臘人從特洛伊啟航那天起就沒有任何關於他的消息，因此人們推測他一定死了。但特勒馬庫斯還只是個十二歲的孩子，而尤里西斯的父親拉厄耳特斯年事已高，除了照料自己的菜園，什麼事也不做，因此伊薩卡沒有國王。當年尤里西斯前往特洛伊時，那時約十歲大的男孩們現在都長大成人，既然他們的父親都去打仗了，他們便為所欲為。他們中有十二個人想娶潘妮洛普，另有大約一百個跟他們一樣撒野的人來自鄰近的島嶼，皆以向潘妮洛普求婚為由，整天在她家裡吃吃喝喝。他們宰殺牛羊豬，飲酒，與潘妮洛普的侍女們玩耍；而她有很多個侍女。沒人能阻止他們；他們說，他們永遠不會離開，除非潘妮洛普選擇他們中一個做她的丈夫和島上的國王；儘管特勒馬庫斯是合法的王子。

　　潘妮洛普終於答應，在織完老拉厄耳特斯過世時使用的大塊亞麻裹屍布後，會從中選出一個。她整天忙著織布，但到了晚上，那些求婚者離開後（他們不在她屋裡過夜），她又把布拆開。但

她的一個侍女把這件事告訴求婚者，所以她不得不完成裹屍布，現在他們比以往任何時候都更逼迫她做出選擇。她盼望尤里西斯還活著，也會返家，可是如果他回來了，要怎麼把這麼強壯的年輕人趕出他的房子呢？

智慧女神雅典娜向來偏愛尤里西斯，現在祂在眾神中大聲疾呼，眾神坐在神聖的天庭裡，就像人們傳說的那樣。那裡不會被風搖撼，也不會被雨淋濕，更不會下雪，那裡空氣清澈，萬里無雲，白光在上面漂浮。雅典娜講述尤里西斯是多麼善良、睿智和勇敢，以及他如何滯留在卡呂普索的島上進退不得，而家鄉的男人卻毀掉他的財富、追求他的妻子。祂說祂要親自去伊薩卡，要特勒馬庫斯呼籲全國人民，看看他受到什麼樣的欺凌，然後出海打聽他父親的消息。雅典娜這麼說完後，就從奧林帕斯山（Olympus）飛快降至伊薩卡，在那裡化做凡人的模樣：塔福斯島人（Taphians）的首領門特斯（Mentes）。在準備晚飯的時間，祂發現那些目中無人的求婚者，在大門前玩跳棋和其他遊戲。站在一旁的特勒馬庫斯看到這位陌生人，就走過去，領祂進屋，親切的款待祂，那些求婚者則大吃大喝，放聲大笑。

特勒馬庫斯告訴雅典娜（或者他以為的陌生人），他受到百般欺壓，而他父親的白骨可能正在一個陌生的海岸上風吹日曬，或在鹽海的波濤中翻騰。雅典娜，或者說門特斯，說祂是尤里西斯的老朋友，去賽普勒斯買銅的時候曾在伊薩卡停留過。祂說：「尤里西斯還沒死；他一定會回家，而且很快。你太像他了，肯定是他的兒子。」特勒馬庫斯回答說是。門特斯目睹求婚者如何侮辱特勒馬庫斯，怒不可遏，要他先在全體人民的集會上控訴，

然後乘船去尋訪尤里西斯的消息。

雅典娜離開了，隔天特勒馬庫斯召集人民，對他們講話，儘管人們為他感到難過，卻無能為力。不過有個老人是個先知，說尤里西斯一定會回家，但那些求婚者威脅他侮辱他。到了傍晚，雅典娜又來了，這次以曼托爾（Mentor）的形象出現。曼托爾是伊薩卡人，尤里西斯的朋友，鼓勵特勒馬庫斯帶二十名槳手乘船出海。特勒馬庫斯告訴那些求婚者，他要去見梅內勞斯、聶斯托，詢問他父親的消息；他們只是嘲笑他。他沒有告訴他的母親就為航行做好一切準備。老尤麗克萊亞──他的奶媽也是他父親的奶媽──為他的旅途帶來了酒和食物。夜裡，當夏天的海風甦醒時，他和曼托爾登上船，徹夜航行，第二天中午，他們抵達海沙上的皮洛斯城，也就是老聶斯托的城市，。

聶斯托很高興的接待他們，他的兒子庇西特拉圖（Pisistratus）和特拉緒墨德也是，他們都曾在特洛伊打過仗。第二天，曼托爾離開後，庇西特拉圖和特勒馬庫斯一起駕車上山下谷，走了兩天的路程，到了泰格特斯山下、清澈的尤羅塔斯河畔的拉刻代蒙。

自希臘人從特洛伊啟航以來，沒有人見過尤里西斯，但梅內勞斯透過某種奇特的方式，得以告訴特勒馬庫斯他的父親還活著，跟卡呂普索在一座孤島上，就在所有海洋的中心。我們之後會看到梅內勞斯是怎麼知道的。特勒馬庫斯、庇西特拉圖來到時候，梅內勞斯正在舉行宴會，他請他們到他的桌旁。在他們沐浴、穿上乾淨的衣服、吃飽喝足前，詢問他們的身分是不禮貌的。晚飯過後，梅內勞斯看出特勒馬庫斯多麼欣賞他的房子，以及來自牆壁（覆蓋著青銅鑲板）以及金杯、琥珀杯、象牙杯和銀杯發出

的閃光。特勒馬庫斯從未在伊薩卡見過這樣的東西。梅內勞斯注意到他的驚訝，說這其中有許多華美的物品都是從特洛伊帶回來的；經過八年的漂流，他去過賽普勒斯、腓尼基、埃及，甚至非洲北岸的利比亞。他說，雖然他富有且幸運，但當他想起在特洛伊為他戰死的勇士時，他感到非常的不快樂。而失去他們當中最了不起的人──尤里西斯，更令他內心飽受折磨。尤里西斯長期以來杳無音訊，在說話的這一刻，沒有人知道他是生是死。聽到這些話，特勒馬庫斯把臉埋在紫色斗篷裡，流下眼淚，梅內勞斯猜到了他是誰，但什麼也沒說。

玉手的海倫從自己芬芳的房間走進大廳，美麗如昔，宮廷侍女拿著她的黃金紡紗桿，還有一個用來裝羊毛的銀籃子，因為海倫潔白的雙手從不閒著。

海倫看出特勒馬庫斯跟他父親尤里西斯非常相像，知道了他是誰，她跟梅內勞斯說。庇西特拉圖無意中聽到她說的話，就講述特勒馬庫斯來拜訪他們是為了打聽他父親的消息。梅內勞斯看到尤里西斯的兒子時，內心大受感動，海倫也不例外，他是他們最值得信賴的朋友。他們忍不住流下眼淚，庇西特拉圖想起親愛的兄弟安提洛科斯，在特洛伊的戰鬥中，明亮黎明之子門農殺死了他。海倫想要安慰他們，她拿來一種具有神奇功效的藥物，是埃及國王索恩的妻子波魯丹娜（Polydamna）送給她的。這種藥平息所有的痛苦和憤怒，讓人忘記所有的悲痛；海倫將它從金瓶倒入金製的調酒碗中，他們喝了酒並且得到撫慰。

海倫告訴特勒馬庫斯，尤里西斯在特洛伊做過多少偉大的事情，以及如何喬裝成乞丐溜進城裡並到她家，當時他偷走了「特

洛伊的運氣」。梅內勞斯講述尤里西斯如何讓他和其他王子在木馬裡保持安靜，當時戴佛巴斯要海倫以他們妻子的聲音來呼喚他們；特勒馬庫斯聽到父親的智慧和勇氣，感到非常高興。

　　第二天，特勒馬庫斯告訴梅內勞斯，那些目中無人的求婚者如何殘酷的對待他和他母親，梅內勞斯祈禱尤里西斯能回到伊薩卡，殺死所有的求婚者。梅內勞斯說：「至於你問我的問題，關於你的父親，我會把我聽說的一切都告訴你。我從特洛伊啟航後的漂泊期間，暴風把我困在一座名叫法洛斯（Pharos）的島嶼三個星期，那裡距離埃吉普塔斯（Aegyptus，尼羅河的舊稱）河口僅一天的航程。因為我們的食物已經吃完了，我們快要餓死，船員們繞著島岸走，用鉤子和線捕魚。那座島上住著一位女神，是海洋老者普羅透斯（Proteus）的女兒。她建議我，當她父親從海裡出來睡在岸上時，趁機抓住他，他會告訴我我需要知道的一切。他通常在正午時分帶著一群海豹出來，和牠們一起睡在沙灘上。她說，如果我抓得住他，他會在我手中幻化各種樣貌：野獸、毒蛇、燃燒的火焰；但最後會以自己的樣子出現，並回答我所有的問題。

　　「女神說完後，在沙灘上為我和我的三個部下挖了個藏身處，用海豹皮掩住我們。中午，老人帶著海豹從海裡出來，從我們開始數起，數了數海豹的數量，然後躺下睡著了。我們跳起來衝向他，並迅速抓住他。他陸續變成了獅子、豹、蛇、大野豬，然後是流水，接下來是一棵高大的開花樹木。我們緊緊的抓住他，最後他變回自己的樣子，並告訴我，我必須乘船回到埃吉普塔斯河，在那裡獻祭給天上的眾神，否則永遠無法順風航行。我問他

我的兄弟阿加曼儂的消息,他告訴我,我的兄弟如何在自家的大廳被殺害,以及艾阿斯的兄弟如何淹死在海裡。最後,他告訴我尤里西斯的事:他被精靈卡呂普索扣留在一座孤島上,過得很不快樂,沒有船也沒有船員可以逃離並返鄉。」

這是梅內勞斯所能告訴特勒馬庫斯的全部內容,特勒馬庫斯在那裡停留了一個月。這段期間,那些求婚者乘著一艘船在一條狹窄的海峽等著他,他們認為他返回伊薩卡的途中一定會航經此處。他們打算抓住他並殺了他。

✦5✦

✦ 尤里西斯逃出卡呂普索的島 ✦

　　梅內勞斯告訴特勒馬庫斯他父親還活著的第二天，眾神便派荷米斯去找卡呂普索。於是荷米斯把祂那雙永保如新的金色涼鞋綁在腳上，讓祂像風一樣疾馳在潮濕的海洋和乾燥的陸地上。祂沿著波峰飛翔，就像在海裡追魚的鷗鶿，羽毛在海水中浸溼。祂到達了那座小島，上坡前往卡呂普索的洞穴，那裡住著編織髮辮的寧芙，祂在洞裡找到了她。地爐裡燃燒著熊熊的火焰，從遠處，都能聞到雪松木塊和檀香燃燒的香味，整座島嶼都彌漫著這股香氣。洞裡的寧芙在織布機前用金梭來回穿梭織布，用悅耳的聲音唱歌。洞穴四周是鬱鬱蔥蔥的樹林，赤楊、白楊、散發著甜美氣息的扁柏。其中棲息著長翼展的鳥類──貓頭鷹、獵鷹、嘰嘰喳喳的鷗鶿，鷗鶿在水裡忙著。看哪！就在那裡，在中空的洞穴上方綿延著一條繁茂的葡萄藤，上頭結實纍纍。四座噴泉排列得井然有序，湧著清澈的水，各有自己的流向。柔軟的牧草地周圍盛開著紫羅蘭和香芹；是的，即使是不死的神祇來到此地，也會對眼前的景象感到驚奇，心生歡喜。

這位眾神使者，阿耳戈斯（Argus）*的殺手，站在那裡驚嘆不已。現在當祂驚奇的將一切盡收眼底後，走進了寬闊的洞穴；美麗的女神卡呂普索面對面看到祂時，認出祂來。因為在過去，眾神對彼此並不陌生，即使身居遠方。祂在洞穴裡沒找到高貴的尤里西斯。尤里西斯像從前一樣坐在岸邊哭泣，惆悵的望著湧動不息的海面，淚水、哀嘆、悲傷使他的靈魂疲憊不堪。而美麗的女神卡呂普索讓荷米斯坐在閃亮的椅子上時問道：「金杖的荷米斯，請問來此有何貴幹？你來這裡，會受到敬拜和歡迎，雖然你從以前就不常來。告訴我你所有的想法，我會致力實現它，如果我能力所及，如果命運注定如此。但現在跟我來，讓我像款待陌生人一樣的隆重款待你。」

女神隨即在祂身邊鋪了一張放著仙饈的桌子，調製了紅色的神酒。眾神的信使，阿耳戈斯的殺手，吃跟喝了。現在，祂吃飽了，用食物安慰了自己的靈魂，最後祂這樣回答：「女神，你在我到來時質問我，我會遵照你的命令實話實說。是宙斯讓我到這裡來，並不是我的意願；不，誰會自願飛越如此奇妙的海洋空間，這裡沒有凡人的城市會獻祭給眾神。祂說你身邊有個人處境比他的同胞更悲慘，也慘過那些在普瑞阿姆的城市周圍戰鬥了九年的人，他們在第十年洗劫了這座城市並啟程返鄉。但是他們在途中冒犯了雅典娜，祂向他們掀起邪惡的風暴和大海的巨浪。他的好伙伴都失蹤了，風和浪最後將他帶來這裡。現在宙斯命令你盡快

* 編按：阿耳戈斯，為百眼巨人，睡覺時不用閉上所有的眼睛。天后赫拉利用他這個特點，命他看守變為母牛的宙斯情人愛奧（Io）。後來荷米斯奉宙斯之命殺死阿耳戈斯，釋放愛奧。

送他上路，因為他沒有注定要遠離朋友而死，他的命運甚至還要守護他們，並回到他高屋頂的家和他自己的國家。」

　　祂說完之後，美麗的女神卡呂普索顫抖著對祂說：「祢們這些神太冷酷了，而且忌妒心太重，總是怨恨女神公開與凡人交往。他獨自跨坐在帆船的龍骨上時，我救了他，因為宙斯在酒紅色的大海中央，用一道白色的閃電擊碎和劈裂了他那艘迅捷的船。他的好伙伴都落海而亡，最後風和浪將他帶到了這裡。我愛他珍惜他，我說過我永遠不會讓他經歷死亡和衰老。可是我沒辦法送他上路，因為我沒有帶槳的船，也沒有同伴可以帶載他越過

廣闊的大海。然而我會將此事告訴他，毫不隱藏，他就可以安然無恙的回到自己的國家。」

眾神的使者，阿耳戈斯的殺手，回答她：「是的，現在催他快點上路，留意宙斯的怒火，避免激怒祂，結下冤仇。」

偉大的阿耳戈斯的殺手隨即離開，而寧芙聽完宙斯的訊息後，去找高貴的尤里西斯。她發現他坐在岸邊，淚水盈眶，當他為了無法返鄉而哀悼時，他美好的生命正在消逝。白天他坐在岩石和海灘上，以淚水、哀嘆和悲傷來折磨自己的靈魂，滿眼淚水，惆悵的眺望湧動不息的海面。美麗的女神站在他身邊，對他說：「不幸的人，請你在這座島上不要再悲傷，也不要浪費你美好的生命，現在我會全心全意的送你離開。好了，站起來用這把斧頭砍成長長的木梁，做一個寬木筏，在上面鋪上甲板，好讓它載你橫渡迷濛的海面。我會根據你的心願放上麵包、飲水和紅酒，讓你遠離飢餓。我也會替你裝扮好，送出順風，讓你毫髮無傷的返抵自己的國家，如果這真是擁有廣闊天庭的眾神的喜悅，在意志和行動上都比我更強大的眾神。」

尤里西斯又悲又喜：很高興眾神替他著想，但想到要獨自穿越不曾有人航行的遼闊大海就很難過。卡呂普索對他說：「你真的希望在這個時候回到自己親愛的國家嗎？既然如此，願好運與你同行！你心裡知道，即使回到自己的國家也注定要受苦。而在這裡，你會和我一起生活並看守這所房子，永遠不會嘗到死亡的滋味，但你最渴望見到你的妻子，你日復一日的渴望她。我不認為我在身材或外貌方面不如她高貴，因為凡人的女性在身材和美貌上，絕無可能與不朽的女神相提並論。」

足智多謀的尤里西斯回答了她，對她說：「請別生我的氣，女神和女王。我自己也很清楚，有智慧的潘妮洛普無論在相貌和身材都比不上你。她是壽命有限的凡人，而你不知年老與死亡。但即便如此，我仍日日盼望歸途，盼望歸來之日。是的，如果某個神在酒紅色的大海中毀滅我，即使如此，我仍將忍受，在心中對苦難抱持耐性。我已經受了很多苦，也在海浪和戰爭的危險中備受折磨；就讓那些故事再添一筆吧。」

　　第二天，卡呂普索帶來木匠的工具給尤里西斯，他砍樹做了艘大木筏、一根桅杆，另用帆布做了船帆。五天之內，他完成了木筏並準備下水，卡呂普索在木筏上放了裝滿酒和水的皮袋，還有麥粉和許多可口的食物，他們最後一次親吻道別，他獨自進入遼闊的大海。而她孤獨的轉身回到自己的家。他原本可以永遠和美麗的精靈一起生活，但如果可以的話，他選擇與他的妻子潘妮洛普同生共死。

⇥尤里西斯遭遇船難，但依然抵達菲耶夏✦

　　順風吹拂，尤里西斯操縱著他的木筏，沒有看到陸地或其他船隻。晚上他盯著大熊星座，按照卡呂普索的教導，讓大熊星座一直保持在自己的左方。他航行了十七天，到了第十八天，他看到一座名為菲耶夏（Phaeacia）的島嶼上朦朧的山峰。此時海神看見尤里西斯，想起了尤里西斯當初怎麼弄瞎他的兒子獨眼巨人，於是祂一怒之下掀起一場可怕的風暴：大片烏雲遮天蔽日，狂風大作。他但願在捍衛阿基里斯的屍體而被特洛伊人包圍時，就已經死去。要是他當時死了，他會被朋友焚燒並埋葬，但如果他現在溺死，他的鬼魂將永遠在冥界的邊緣徘迴，就像厄爾皮諾的鬼魂一樣。

　　正這麼想著，狂風吹斷了木筏的桅杆，帆和橫梁掉進海裡，海浪將他拖到海的深處。最後他浮出了水面，游去追木筏，爬上去之後坐下，風把木筏像羽毛一樣的吹來吹去。海中女神伊諾（Ino）看到了他，憐憫他，從海中升起，像海鷗潛入水中後升起一樣。祂對他說話，把祂明亮的面紗扔給他，說：「將它纏住你的胸膛，褪掉衣物，跳下木筏游泳，當你抵達陸地，把面紗扔回海裡，然後轉過頭去。」

　　尤里西斯接住面紗，纏在自己的胸膛上，但他決定只要木

筏還算完整就不離開。他這麼想著，木筏轉眼就被海浪扯散，他抓起一塊木板，騎馬似的跨坐在上頭。不久風停了，除了北風，北風使尤里西斯漂流了兩天兩夜。到了第三天，一切都平靜了，陸地近在咫尺，尤里西斯朝它游去，穿過一道可怕的海浪，那道海浪拍打在陡峭的岩石上泛起泡沫，他所有的骨頭原本可能會被撞碎。他三次緊抱一塊岩石，又三次被海浪的回流拖入海中。他游到碎浪之外，沿著陸地外緣前進，尋找安全的地方，最後他來到河口。在這裡一切都很平滑，有個傾斜的海灘，他的雙腳踩到了底部。他搖搖晃晃走出水裡，一上岸就暈倒了。當他清醒過來時，解開伊諾的面紗拋進海裡後，就倒在河邊的蘆葦叢中，精疲力盡，赤身裸體，饑腸轆轆。有兩棵橄欖樹靠得很近，茂密又粗壯，他爬進這兩棵樹之間，搭一個避風的地方，再用乾燥的落葉厚厚的蓋住自己，直到身體暖和起來才沉沉睡去。

　　尤里西斯孤單且赤身裸體的在陌生土地上沉睡時，這個被叫做菲耶夏的國家，國王的女兒美麗的瑙西卡（Nausicaa）做了一個夢。那個夢化身為少女，瑙西卡的朋友，那位少女說：「瑙西卡，你的母親怎麼會有這麼粗心的女兒呢？屋子裡有許多漂亮的衣服需要洗，你婚禮當天，按習俗，你必須將斗篷和罩衫送給賓客。我們明天去河邊洗衣服吧，找一輛車來搬運衣服。」

　　瑙西卡隔天醒來想起了那場夢，就去找父親，求他借輛車給她運衣物。她沒提結婚的日子，因為雖然有許多年輕的王子愛上她，她卻沒有愛上誰。不過，衣物倒是非洗不可，父親借給她一輛有著高圍欄的貨車，還有騾子。衣服堆在車裡，提籃裡裝著各式各樣精緻的食物。瑙西卡執起韁繩，駕車緩緩前行，很多少女

跟在她後面，都是她同齡的朋友。她們來到一個清澈的深潭，道道細流從深潭溢出來，她們洗衣服，把衣服踩進小水流裡，洗好的衣服攤在鵝卵石上，等著風吹日曬，然後享用糕點和其他好吃的東西。

吃完後，她們掀下面紗，玩起以棒擊球的遊戲。瑙西卡把球扔向一個正在奔跑的少女，但是錯過了，那顆球掉進湍急的深河。所有的少女都尖叫笑著，吵醒了躺在小樹林裡的尤里西斯。他自言自語：「我在哪裡？這裡會是一個充滿凶猛野蠻人的國家嗎？有女孩在附近嬉戲的聲音。難道是山丘頂上、河流、河畔水草地的精靈？」尤里西斯一絲不掛，由於那些說話聲似乎是女孩的聲音，所以他折斷一根茂密的大樹枝好遮住整個身體，但他光著腳，神情因疲倦、寒冷、飢餓而顯得狂野，他的頭髮、鬍鬚被鹽水弄得糾結蓬亂。

女孩看到這樣一張臉從枝葉間探出來時，尖叫了起來，沿著海灘四處奔跑。但瑙西卡，作為國王的女兒，她昂首挺胸站在那裡毫不畏懼，尤里西斯不敢靠近她跪下，他在遠處說道：「噢女王，請問你是女神還是凡人？如果你是守護廣闊天庭的眾神之一，是偉大宙斯的女兒，你的美貌、身材與優美體態，可比女神阿特蜜斯。不過，如果你是世間凡人的女兒之一，那麼你的父親和母親會受到三次的祝福，你的兄弟也會受到三次的祝福。他們見到你步入舞會，如此美麗的少女之花，他們的靈魂肯定每次都因你的緣故而喜悅發光。誰以求愛的禮物取勝，帶你到他家去，他就是個內心最幸福的人。我的眼睛從未在凡人裡見過像你這般的人，無論男人還是女人。我看著你的時候，感到非常敬畏。我

在提洛斯島，曾經見過同樣美好的東西：長在阿波羅祭壇旁邊的一棵棕櫚幼樹。因為我也和許多人一起去了那裡，踏上了讓我痛苦煩惱的那條路。是的！我看著那棵幼樹時，內心的驚嘆久久不息──因為那邊的地裡不曾長出如此美好的嫩芽──我對你也同感驚奇，女士，儘管我感到極度悲傷，但我很驚訝也非常害怕，不敢任意碰觸你的膝蓋。

「昨日，也就是第二十天，我逃離酒紅色的大海，那段時間，海浪一直向我襲來，狂風把我吹離俄奇吉亞島（Ogygia）。現在某位神祇將我扔在這座島上，我想我可能會碰上惡事，因為我認

為麻煩沒有止息的時候，眾神依然會降下許多磨難。但，女王，可憐我吧，經過無數次的磨難與痛苦之後，我來到你的面前，而擁有這座城市和土地的人當中，我不認識任何人。這樣吧，請帶我認識這座城市；如果情況允許，也請給我一件舊衣服，或是你來這裡的時候有任何裹在身上的亞麻布。願眾神讓你心想事成：得到一個丈夫和一個家，願眾神讓你們夫妻同心——這是個美好的禮物，因為沒有什麼比夫妻同心同德更強大、更高貴，對他們的敵人來說是不幸，對他們的朋友來說則是無上喜悅，這一點他們夫妻的心最能體會。」

　　手臂白晰的瑙西卡回答他說：「陌生人，你看起來既不是壞人也不是傻子——奧林匹亞的宙斯賜福於人類，無論是善人還是惡人，祂按照自己的意願對待每個一人，你的命運肯定由祂掌握，所以無論如何你都必須忍受——好了，既然你來到我們的城市和我們的土地，一個遭逢不幸的人遇到了可以與他做朋友的人時，將不會缺少衣物或其他東西。我會帶你認識這個城市，介紹這裡的居民。擁有這座城市和土地的是菲耶夏人，我是高尚的心阿爾辛諾（Alcinous）的女兒，菲耶夏人的力量仰賴著他。」

　　她說完之後，呼喚她那些美髮的少女：「等等，我的女孩們，你們一看到男人就要逃到哪兒去呢？你們該不會把他當成敵人吧？眾神珍視菲耶夏人，不會有凡人帶著敵意來到菲耶夏人的土地，那樣的人永遠不會呼吸也永遠不會出生。我們生活在海浪的沖刷中，與其他人相距甚遠，住在人類最外圍的疆域，凡人對我們並不熟悉。不，這個人是個無助的人，遭逢不幸，漂流到此，我們必須善待他，因為所有的陌生人和乞丐都來自宙斯，一份小

小的禮物都很珍貴。所以,我的同伴們,給這位陌生人吃喝,找個擋風的地方,在河裡替他洗浴。」

她這麼說,她們停下腳步呼喚彼此,然後照著高尚的心阿爾辛諾的女兒瑙西卡的指示,帶尤里西斯到隱蔽的地方,要他坐下。她們在他身邊放一件斗篷和緊身上衣,為他抹上金瓶裡的橄欖油,讓他在河水裡洗浴。正直的尤里西斯對少女們說:「請你們站開來,讓我自己洗掉肩膀上的鹽水,再抹上橄欖油,我的皮膚已經很久沒有接觸橄欖油了。但我不會在你們眼前洗澡,因為在金色髮辮的少女面前赤身裸體,讓我感到難為情。」

她們走開來,將一切都告訴公主瑙西卡。正直的尤里西斯用河水洗掉了覆蓋背部和寬闊肩膀的鹽屑,擦掉了頭上那些海水乾涸後的結晶。他洗淨全身,塗上橄欖油,穿上了那位未婚少女給他的衣服時,宙斯的女兒雅典娜使他看起來更耀眼更強大,讓他頭上深色的鬈髮像風信子花一樣的飄揚。而且,當某個技藝高超的工匠在銀上鍍金時——以赫費斯托斯、帕拉斯雅典娜教授過的各種工法,做出優雅無比的工藝品——雅典娜同樣讓他的頭和肩膀上散發著優雅。

尤里西斯走到岸邊坐下,散放著美麗和優雅的光芒,公主對他讚嘆不已,對那些金色髮辮的同伴說:「聽著,我白晰手臂的女孩們,我有話要說。這個人會來到如神般的菲耶夏人之間,必定是擁有奧林帕斯山眾神的意願。之前他在我看來頗為醜陋,但現在他就像守護廣闊天庭的神祇。但願這樣的人可以成為我的丈夫,住在這裡。真希望他願意定居下來!來吧,我的少女們,端食物和酒給這位陌生人。」

她們聽她訴說，把食物和酒放在尤里西斯旁邊，態度堅定的尤里西斯熱切的吃喝，因為他已許久沒有進食。

　　現在，白晰手臂的瑙西卡有了另一個想法。她把衣服疊好放進車裡，給腳蹄強健的騾子套上挽具，爬上車。她呼喚尤里西斯，對他說：「來吧，陌生人，到城裡去，我可以帶你到我睿智父親的家裡，我向你保證，你會在那裡認識最高貴的菲耶夏人。但是請照我吩咐的去做，你看來是個謹慎的人。只要我們經過田野和農田時，你就和女孩們跟在騾和車的後頭快點走，我會帶路。等我們進了城，那裡有高聳的城牆和塔樓，城市的兩側都有一個港口，出入口很窄，防波堤的兩邊停滿了船隻，你會在路邊找到一片漂亮的白楊樹林，那是雅典娜的聖林，裡頭有一道泉水，四周是牧草地。

　　「那個地方是我父親的土地和他的果園。你在那裡坐下，先等我們進城，到我父親的家。當你認為我們差不多到達宮殿的時候，就可以進到菲耶夏人的城裡來，問問我父親高尚的心阿爾辛諾的房子在哪裡。很容易問到，連孩子都能當你的嚮導，因為英雄阿爾辛諾的房子非常漂亮，跟其他菲耶夏人的房子不一樣。當你走進走廊和中庭的陰影下時，要迅速穿過大廳，到我母親面前，她坐在地爐的火光中，織著海紫色的紗線，那個景象很奇妙。她的椅子靠著一根柱子，侍女坐在她的身後。我父親的寶座緊靠著她的座位，他坐在那裡喝著酒，就像一位神祇。你從他身邊經過，把手放在我母親的膝蓋上，即使你來自遙遠的國度，你會很高興返鄉的日子或許能夠很快的到來。如果她對你有好感，那麼你就有望再見到你的朋友，回到你建造良好的房子，回到你自己

的國家。」

　　她邊說著邊用閃亮的鞭子抽打騾子，很快就把溪流拋在身後。她小心翼翼的駕車，巧妙的抽著鞭子，以恰當的步調行進，讓步行的少女們和尤里西斯能夠跟得上。夕陽西下，他們來到了那處知名的樹林，雅典娜的聖地；尤里西斯在那裡坐下。他立刻向強大宙斯的女兒祈禱：「請聽我說，宙斯的孩子，神盾之主，永不疲累的女子；現在請聽我說，之前我在海上受到擊打，當著名的海神波賽頓擊打我的時候，你並未垂聽我的禱告。允許我作為一個值得珍視與憐憫的人，來到菲耶夏人身邊。」

　　他如此祈求，帕拉斯雅典娜聽見了；祂還沒有出現在他面前，因為祂尊重祂父親的兄弟波賽頓，神一般的尤里西斯在返回自己的國家以前，盛怒的海神一直不肯放過他。

　　瑙西卡和她的女伴回家去，尤里西斯在神廟附近等待她們回到家，然後起身走進城去，對停滿船隻的港口和堅固的城牆感到驚嘆。女神雅典娜喬裝成凡人女孩迎向他，再次告訴他國王的名字是阿爾辛諾，他的妻子名叫阿睿提（Arete）：她睿智且善良，在城裡有很大的權力。女神讓尤里西斯在群眾中隱去形跡，直到他抵達宮殿；宮殿牆壁上的青銅片閃閃發亮，大廳裡有黃金的獵犬雕像，和舉著燃燒火炬的黃金青年雕像，為坐著吃晚飯的人提供照明。果園非常美麗，滿是果樹，由兩座噴泉流出的泉水澆灌。尤里西斯站在那裡，驚嘆於果園之美，他在無人看見的狀況下穿過大廳，跪在阿睿提王后的腳邊，懇求她送他乘船回國。

　　有人端一張桌子到他面前，上面擺了食物和酒。阿爾辛諾的賓客正要回家，他交代無論這位陌生人是誰，都要好好款待，並

安全送他上路。賓客離去之後，阿睿提看著尤里西斯，看到他穿的衣服是她家的東西，就問他是誰以及怎麼取得衣服的。他告訴了她是如何遇到船難，瑙西卡如何給予他食物，和給他洗過的衣服。阿睿提說，瑙西卡應該直接把尤里西斯帶到她家。但尤里西斯回答說：「我請求你不要責備這位無可指謫的女孩。」並解釋說自己很害羞，擔心瑙西卡的父母可能不喜歡看到她帶陌生人回來。阿爾辛諾國王回答說他不嫉妒，也未起疑，說他樂見自己女兒和尤里西斯這樣高貴的陌生人成親，並會給他一所房子和諸多物品，但如果陌生人想回自己的國家，那麼就應該為他準備一艘船。阿爾辛諾態度如此謙恭有禮，因為他很容易就看出這位陌生人出身高貴，強壯且睿智，即使他還沒說出自己的名字。後來所有的人都上床就寢，尤里西斯有柔軟的床，和暖和的紫色毯子。

第二天，阿爾辛諾差遣五十二名年輕人準備一艘船，他們把船停泊在岸邊；幾位首領與阿爾辛諾一起用餐，吟遊詩人唱起了特洛伊戰爭，尤里西斯的心因此而激動起來，他用斗篷捂著臉哭了。阿爾辛諾看到了，提議他們到戶外做些競賽活動消遣，賽跑、摔角和拳擊。阿爾辛諾的兒子問尤里西斯是否願意參加競賽，但尤里西斯回答說他心情太沉重了。有個年輕人尤里烏魯斯（Euryalus）聽到了便說，尤里西斯可能是商船的船長，商人不擅長競技運動。

尤里西斯聽了很不高興，答說，他年少無憂之時，擅長所有的運動，但現在因戰爭和流浪，變得心情沉重、身體虛弱。儘管如此，他還是會力求表現。接著他抓起一個重石，比菲耶夏人用來比賽擲遠的任何重物都重得多。他把它旋轉起來，再往前一

擲──遠遠超過菲耶夏人拋擲更輕的重量時所能達到的最遠距離。接著他發起挑戰，看有沒有人要跟他賽跑或比賽拳擊，或是跟他一起射擊標靶。他只懷疑自己奔跑的速度，因為海水使他的四肢僵硬。也許阿爾辛諾看出與這位陌生人比賽不會有好結果，所以派人請來豎琴手，豎琴手唱一首歡快的歌曲，接著他要年輕人跳舞和玩球，要長者為流浪者拿來華美的黃金禮物和衣服。阿爾辛諾親自送他一個美麗的寶物箱、一只大金杯，阿睿提把所有的禮物綁好放進寶物箱，而少女們帶尤里西斯去洗浴並給他抹上油。

他走出洗浴間，在大廳的入口遇見站在那裡的瑙西卡。她悲傷的向他道別，說：「再會了，你回到自己的國家後，不要很快就忘了我，因為你欠我救命之恩。」他回答：「願神允許我見到我的國家，女士，我在那裡，餘生都會懷著崇敬之心想起你，就像想起神聖的眾神一樣，因為女士，你對我有救命之恩。」這是他們最後一次彼此說話，因為瑙西卡沒有和一大群人坐在大廳裡吃飯。他們吃完晚飯後，盲豎琴手再次頌唱尤里西斯在特洛伊的事蹟。尤里西斯又哭了，於是阿爾辛諾問他：「你在那場偉大的戰爭中失去了親愛的朋友或親族嗎？」尤里西斯說：「我是尤里西斯，拉厄耳特斯之子，無人不知。」他們驚訝的坐在那裡，他開始講述他的冒險故事，從離開特洛伊那天直到他抵達卡呂普索的島嶼；他之前已經說過自己是如何從那裡來到菲耶夏的途中遭遇海難的。

他的精彩故事帶給他們無窮的樂趣，尤里烏魯斯為了補償自己在比賽中的無禮言論，送給尤里西斯一把美麗的青銅劍，象牙

柄上鑲著黃金飾釘。尤里西斯收到了很多禮物，禮物被運到準備好的船上放著。尤里西斯向王后道別，說：「人都會年老死亡，噢，王后，在它們到來之前，要幸福快樂。要歡歡喜喜，在家裡享受孩子、人民還有阿爾辛諾國王的陪伴。」他啟程了，船凸出的甲板上鋪著床單和斗篷，他躺在上面酣然入睡，同時有五十隻槳劃開海水，將船駛向伊薩卡島。

✦7✦
尤里西斯回到自己國家，
為了安全偽裝成老乞丐

　　尤里西斯醒來的時候，發現自己獨自一人，裹在亞麻床單和鮮豔的布罩裡，他不知道自己身在何處。菲耶夏人在他熟睡時將他抬離船隻，放在岸上，把他收到的精美禮物放在樹下，然後揚帆離去。當時晨霧籠罩著這片土地，尤里西斯不知道自己伊薩卡島的港口，也不知道那塊有水精靈噴泉的岩石，人們稱那些水精靈為納伊阿得（Naiads）。他以為菲耶夏人把他丟在陌生的國度，他清點了自己的財物後，傷心的在海邊走來走去。他在這裡遇到一個年輕人，穿著雅緻，有如國王之子，肩上披著國王穿的雙層斗篷，手執長矛。尤里西斯說：「請告訴我，這是什麼地方？這裡住著什麼人？」

　　年輕人說：「真是的，陌生人，你要不是知道的很少，不然就是從遠方來的。這座島就是伊薩卡，它的名字甚至在特洛伊那邊也廣為人知。」

　　尤里西斯得知自己終於回到家鄉，雀躍不已。但自從他離家後長大的那些年輕人，他不知道他們會怎麼對待孤身一人的他。於是他沒說出自己是國王尤里西斯，而說自己是克里特島人。陌生人可能會納悶，一個克里特島人怎麼會帶著巨額財富獨自來到

伊薩卡，卻不知道自己身在何處。所以他假裝說在克里特島，伊多墨紐斯的一個兒子想搶走他在特洛伊得到的所有戰利品，他殺死那個王子後，收拾自己的財富，逃上一艘腓尼基人的船，腓尼基人答應載他到皮洛斯城。但是風將他們吹離航道，他們在這裡登陸並睡在岸上；但是腓尼基人趁他睡覺時，在黎明啟程離開了。

年輕人哈哈大笑，突然顯現為偉大的女神帕拉斯雅典娜。祂說：「你真聰明，但你不認識我，我曾在特洛伊那裡幫過你。你面前還有許多麻煩，絕對不能讓男人或女人知道你的真實身分。你的敵人眾多，力量強大。」

尤里西斯說：「我在海上遇到危險時，你從來沒有幫助過我，現在你嘲笑我，還是這裡真的是我的國家？」

女神說：「我無意跟我父親的兄弟海神爭吵，海神因為祂兒子獨眼巨人的眼睛跟你結仇。來吧，你會看出這裡真的是伊薩卡。」祂驅散了白霧，尤里西斯看到並認出納伊阿得宜人的洞穴，還有內里頓山（Neriton）旁邊的森林。於是他跪下來親吻自己國家親愛的土地，向洞穴裡納伊阿得祈禱。女神協助他將黃金、青銅器和其他禮物，藏在大洞穴裡一個祕密的地方。祂教他如何獨自一人摧毀那些他妻子的傲慢追求者，他們肯定會想要結束他的生命。

女神開始幫尤里西斯偽裝，讓他的皮膚看起來皺巴巴，頭髮稀疏，雙眼無神。給他骯髒的舊布當衣服，在他身上披一大塊無毛的鹿皮，就像他偽裝成乞丐溜進特洛伊城時那樣。她也給了他一根木杖，還有用來裝殘渣剩飯的提袋。沒有男人或女人認得出偽裝過的尤里西斯。接下來女神吩咐他穿越島嶼去找自己的養豬

人——他們一直對他忠心耿耿，並要尤里西斯和豬群待在一起，直到祂將特勒馬庫斯帶回來，特勒馬庫斯正在拉刻代蒙拜訪海倫和梅內勞斯。尤里西斯爬上了洞穴和養豬人的農場之間的幾座山丘。

尤里西斯抵達農舍時，養豬人歐墨魯斯（Eumaeus）獨自坐在門前，用牛皮替自己做一雙鞋。他是個老實人，雖然是奴隸，但過去在自己的國家是王子的兒子。他還小的時候，一些腓尼基人乘船到他的國家，來到他父親的家裡，跟他的奶媽成了朋友，奶媽也是腓尼基人。其中一位腓尼基人與她交歡，問起她的來歷，她說她父親是西頓（Sidon）的富人，但海盜挾持了她，把她賣給了現任主人。那位腓尼基人答應帶她回西頓，於是她帶著她養育的孩子逃到船上，那孩子就是小歐墨魯斯，她還偷走了三隻黃金杯子。那個女人死在海上，海盜把男孩賣給尤里西斯的父親拉厄耳特斯，在這裡得到仁慈的對待。歐墨魯斯很喜歡自己服務的家庭，痛恨那些傲慢無禮的求婚者。

尤里西斯走近歐墨魯斯的房子時，四隻大狗衝出來朝他狂吠。牠們原本也會咬人的，但歐墨魯斯跑過來向牠們扔石頭，沒有農場狗能面對石頭雨。他把尤里西斯帶進屋裡，給他食物和酒，把求婚者的貪婪和驕傲都告訴了他。尤里西斯說，歐墨魯斯的主人一定會回來，並講了一個關於他自己的長篇故事。他說自己是克里特島人，曾在特洛伊作戰，後來遭遇海難，到了一個叫做特斯普羅夏（Thesprotia）的國家，在那裡他得知尤里西斯還活著，很快就會離開特斯普羅夏，回到伊薩卡。

歐墨魯斯不相信這個故事，以為乞丐只是故意說他想聽的

話。不過，他用自家的豬肉給尤里西斯做了一頓豐盛的晚飯，尤里西斯則以特洛伊圍城的故事娛樂他和他的奴隸伙伴，直到就寢時間。

　　同時，雅典娜去了拉刻代蒙梅內勞斯的房子，特勒馬庫斯正清醒的躺著。雅典娜告訴他，他母親潘妮洛普打算嫁給其中一位求婚者，建議他立即乘船回家，但要避開伊薩卡和另一座島之間的海峽，他的敵人正埋伏在那裡等著殺死他；他到達伊薩卡的時候，必須先叫槳手進城去，但他自己要獨自步行穿越島嶼去見養豬人。第二天早上，特勒馬庫斯和朋友庇西特拉圖向梅內勞斯和海倫道別。他們希望能送他禮物，於是去了他們的寶庫。他們來到存放寶物的地方，阿楚斯之子（梅內勞斯）拿起一個雙耳杯，要他的兒子墨伽彭特斯（Megapenthes）端來一個銀製的調酒碗。海倫站在金櫃旁邊，裡面放著她以奇特女紅手法縫製的長袍。美麗的海倫拿出其中一件——當中尺寸最寬、繡得最精美——像星星一樣閃耀，與天上的星辰遙相呼應。

　　他們穿過房子回到特勒馬庫斯身邊。金髮的梅內勞斯對他說：「特勒馬庫斯，願雷鳴之神宙斯，赫拉之主，能按照你的心願，帶你順利回家。至於我家中珍藏的禮物，我將給你最好和最有價值的。我送你一個做工精美的調酒碗，是全銀的，碗口是金的，赫費斯托斯的作品；西頓人的國王，勇士斐迪穆斯（Phaedimus），在我到達他那裡，他的房子庇護我的時候，將它交給了我。我要把這個杯子送給你。」

　　英雄梅內勞斯隨即把雙耳杯放進他的手裡。強壯的墨伽彭特斯捧著閃亮的銀碗，放在他面前。海倫走上前來，美麗的海倫，

雙手拿著長袍，呼喚他，說：「看哪，親愛的孩子，我也把這件禮物送給你，紀念海倫之手，等你渴望的日子到來，讓你的新娘穿上它。不過，先收在你親愛母親的房間裡。願快樂與你一起回到你建造良好的房子和你的國家。」

特勒馬庫斯離開宮殿門口的時候，一隻老鷹從天而降，抓起一隻正在吃草的大白鵝飛走了，農場的僕人們衝出來大喊，老鷹卻飛到了右邊，越過庇西特拉圖的馬匹。

海倫解釋這個預兆的含意。「聽我說，我要說出神祇放進我心中的預言，我認為它確實會實現。就像遠方的老鷹從牠的出生地和親族所在的山丘上飛下來，奪走了屋子裡飼養的鵝。尤里西斯歷經多次試煉和長年漂泊之後，將返鄉復仇。是的，即使是現在，他也已經在家鄉為那些求婚者播下邪惡的種子。」我們後來就不再有玉手海倫的消息，只知道她和梅內勞斯沒有死，而是被眾神帶到美麗的至福樂土，那是個幸福的地方，從來沒有戰爭和煩憂，也沒有衰老和死亡。後來，她在自己的國家受到人們的崇拜，彷彿她是一位善良、溫柔、美麗的女神。

特勒馬庫斯感謝海倫預言的好運，他驅車前往聶斯托的城市，但不敢靠近那位老國王，老國王會慰留他並加以款待，而他必須立刻啟航前往伊薩卡。他走到港口裡自己的船上，船員準備啟航時，有一個男人衝了過來，非常害怕有人找他報血仇。這人有預見未來的能力，叫做特克呂墨諾（Theoclymenus），他懇求特勒馬庫斯帶他到伊薩卡去，因為他在自己國家殺了一個人，那個人殺了他的一個兄弟在先，現在那人的兄弟和堂兄弟都追著要他的命。特勒馬庫斯歡迎他，然後往北航向伊薩卡島，尋思著自

己是否能夠從那些埋伏等著殺他的求婚者身邊溜走。幸運的是，特勒馬庫斯的船在夜裡悄無聲息的從他們身邊駛過，抵達了伊薩卡。他派船員先進城，自己剛要準備徒步越過島嶼向養豬人的房子走去，此時那個能預見未來的人問說他該做什麼。特勒馬庫斯要一個朋友皮瑞斯（Piraeus）帶那人回家並善待他，朋友欣然答應。特勒馬庫斯便出發去找養豬人。

養豬人和尤里西斯剛生火要做早飯，看到農場的狗圍著一個朝房子走來的年輕人嬉戲。狗歡迎他，因為他不是陌生人，而是特勒馬庫斯。養豬人高興的跳起來，調酒和水的碗從他手中掉了下來。他一直情緒低落，因為害怕那些暗地埋伏的求婚者會殺了特勒馬庫斯。他跑過去擁抱這個年輕人，就像父親歡迎長期在遙遠國度的兒子一樣高興。特勒馬庫斯很想知道他的母親是否嫁給了其中一個求婚者，然後很高興得知她仍耐心地忍受她的煩惱。

特勒馬庫斯走進養豬人的屋裡時，尤里西斯從座位上站起來，但特勒馬庫斯要老乞丐坐下，為自己拿來一堆上面蓋著羊毛的柴枝。他們吃著準備好的東西，冷豬肉、小麥麵包、裝在藤木杯裡的酒，歐墨魯斯告訴特勒馬庫斯，老乞丐說他是來自克里特島的流浪者。特勒馬庫斯回答說，他不能帶陌生人進母親的家，因為他無法保護他們免受那些求婚者的暴力，但他會給流浪者衣服、鞋子和劍，而且可以留在農場上。他要養豬人去告訴他母親潘妮洛普，他已經安全回來了。歐墨魯斯便啟程到城裡去。

這時，原本在吃早飯的農場狗開始發出哀鳴，豎著毛夾著尾巴溜到房間最裡面的角落。特勒馬庫斯想不通牠們為什麼害怕，或者害怕什麼，但尤里西斯看到女神雅典娜，祂只對他顯形，而

這些狗知道有什麼奇怪可怕的東西來到了門口。尤里西斯走出去，雅典娜要他告訴特勒馬庫斯自己的真實身分，因為現在只有他們兩人。祂用金魔杖碰觸尤里西斯，讓他看起來像他自己，讓他的衣服像國王的盛裝。

特勒馬庫斯既沒看到也沒有聽到雅典娜的聲音，因此非常驚訝，以為這個老乞丐一定是某位神祇，正偽裝成凡人四處遊蕩。但尤里西斯說：「我不是神，而是你的父親。」兩人互相擁抱，喜極而泣。

最後，尤里西斯告訴特勒馬庫斯，他是如何搭著菲耶夏人的船回家，寶物是如何藏在納伊阿得的洞穴裡，並問他有多少求婚者，要如何才能將他們趕出家門。特勒馬庫斯回答，求婚者共有一百零八人，他的僕人梅登（Medon）也跟他們同夥。另外還有家裡的吟遊詩人，他們被逼迫在宴飲時唱歌。那些人都是身強力壯的年輕人，每個人身側都有配劍，但沒有盾牌、頭盔和胸甲。尤里西斯說，在女神的協助下，他希望能打敗他們，即使他們人數眾多。特勒馬庫斯必須先回家，尤里西斯隔天會偽裝成老乞丐過去。不管那些求婚者怎麼凌辱他，特勒馬庫斯千萬別在意，只要勸告他們應該表現得更好。一有好機會，尤里西斯就會示意特勒馬庫斯，拿走掛在大廳牆上的盾牌、頭盔和武器，藏到隱密的地方。如果那些求婚者問起，他必須說——首先，它們被火堆的煙霧給燻壞了；再來，最好收在那些求婚者拿不到的地方，免得他們為酒吵架。特勒馬庫斯必須留下兩把劍、兩根長矛和兩面盾牌，一有機會，他和尤里西斯就能使用。而且他絕對不能讓任何男人和女人知道老乞丐是他的父親。

他們談話的時候，特勒馬庫斯的一個船員和養豬人走到潘妮洛普跟前說，她的兒子已經登陸了。聽到這個消息後，那些求婚者密商接下來要怎麼對付他：安提諾烏斯（Antinous）主張殺了他，但安菲諾摩斯（Amphinomus）、歐律馬科斯（Eurymachus）主張靜觀其變，先看看情況。歐墨魯斯完成通報潘妮洛普的差事，回到家以前，雅典娜再次把尤里西斯變成了骯髒的老乞丐。

✦假扮成乞丐的尤里西斯來到自己的宮殿✦

　　第二天早上，特勒馬庫斯回家安慰他的母親，告訴她他是如何與聶斯托、梅內勞斯在一起的，還見到了她的堂姊玉手的海倫，但那似乎引不起潘妮洛普的興趣，她認為自己一切的不幸都源自那位美麗的堂姊。特勒馬庫斯從皮洛斯城帶來的那位能預見未來的人，特克呂墨諾，向潘妮洛普預言尤里西斯目前就在伊薩卡，思考著要如何殺死那些求婚者，而那些求婚者正對著標靶練習擲矛，他們當中有些人正在殺豬宰牛當早飯。

　　同時，偽裝過的尤里西斯和養豬人來到城市附近，他們遇到牧羊人梅朗修斯（Melanthius），他跟求婚者交情很好，是個無禮粗暴的奴隸。他辱罵老乞丐，勸他別接近尤里西斯的房子，還把他踢出道路。尤里西斯很想親手殺死他，但他克制自己免得暴露身分。他和歐墨魯斯慢慢的走向宮殿。他們在中庭外徘徊時，看哪！有隻獵犬在牠躺著的地方抬起頭，豎起耳朵：是阿爾戈，尤里西斯從前培育的獵犬，有著一顆堅韌的心。以前，年輕人通常會帶著獵犬去趕野山羊、鹿和野兔；但這時，牠卻遭受鄙視（主人出遠門不在）躺在騾和牛的糞堆中，糞堆鋪在門前，等著尤里西斯的奴隸帶去廣闊的農地施肥。阿爾戈躺在那裡，滿身是蟲。然而即使是現在，牠意識到尤里西斯站在旁邊時，牠還是搖著尾

巴，垂下雙耳，但沒有力氣走近主人。尤里西斯轉過頭去，擦掉了眼淚，輕易避開了歐墨魯斯的視線。他馬上問歐墨魯斯，說：「歐墨魯斯，這真是太奇怪了，這隻獵犬竟然躺在糞堆裡。確實，牠長得很好，但我不確定牠長得漂亮以外是否速度也很快，或者只是漂亮而已，就像主人為了賞心悅目而飼養的狗。」

養豬人歐墨魯斯回答：「事實上，這隻狗的主人在遙遠的土地上過世了。當尤里西斯留下牠去特洛伊時，這隻狗曾經在追逐中表現卓越，牠當時的敏捷和力量，一定會讓你大感驚嘆。牠追擊的時候，樹林深處沒有野獸逃得掉；即使追蹤獵物，牠也是最敏銳的獵犬。現在的狀況對牠不利，主人喪生海外，那些粗心的婦女又不照顧牠。」

於是他走進宜人的房子，徑直走向大廳，到那群驕傲的求婚者那裡。但就在阿爾戈再次見到尤里西斯的那一刻，死亡降臨在牠身上，在分離的第二十年。

這隻好狗知道這乞丐是尤里西斯；雖然潘妮洛普看到他的時候認不出來。尤里西斯站在深愛他的獵犬屍體的上方，眼淚奪眶而出。歐墨魯斯走進屋裡，但尤里西斯坐在大廳門口的木頭門檻上，這是乞丐慣坐的地方。特勒馬庫斯坐在房間中央火堆兩側柱子下的高椅上，看到了他，吩咐歐墨魯斯拿一條麵包和一塊豬肉給乞丐。乞丐把食物放進兩腳之間的提袋裡，吃了起來。他想測試一下那些求婚者裡面有沒有一個謙恭有禮的人，於是走進大廳開始在他們當中乞討。有人給他麵包和骨頭，但安提諾烏斯抓起一個腳凳，狠狠的砸在他的肩膀上。「願死亡在安提諾烏斯結婚前降臨！」尤里西斯說，連其他求婚者都斥責他毆打乞丐。

潘妮洛普聽說這件事，要歐墨魯斯帶乞丐過來；她認為他可能有她丈夫的消息。但是尤里西斯請歐墨魯斯向她通報，說他在大廳被打過一次，要等日落後那些求婚者離開房子才來找她。歐墨魯斯跟特勒馬庫斯說他隔天會再來，趕豬來給那些求婚者吃，說完之後便回自己的農舍。

尤里西斯是伊薩卡的新乞丐：很快就發現有個對手，是個熟門熟路的老乞丐，名叫伊拉斯（Iras）。這人來到宮殿，看到新來的人坐在門口，相當生氣。他說；「起來，我應該要抓著你的腳，把你拖走。在我們吵起來以前快滾開！」尤里西斯說：「我們兩個都有足夠的空間，不要激怒我。」伊拉斯向他發起挑戰，想用打鬥一決勝負；那些求婚者認為這是一個很好的競賽，便圍出場地，並承諾獲勝者成為乞丐之主，獨享那個崗位。尤里西斯要求那些求婚者讓他公平競爭，不要干涉；他剝下肩上的衣物，把身上的破布往上一提，露出強健的手臂和雙腿。伊拉斯開始發抖，但安提諾烏斯逼他戰鬥，於是雙方舉起雙手。伊拉斯打了尤里西斯的肩膀，尤里西斯用右拳擊中伊拉斯的耳朵下方，伊拉斯倒下了，嘴裡湧出鮮血，腳跟敲打著地面。尤里西斯把他從門口拖開，讓他靠在中庭的牆壁上。那些求婚者哈哈大笑。尤里西斯嚴肅的對安菲諾摩斯說話，告訴他回家才是明智的，因為等尤里西斯回來，就不會那麼容易逃過他的雙手了。

日落後，潘妮洛普的侍女侮辱尤里西斯，尤里西斯怒言相向，於是她們跑回各自的房間。但歐律馬科斯朝他丟一個腳凳，他閃了開來，腳凳撞到斟酒人，把他撞倒在地，大廳裡一片混亂。求婚者厭倦了嘈雜和混亂，各自回去他們在城裡的房子睡覺。只

剩特勒馬庫斯和尤里西斯的時候，兩人把掛在大廳牆上的盾牌、頭盔和長矛，藏進屋裡的軍械庫。完成後，特勒馬庫斯去中庭自己的房間睡覺，尤里西斯則等著潘妮洛普走進大廳。

　　尤里西斯坐在幽暗的大廳裡，火盆提供光源的木柴即將燒盡，尤里西斯等著見妻子一面，為了她，他拋下美麗的卡呂普索。潘妮洛普的侍女成群走來，嘻笑著收拾剩菜和杯子，把柴火添進火盆。她們都是輕浮的女孩，愛上俊美的求婚者，其中一個叫墨蘭托（Melantho）的女孩叫尤里西斯走開，去鐵匠鋪睡覺，不然要用火炬打他。潘妮洛普聽到自己撫養長大的墨蘭托說的話，責備了她，並吩咐為尤里西斯搬來椅子。他坐定之後，她詢問他的來歷，他稱讚她的美貌，因為她還很白皙，但避答她的提問。她堅持要他說明自己的來歷，他說他是克里特島的王子，是伊多墨紐斯的弟弟，說他沒有去特洛伊打仗，他留在了克里特島，碰巧遇到尤里西斯。尤里西斯前往特洛伊時曾經路過，他招待尤里西斯兩週。潘妮洛普聽到陌生人見過她的丈夫時哭了起來，由於來到伊薩卡的陌生人經常向她講述虛假的故事，於是她問起尤里西斯當時的穿著，以及他身邊都是些什麼樣的人。

　　乞丐說尤里西斯穿著紫色的雙層斗篷，別著黃金胸針，胸針用兩只安全別針（當時會用這樣的東西）固定；胸針的正面是一隻獵犬，前掌壓住掙扎中的小鹿（在希臘的墳墓中發現很多這樣的胸針）。尤里西斯在這件斗篷下面，穿著一件閃亮的罩衫，像洋蔥皮一樣光滑。也許是絲綢做的：婦女們讚不絕口。和他在一起的侍從叫歐律巴特斯，是個棕色皮膚、肩膀渾圓的男人。

　　聽到這一切，潘妮洛普又哭了起來，說那個胸針和衣物是她

親手交給尤里西斯的。她現在知道這個乞丐真的見過尤里西斯。乞丐繼續說下去，告訴她在他流浪的時候，他聽說尤里西斯還活著，雖然失去了所有的同伴，而且聽說尤里西斯前往希臘西邊的多多納（Dodona）*，向宙斯的橡樹求取建言，就是那棵會低語的橡樹，詢問應該如何返鄉，公開的或祕密的。乞丐說，尤里西斯今年一定會回來。

潘妮洛普依然無法相信這樣的好消息，但她要老奶媽尤麗克萊亞用溫水清洗乞丐的雙腳，於是送來了洗腳盆。尤里西斯把臉從火光上移開，因為奶媽說他長得很像她的主人。清洗他的雙腿時，她注意到野豬留下的長長傷疤，那是很久以前，未婚的尤里西斯跟表兄弟們一起打獵時受的傷。奶媽現在認出他了，低聲對他說話，叫著他的名字。但尤里西斯用手掐住她的喉嚨，問她為什麼要害他送命；如果那些求婚者知道他是誰，會殺了他。尤麗克萊亞稱他為自己的孩子，保證會保持沉默，然後去端更多的熱水，因為她發現那道傷疤時手一鬆，讓他的腳掉進水盆踢翻了它。

洗完之後，潘妮洛普告訴乞丐她不能再拒絕嫁給其中一個求婚者。尤里西斯當初在房子裡留下一把大弓，過去由歐律托斯國王所擁有，很少有人能拉彎那把弓，還留下十二把鐵斧，每把斧刃上都有一個圓形的開口。這種形狀的斧頭曾經在海倫居住的拉刻代蒙發現過，所以我們知道尤里西斯的斧頭是什麼樣子的。他以前在家裡的時候，常常將這十二把斧頭排成直線，朝斧刃上的十二個孔射一支箭穿過。因此潘妮洛普打算在第二天把弓和斧頭

* 編按：多多納是最古老的希臘神諭處，也是僅次於德爾菲的第二大神諭處。

帶來給求婚者，並嫁給他們中任何一個能拉弓、射箭穿過十二把斧頭的人。

乞丐說：「我想尤里西斯會在任何一個求婚者折彎他的弓之前回到這裡。」潘妮洛普去了她樓上的房間，尤里西斯睡在房子外面的走廊堆起的羊皮上。

尤里西斯躺在那裡，心裡想著該如何除掉那些求婚者。女神雅典娜前來安慰他，到了早上，他起身向宙斯祈禱，祈求神恩的徵兆。先是傳來一陣雷鳴，而後是一位孱弱老婦的聲音，她正在替那些求婚者磨穀粉做麵包。磨坊的其他女工都幹完活睡著了，但她年老體衰，用來碾磨穀物的磨盤對她來說實在太重了，她祈禱著說：「天父宙斯，眾神與眾民之王，祢發出的雷鳴多麼響亮。我真不幸，請回應我的禱告。但願今天是求婚者在尤里西斯大廳裡宴飲的最後一日。為他們磨大麥的殘酷勞役，讓我的膝蓋受損，但願這是他們的最後一餐！」聽到這番禱詞，尤里西斯很高興，因為他認為這是幸運的兆頭。不久，僕人們開始工作了，歐墨魯斯趕著豬過來，他對這乞丐有多禮貌，趕山羊來的梅朗修斯就對這乞丐有多無禮。叫做費洛休斯（Philoetius）的牧牛人也到了；他痛恨那些求婚者，對乞丐說話的態度很友善。最後出現的是那些求婚者，他們開始進屋吃吃喝喝，特勒馬庫斯讓乞丐坐在大廳的一個座位上，吩咐僕人提供他跟其他人相同份量的食物。有個求婚者克特西波斯（Ctesippus）說：「這個乞丐得到了他應得的一份，這樣是對的，但我會多送他一份禮物！」他拿起一隻牛腳，猛力丟向尤里西斯，尤里西斯只是躲開，牛腳砸中了牆壁。

特勒馬庫斯斥責他。那些求婚者開始狂笑和哭泣，他們不知

道自己為什麼會這樣，但是能預見未來的特克呂墨諾知道他們命數已盡，注定要死，因為這樣的人會無緣無故的興奮起來。特克呂墨諾喊道：「你們到底是怎麼了？我看到裹屍布覆蓋著你們的膝蓋和臉龐，你們的臉頰上掛著淚水，牆壁和撐起屋頂的柱子都在滴血，你們的魂魄在迴廊和中庭裡，你們的陰魂正趕往地獄，太陽變暗了。」

那些求婚者聞言都笑了，勸他到外面去，他會看到明媚的陽光。能預見未來的男人說：「我的眼睛和耳朵都很正常，但我會到屋外去，不再與你們為伍，因為死亡將降臨到你們每一個人。」說完他起身去了特勒馬庫斯朋友皮瑞斯的家。求婚者笑得更響亮，氣數已盡的人都會這樣；他們告訴特勒馬庫斯，他的客人都不走運：一個是乞丐，另一個是瘋子。但特勒馬庫斯只是一直看著他的父親，而求婚者繼續煮著自己無法活著享用的飯菜。

潘妮洛普捧著歐律托斯的那把大弓和裝滿箭的箭袋，穿過人群走出來，她的侍女們緊跟在後，提著裝有十二把鐵斧的箱子。她在那些求婚者之間，莊重而輕蔑的站起來，告訴他們，既然她非嫁不可，她會選擇能拉動這把弓，用箭射穿那些斧刃的人。特勒馬庫斯說他要率先嘗試，如果成功了，他將不允許任何求婚者帶他的母親離開她自己的房子。他試圖拉弓三次，到了第四次他原本可以拉開，但尤里西斯對他做了個手勢，他就把弓放下。他說：「我力氣不夠，讓更強壯的人來完成挑戰吧。」於是他們每人都輪流嘗試，先從坐在調酒大碗旁邊的那個人開始，接著輪番起身。

首先嘗試的是他們的先知，占卜師勒伊俄得斯（Leiodes the

Seer），他坐在碗旁邊，但他白晰的雙手太虛弱了，他預言說那把弓將致他們所有人於死地。安提諾烏斯要牧羊人生火，用油脂烘熱那把弓，讓弓更容易彎曲。他們加熱那把弓並塗上油脂，一個接一個嘗試彎曲它。歐墨魯斯和牧牛人往外走到中庭，尤里西斯跟在他們後面。他問：「如果尤里西斯回家，你們兩個會站在哪一邊？你們會為他，還是為那些求婚者而戰？」他們同聲喊道：「為尤里西斯！但願他真的會回來！」尤里西斯說：「他已經回來了，我就是他！」他向他們承諾，如果他贏了就賜給他們土地。他給他們看大腿上的傷疤，那是很久以前野豬用牠的白牙留下的傷疤。兩人親吻了他，流下喜悅的淚水。尤里西斯說他會先回大廳，要他們隨後再跟過去。他會要求被允許嘗試彎弓，而不管那些求婚者怎麼說，歐墨魯斯必須把弓放到他的手中，之後將婦女鎖在她們專用的大房間裡。費洛休斯負責鎖上中庭通往道路的門。尤里西斯回到他在大廳裡靠近門的座位上，他的僕人尾隨在後。

歐律馬科斯企圖彎弓未果，安提諾烏斯提議將試驗推遲到第二天，向阿波羅神獻祭後重新再試一次。他們開始喝酒，但尤里西斯請求他們允許他試試看。他們說，酒使他狂妄無禮，並威脅用船把他送去見食人怪物艾奇塔斯（Echetus）國王，他會被切成碎片。但潘妮洛普說必須讓乞丐試試他的力量；並非他成功了就要嫁給他，她只會給他新衣服、一把劍、一根長矛，他想去哪裡就送他去。特勒馬庫斯喊說，這把弓是他自己的，如果他想送給乞丐當禮物也不成問題，他要母親跟侍女一起繼續織布。聽到兒子說話就像一家之主，她相當驚訝，帶著侍女上樓回自己的房間。

歐墨魯斯捧著弓要給尤里西斯時，那些求婚者大聲喧嘩，他擔心自己的生命安全而放下弓。特勒馬庫斯威脅說，如果他不遵照主人的吩咐就要懲罰他，於是他把弓交給了尤里西斯，再去叫尤麗克萊亞把女僕們鎖在她們專用的大房間裡。費洛休斯悄悄溜進中庭，用一根結實的繩子把大門綁好，再回來看尤里西斯。尤里西斯左右轉動那把弓，檢查獸角是否仍然完好無損，因為當時已用獸角來製弓。那些求婚者正在嘲笑他，但他突然拉彎大弓，三兩下就裝上弦，輕鬆的有如豎琴手在他的豎琴上繫新弦。他試試弓弦，它發出的聲音如同燕子的啼鳴。他先拿起桌上的一支箭（其他的箭在他旁邊的箭袋裡），搭在弦上，從自己的座位射穿了所有十二個斧刃。他說：「你的客人沒有給你丟臉，特勒馬庫斯，但肯定是吃飯的時候到了。」然後點點頭。特勒馬庫斯拔出劍，左手拿起長矛，站在尤里西斯旁邊。

尤里西斯任由身上破爛的衣服掉下來,他一躍就到了高高的門檻上,門在他身後,他把箭袋裡的箭倒在腳邊。他說:「好了,我要打下一個還沒有人打過的靶子!」他把箭瞄準用金杯喝酒的安提諾烏斯。箭射穿了安提諾烏斯的喉嚨;他倒了下來,杯子摔在地上發出響聲,其他求婚者跳了起來,環顧四周尋找牆上的盾牌和長矛,但牆壁上空無一物。

　　「你必死,禿鷹會吞噬你的屍體。」他們大喊,以為乞丐只是不小心讓箭飛了出去。

　　他回答:「狗東西!你們說我永遠不該從特洛伊回來;你們浪費我的財產,侮辱我的妻子,不畏懼神祇,現在你們的死期到了!戰鬥或逃跑都隨意,但有些人絕對逃不了!」

　　歐律馬科斯對其他人喊道:「拔出你們的劍!舉起桌子當盾牌抵禦這個人的箭。攻擊他,把他趕出門口。」他拔出自己的劍,吶喊一聲撲向尤里西斯,但快箭射穿他的胸膛,他倒地身亡。安菲諾摩斯衝向尤里西斯,特勒馬庫斯從背後用長矛刺穿他的肩膀。他拔不出長矛,於是跑到他父親那裡說:「讓我去內室把盾牌、長矛和頭盔帶過來,給我們也給養豬人和牧牛人。」「去吧!」尤里西斯說,特勒馬庫斯跑過窄道,沿著長廊到密室去,拿來四

面盾牌、四頂頭盔和八支長矛。他們幾個人武裝起來，尤里西斯不斷的射殺求婚者。當他的箭都用完後，他在三人的保護下武裝自己。牧羊人梅朗修斯也知道怎麼到軍械庫，他爬了上去，給求婚者帶來十二個頭盔、長矛和盾牌。

尤里西斯以為其中一個女人正把武器從樓上扔進大廳，但養豬人和牧牛人穿過通道前往軍械庫，就像特勒馬庫斯先前的走法，他們在那裡逮住梅朗修斯，用繩子把他捆起來，再把繩子拋到橡梁上，他被拖上去吊在那裡搖搖晃晃。之後他們跑回尤里西斯身邊，四個人堅守門口，不讓剩下的求婚者逃脫。但雅典娜以

曼托爾的形象出現在尤里西斯面前，給了他勇氣。他確實需要，因為那些求婚者拿著長矛射過來，一次六支。那些長矛全沒射中，但這四人的長矛卻連連殺死敵人。那些求婚者再次擲矛，造成兩三處輕傷，但這四人的矛長著死亡的翅膀，他們持長矛和劍衝進人群中，求婚者士氣消沉四處竄逃，哭喊著求饒，每一次擊殺必有人倒下。尤里西斯殺死先知勒伊俄得斯，但放過了吟遊詩人菲彌俄斯（Phemius），因為他沒有做錯任何事情。而奴隸梅登原本躺在牛皮底下，現在爬出來，請求特勒馬庫斯憐憫。尤里西斯要他和吟遊詩人到中庭去，他們坐在那裡瑟瑟發抖。死去的求婚者一堆堆倒在地上，就像魚群被網住後拉到海岸上的魚堆。

尤里西斯要特勒馬庫斯去帶尤麗克萊亞過來，她走過來看到求婚者都死了，高興的尖叫起來。但尤里西斯說：「對死者吹噓是褻瀆的。」他要特勒馬庫斯和僕人把屍體抬進中庭，要婦人們清洗大廳、座椅、桌子、柱子。等一切都清理乾淨後，他們帶走梅朗修斯並殺了他，然後才清洗自己。忠於潘妮洛普的侍女們從她們的房裡出來，手持火炬，因為現在是晚上了，她們流著歡欣的淚水親吻尤里西斯。這些婦女都不年輕了，因為尤里西斯記得她們所有人。

與此同時老尤麗克萊亞跑去告訴潘妮洛普這個好消息：她跑上樓梯趕往潘妮洛普的房間，路上幾次被絆倒又站了起來，笑得非常開心。她走進去叫醒潘妮洛普，說：「來看看你一直心心念念的人：尤里西斯在他自己的房子裡，所有的求婚者都死在劍下了。」潘妮洛普說：「怎麼用這麼荒唐的故事吵醒我。自從尤里西斯去了不幸的伊里奧斯（特洛伊的別名）──這個名字永遠都

不該提起——我從來沒有睡得這麼香。要是其他的女孩用這麼愚蠢的故事吵醒我，我可會發脾氣的；但你老了，回婦女的工作間吧。」這位善良的奶媽回答說：「這是真的，我跟你說的不是愚蠢的故事。他確實在大廳裡；他就是那個被所有人毆打和侮辱的可憐客人，但是特勒馬庫斯認得自己的父親。」

潘妮洛普開心的跳起來，親吻奶媽，但她還是不確定自己丈夫真的回來了，她擔心這可能是某位神祇偽裝成人類，或者某個惡人假扮成尤里西斯。她說：「尤里西斯肯定已經死在遠方了。」儘管尤麗克萊亞發誓親眼看到了久遠以前野豬留下的傷疤，她還是不相信。她說：「不管怎樣，我們還是去看看我的兒子，看看那些死去的求婚者，還有那個殺了他們的人。」於是兩人走下樓梯，沿著一樓通向中庭的走廊，走進大廳的門，跨過高高的石砌門檻，尤里西斯射死安提諾烏斯時所站的地方。潘妮洛普走到地爐邊，坐在尤里西斯對面，尤里西斯靠在支撐屋頂的四根高柱中的一根。她坐在那裡凝視著他，他還穿著破爛的衣服，尚未洗淨戰鬥時染上的鮮血。她認不出他，也保持著沉默，即使特勒馬庫斯說她疑神疑鬼、冷酷無情。

她說：「我的孩子，我很困惑，幾乎說不出話來，但如果這個人是尤里西斯，那麼他會知道只有他和我知道的事情。」接著尤里西斯要特勒馬庫斯去洗浴，換上乾淨衣服，要侍女們找來吟遊詩人演奏音樂，讓大家在大廳裡跳舞。那些求婚者在城裡的朋友和親戚還不知道他們已經死了，只要聽見音樂，就不會猜到發生了什麼奇怪的事。這件事必須保密，如果那些死者的親屬知道真相，會尋求報復，並可能燒毀房子。事實上，尤里西斯仍身處

險境，因為法律規定，被殺者的兄弟和堂兄弟必須殺死兇手，而死者眾多，牽涉到諸多氏族。

侍女尤莉諾茉（Eurynome）親自為尤里西斯洗浴，並為他抹油，換上新衣，於是他恢復了原本的樣子，充滿力與美。他在火爐邊自己的高椅上坐下，說道：「女士，您是世上最美麗也最殘忍的王后。沒有哪個女人會硬著心不認自己的丈夫，在他歷經千辛萬苦，多年後才回到家。奶媽，」他向尤麗克萊亞喊道，「替我鋪一張床讓我一個人躺著，她真是鐵石心腸。」

現在，潘妮洛普給他一個試煉。她說：「尤麗克萊亞，在他為自己建造的新房外鋪張床，把床架從那個房間裡搬出來給他用。」

尤里西斯說：「怎麼可能有人搬得了那張床架？那難道不是我親手做的嗎？床柱是一棵挺直的樹，除非先砍掉樹幹，否則沒有人能移動那張床。」

潘妮洛普終於奔向尤里西斯，手臂摟住他的脖子，親吻他，說：「別生氣，我一直擔心某個狡詐的陌生人冒充我的丈夫來騙我。但現在你告訴我那張床的祕密，除了你和我，還有我結婚時從家裡帶來看守房門的侍女，沒有凡人看過或知道這件事。」他們擁抱在一起，她白晰的手臂摟住他的脖子似乎永遠不會鬆開。

尤里西斯告訴她很多事情，包括他漂泊期間的故事，以及他如何必須再次流浪，但這次是在陸地上而非海上，直到他抵達一個不曾見過鹽的國家。「眾神最終會保護你，帶你回家好好休息。」潘妮洛普說，然後兩人走往自己的房間，尤莉諾茉舉著點燃的火炬走在前方。眾神已經把他們帶到了兩人得以安身的避風港。

✦ 終局 ✦

　　隨著金色黎明降臨，尤里西斯醒來了，他還有很多事情要做。他、特勒馬庫斯、牧牛人和歐墨魯斯，穿上全副盔甲，拿起劍和長矛，走到尤里西斯的父親老拉厄耳特斯與僕人一起生活、在菜園工作的農場。尤里西斯要其他人先進農舍，吩咐老管家準備早飯。他獨自到葡萄園去，確信他的父親正在大夥中間幹活。

　　老人家就在那裡，穿著粗糙的工作服，戴著皮手套，穿著補丁的皮綁腿，用力掘著地。他的僕人去收集鬆脫的石塊來建造粗糙的石堤，所以他獨自一人。他一直沒有抬頭，直到尤里西斯走到他面前；尤里西斯問他是誰的奴隸，菜園的主人又是誰。尤里西斯說自己對伊薩卡不熟，但曾經見過島上的國王，國王宣稱有個叫拉厄耳特斯的人是他的父親。

　　拉厄耳特斯看到有個身穿鎧甲的戰士來到他的菜園，非常驚訝，他說他確實是尤里西斯的父親，許久沒有兒子的音訊。他問：「你是誰？你的國家在哪裡？」尤里西斯說他來自西西里島，五年前見過尤里西斯，希望此時他已經回家了。

　　老年人坐下來哭泣，把塵土撒在頭上，因為五年前尤里西斯並未從西西里返鄉，肯定已經死了。尤里西斯不忍見到父親哭泣，告訴他自己就是尤里西斯，終於回家了，而且把求婚者都殺

了。

　　但拉厄耳特斯要求他證明他真的是尤里西斯，於是他露出腿上的傷疤，環顧菜園，說：「來，我帶你去看我小時候你送我的那些樹，那時我老是追著你跑，討東討西，小孩都這樣。這十三棵梨樹是我的，是當初你送我的，還有這五十排葡萄藤，四十棵無花果樹。」

　　拉厄耳特斯高興的快暈過去，尤里西斯及時摟住他並安慰他。但等他清醒過來，他嘆口氣說：「我們該如何應對伊薩卡和其他島嶼上所有死者親屬的仇恨呢？」尤里西斯說：「鼓起勇氣，父親。現在我們去農舍和特勒馬庫斯一起吃早飯吧。」

　　於是拉厄耳特斯先去洗浴，換上乾淨的衣服，尤里西斯看到父親如此挺拔健壯，感到驚奇。老人說：「我會像多年前攻下納里卡斯（Nericus）城堡時那麼健壯嗎。你與求婚者那一戰，但願我當時在場！」老人的僕人都走了進來，他們為尤里西斯返鄉而欣喜若狂，一起愉快的共進早飯。

　　這時全城人都知道求婚者都被殺了，他們悲痛的湧進尤里西斯的房子，把死者聚集起來安葬，然後在市場集會。安提諾烏斯的父親歐珀特斯（Eupeithes）說，如果他們不趁尤里西斯逃到皮洛斯城聶斯托的家之前就殺死他，他們都會顏面盡失。一位老先知告訴他們，這些年輕人活該，但是沒有用。大多數人跑回家穿上盔甲，歐珀特斯率領他們走到拉厄耳特斯的農場，身上的鎧甲閃閃發亮。但是天上的眾神掛念尤里西斯，派雅典娜來為他和他的臣民講和。

　　祂來的時間恰到好處，那些復仇者朝農舍越逼越近，那裡只

有十二個人駐守：尤里西斯、拉厄耳特斯、特勒馬庫斯、養豬人、牧牛人和拉厄耳特斯的僕人。他們全都武裝起來，並沒有選擇保衛農舍，而是勇敢出去迎戰。他們互相鼓勵，拉厄耳特斯向雅典娜祈禱，然後把長矛擲向歐珀特斯。長矛乾淨俐落的穿過頭盔和頭部，歐珀特斯砰的一聲倒下，盔甲撞得鏗鏘作響。但此時雅典娜出現了，喊道：「住手，伊薩卡人，別再流更多的血，和平就能實現。」尤里西斯的仇敵聽見女神可怕的聲音，轉身就逃。尤里西斯發出戰吼，衝進他們之間，突然一道閃電落在他的腳邊，雅典娜命令他停手，已免觸怒雷電之主宙斯。他欣然服從，雙方透過誓言與獻祭講和，伊薩卡和眾島復歸和平。

　　拉厄耳特斯之子尤里西斯的故事到此結束，因為我們對他後來的冒險經歷一無所知，當時他出發去尋找某個地方，那裡的人從未聽說過大海、也不曾吃過用鹽調味的肉。

金羊毛

The Fleece
of Gold

✦ 1 ✦
✦雲的孩子✦

　　那時特洛伊城依然屹立不搖，在普瑞阿姆國王出生之前，有個叫阿塔瑪斯（Athamas）的國王，統治著希臘海邊的國家。阿塔瑪斯是個年輕人，未婚；因為對他來說，當時的公主中沒有一個漂亮到足以成為他的妻子。有一天，他離開宮殿，順著一條溪流爬上一座山。他來到一個地方，那裡有一塊巨大的黑色岩石矗立在溪流的一側，突出在溪水之上。岩石四周的水流又深又黑。不過，在淙淙流水聲中，國王認為自己聽到了女孩的歡聲笑語。他悄悄的爬上岩石背面，從邊緣往下看，看到了三個美麗的少女在池中沐浴，互相潑水嬉戲。她們的黃色長髮像斗篷一樣蓋住身體，漂浮在她們背後的水面上。其中一個比其他人更美，國王對她一見傾心，對自己說：「這就是我的妻子。」

　　他這麼想的時候，手臂碰到一塊石頭，石頭從他趴著的岩石處滑落，越跳越快，最後撲通一聲掉進下面的水池裡。三個少女聽到聲音，相當害怕，認為附近有人。她們衝出水池來到長滿草的岸邊，那裡放著她們的衣服，那些衣服雅致柔軟，有白色有灰色和玫瑰色，全都綴著閃耀的珍珠，還有露珠似的鑽石。

　　不一會兒她們穿好衣服，就像有翅膀似的，逐漸從地上升起，輕輕的飄浮在蜿蜒的小溪上，越飄越遠。在滿山椈樹的綠色

樹梢間，國王可以看見白色的長袍閃閃發光，消失後再度閃耀，她們像霧一樣飄到很遠的地方，一直上升到天際。最後他只能用視線追隨她們，她們就像雲朵一樣，飄浮在蔚藍天空的其他雲朵之間。他一整天都注視著她們，日落時分，他看到她們往下沉，金色、玫瑰色和紫色，隨著夕陽落入黑暗。

國王回到他的宮殿，鬱鬱寡歡，沒有什麼能讓他高興起來。他終日在群山間遊蕩，尋找那些美麗的女孩，卻一無所獲，夜裡總是夢見她們；他變得日漸消瘦，面色蒼白，似乎不久於世。

當時，生病的人會去神廟朝聖，在神廟裡獻祭，希望神可以出現在他們的夢裡，或者至少給他們一個真實的夢，告訴他們如何才能康復。於是國王駕著戰車長途跋涉，來到這座神廟所在的城鎮。他到達的時候發現那是個奇特的地方：祭司們披著狗皮，臉上畫著狗頭的圖案，活生生的狗在神龕周圍跑來跑去，因為牠們是神祇亞希彼斯（Asclepius）最喜愛的獸類。那裡有一幅祂的圖像，一隻狗伏在祂的腳邊，祂手裡握著一條大蛇，用碗裡的東西餵牠。

國王在神祇前獻祭，夜幕降臨，他被帶進神廟，地上鋪著許多床鋪，不少人躺在上面，窮人富人皆有，都希望神可以在夢中出現，告訴他們如何治癒。國王跟其他人一樣躺在那裡，久久無法合眼。最後他睡著了，做了一個夢。但他在夢裡看到的不是神廟的神；而是一位美麗的女士，乘著鴿子拉的戰車飄浮在他的上方，四周是嘰嘰喳喳的麻雀，他認出祂是愛神阿芙蘿黛蒂。祂比全世界的任何女人都要美麗，祂看著國王微笑著說：「噢，阿塔瑪斯國王，你得了相思病了！現在你必須這麼做：回家去，在

新月的第一個晚上，到山上你見到三位少女的地方。黎明時分，她們將再次來到溪邊，在池裡沐浴。到時你悄悄走出樹林，偷走你愛的那位的衣服，她不能跟其他人一起飛走，就會成為你的妻子。」

祂再次微笑，鴿子帶著祂離去，國王醒了，想起那個夢，在心裡感謝那位女士，因為他知道祂是女神，愛的女王。

他駕車回家，按照女神的吩咐去做。新月的第一夜，像細細的金絲在天空閃耀，他離開宮殿，走上山丘，躲在池邊的樹林裡。

當黎明開始散放銀光時，他聽見說話的聲音，看見那三個女孩飄過樹林降落在溪岸上，脫下衣服，跑進水裡。她們在那裡洗澡，互相潑水，嘻笑玩耍。他悄悄走到長滿草的河岸，拿走了三個當中最美那個的衣服；她們聽到他的動靜，從水裡衝出來拿衣服。其中兩人立刻穿好飄上了溪谷，但第三個蹲在她有如厚斗篷般的黃色長髮下哭泣。她祈求國王把她那件柔軟的灰色和玫瑰色衣服還給她，但他不願意，說除非她答應當他的妻子。他告訴她，自己愛上她多時，女神如何教他成為她的丈夫，最後她答應了，拉著他的手，穿著她閃亮的長袍和他一起下山回到宮殿。她的雙腳幾乎沒有碰到地面，他感覺自己好像踩著空氣行走。她告訴他，她叫涅斐勒（Nephele），在他們的語言中意思是「雲」，她是帶來雨水的雲精靈之一，住在山丘頂端、高地湖泊、泉水和天空中。

兩人結婚，過得很幸福，生了兩個孩子，男孩叫弗里克索斯（Phrixus）、女孩叫赫勒（Helle）。兩個孩子有一隻美麗的寵物，一身金毛的公羊，是年輕的神祇荷米斯送給他們的。這位美麗的神祇鞋子上長著翅膀，這雙鞋就是「飛速之鞋」，後來祂把這雙鞋借給帕修斯（Perseus）；帕修斯殺死蛇髮女妖，拿走她的頭。兩個孩子和公羊一起玩，騎在牠的背上，跟牠一起在鮮花盛開的草地上打滾。

兩個孩子本來都非常的快樂，要不是因為某件事。天空中有雲的時候和下雨的時候，他們的母親涅斐勒總是陪在他們身邊，但是夏天炎熱無雲時，她會離開，不知去向。漫長乾燥的日子讓她變得蒼白削瘦，最後她會完全消失，在天空因雨水而變得柔和灰暗之前，她不會回來。

阿塔瑪斯對此感到厭倦，因為他妻子往往離開許久。除此之外，有個非常漂亮的女孩名叫伊諾（Ino），皮膚黝黑，搭著腓尼基商船來到此地，她的朋友從希臘啟程離去時，她留在這個國王的城市裡。國王認識了她，因為兩個孩子的母親跟她的雲姊妹消失時，她經常來宮殿陪孩子們玩。

這個伊諾是個巫婆，有一天她在國王的酒裡下藥，國王喝了之後完全忘掉妻子涅斐勒，並且愛上伊諾。最後娶了她，生下兩個孩子，一男一女。伊諾戴上王冠成為王后，下令不准涅斐勒進入王宮。因此弗里克索斯和赫勒再也沒有見過母親，他們穿著破爛的舊鹿皮，吃不飽飯，被迫在屋裡做粗重的工作，而伊諾自己的兩個孩子頭戴金冠，穿著華美的衣服，擁有最好的一切。

有一天，弗里克索斯和赫勒在田野上牧羊（他們現在被當成農家的孩子，必須幹活餬口），他們遇到一個滿臉皺紋、衣衫襤褸的老婦人，他們同情她，帶她回家。伊諾想給自己的孩子找個奶媽，見了她，就讓她留下來。老婦人照顧孩子，住在屋子裡，對弗里克索斯和赫勒也很好。但他們誰都不知道她就是他們的母親涅斐勒，為了跟孩子在一起，她偽裝成老婦人和僕人。

弗里克索斯和赫勒漸漸變得強壯高大，比伊諾的孩子更漂亮，所以伊諾恨極了，決定殺死他們。晚上孩子都睡在同一個房間裡，但伊諾的孩子頭戴金冠，床上有漂亮的被子。有一天晚上，弗里克索斯半睡半醒，聽到老奶媽在黑暗中走了進來，在他和他姊妹的頭上各放了東西，更換他們的被子。他昏昏欲睡，以為自己在做夢，躺著就睡著了。夜深人靜的時候，邪惡的繼母伊諾拿著匕首悄悄走進房間，走到弗里克索斯的床前，摸了摸他的頭

髮和被子。然後輕輕的走到赫勒的床邊，摸了摸她的被子和頭上戴著金冠的頭髮。她推想這些是她自己的孩子，於是在黑暗中親吻他們，接著走到另外兩個孩子的床邊。她先摸摸他們的頭，確定沒戴王冠，便殺了他們，以為他們是弗里克索斯和赫勒，然後悄悄下樓回到床上。

早上，繼母伊諾死去的孩子冰冷的躺在床上，沒有人知道是誰殺了他們。只有邪惡的王后知道，但她當然不會承認，如果她之前痛恨弗里克索斯和赫勒，現在她比之前更痛恨一百倍。而那個老奶媽離開了，沒有人再看到她，除了王后之外，所有人都認為殺了那兩個孩子的是她。國王四處找她，想活活燒死她，但始終找不著，因為她已經回到了雲姊妹的身邊。

而這些雲也不見了！從冬天到收穫季節的六個月裡，一直沒有下雨。整個國家像是燒焦了，樹木又黑又乾，溪床枯乾無水，穀物在結穗前就變黃死去。人們挨餓，牛羊無草可吃漸漸死去。每天，熾熱通紅的太陽升起，燃燒著越過無雲的天際。

邪惡的繼母伊諾看到了機會。國王派使者前往庇索（德爾菲）請問女先知，應該做些什麼才能帶回雲朵和雨水。伊諾在使者啟程前把他們叫來，給他們金子，並威脅殺了他們，如果他們沒有從女先知那裡把她想要的訊息帶回來。這個訊息是：必須燒死弗里克索斯和赫勒，作為獻給眾神的祭品。

使者去了，然後穿著喪服回來。他們被帶到國王面前時，起初什麼話都不肯說。國王命令他們說，於是他們告訴他，說的不是女先知真正的訊息，而是伊諾吩咐他們說的話：必須以弗里克索斯和赫勒作為獻祭，才能安撫眾神。

國王聽到這個消息非常悲傷，但他不能違抗眾神。可憐的弗里克索斯和赫勒被套上了花環，就像羊被牽到祭壇前一樣，他們被帶往祭壇，所有人哭泣著跟在後面，他們走向神廟，那頭金羊走在兩人之間。他們看到了大海，大海在神廟所在的懸崖下方，陽光照得大海閃閃發光，快樂的白色海鳥在上面飛翔。

公羊停下腳步，突然對弗里克索斯說話，因為神祇賦予牠說話的能力，牠說：「抓住我的角，騎到我的背上，讓赫勒爬上來坐在你的背後，我會帶你們遠走高飛。」

弗里克索斯抓住公羊的角，赫勒坐在他的身後抓住金羊毛，公羊突然騰空而起，從人們的頭頂飛過，飛到遠遠的海面上。

牠往東飛了好遠，他們看見下方遠處有大海、島嶼、白色的塔樓和神廟、田野和船隻。牠一直朝東飛，朝著太陽升起的方向飛，後來赫勒頭暈腦脹，疲憊不堪，最後她沉沉睡去，鬆開了緊抓金羊毛的手，從公羊的背上跌落。她不停的往下墜，最後掉進歐洲和亞洲之間的狹窄海域，淹死在那裡。直到今天，那道海峽仍被稱為赫勒淺灘（Helle's Ford），或赫勒斯滂。

但弗里克索斯跟公羊順著狹窄的海面繼續飛，飛過了希臘人稱為幽克森（Euxine）而我們稱之為「黑海」的那片大海，最後抵達一個叫做科爾喀斯（Colchis）的國家。公羊在那裡著陸，筋疲力盡而死。

弗里克索斯剝下牠美麗的金羊毛，掛在幽暗樹林中的一棵橡樹上。那裡有一頭可怕的龍守護，沒人敢靠近。弗里克索斯娶了國王的女兒，活到高壽之後過世，國家由一位叫埃帖斯的國王所統治，他是女巫瑟西的兄弟。他擁有的所有東西中，最珍貴是金

羊毛，眾所皆知：沒有人可以拿走金羊毛，沒有人可以欺騙看守它的龍。

✦2✦
⇢尋找羊毛⇠

　　金公羊死於科爾喀斯幾年後，大海遙遠的另一端有位名叫佩里阿斯（Pelias）的國王，統治希臘的愛奧卡斯城（Iolcos）。他並非合法繼位的國王，因為他篡奪了同父異母的兄弟埃宋（Aeson）國王的王位。埃宋有個兒子名叫傑森，埃宋把兒子送到遠離佩里阿斯的山上。山裡有個大洞穴，洞穴住著智者喀戎（Chiron the Wise），故事說他是半人馬，擁有人的頭和胸膛，但有馬的身體和腿。不論什麼事情，他比全希臘的任何人都更了解。他瞭解星辰，熟知大地上的植物哪些可以入藥、哪些有毒性。他是最好的弓箭手，也是最好的豎琴手；他會唱歌和講古時候的故事，因為他是碩果僅存的半人馬族，他們從古代就住在那些山上。因此希臘的國王們派他們的兒子到他那裡學習射箭、唱歌、講真話，這就是他們當時接受的教育，另外還學習打獵、捕魚、戰鬥、投擲長矛、拋擲錘與石。傑森、喀戎以及其他男孩都住在洞穴裡，許多男孩後來都很有名。

　　奧菲斯（Orpheus）豎琴彈奏得如此悅耳，以至於野獸都跟著這位吟遊詩人，甚至樹木也隨之起舞，並在他停止演奏的地方平靜下來。摩普索斯（Mopsus）能聽懂小鳥之間的對話；波特斯（Butes）是最俊美的男人；提費斯（Tiphys）是最好的舵手；卡斯

托跟他兄弟波路克斯擅長拳擊。全世界最強壯的男人海克力斯當時也在那裡；林叩斯（Lynceus），別稱是銳眼（Keen-Eye），因為他能看得很遠，甚至能看到埋在地底下墳墓裡的死人。尤弗摩斯（Euphemus）動作如此迅速，腳步如此輕盈，可以在灰色海面上奔跑，而不會弄濕自己的腳；北風的兩個兒子卡拉伊斯（Calais）和仄特斯（Zetes），腳上長著金色的翅膀。還有佩琉斯，他後來娶了海沫女神銀足的緹蒂絲，是阿基里斯的父親。那裡還有其他許多人，他們的名字一一提起故事就太長了。他們都是一起在山林間長大的好朋友，健康、勇敢、強壯，最後返回各自的家鄉；但傑森無家可歸，因為他的叔叔佩里阿斯奪走他的家，讓他父親成了流浪者。

最後他厭倦孤獨，於是向他的老師道別，穿過群山前往他父親的老家愛奧卡斯城，也是他邪惡的叔叔佩里阿斯統治的地方。他走著，來到一條氾濫的大河旁，河水通紅，巨大的圓石跟著流水滾滾而過。有位老婦人坐在岸上。

傑森說：「您過不了河嗎？老嬤嬤？」她說她不能，得等洪水退去，因為沒有橋。

傑森說：「如果您願意，我揹您過河吧。」

她向他道謝，說他人真好，因為她希望趕到小屋去，她的小孫子病倒了躺在那裡。

他跪下來讓她爬到背上，以自己的長矛當做拐杖，走進了河裡。河水比他想像得還要深，水流也更強，但最後他搖搖晃晃的走到了對岸，那邊比他進河的地方低了許多。他把老婦人放下來。

她說：「祝福你，我的孩子，成為一個強壯勇敢的人！我的

祝福會伴著你到世界的盡頭。」

他看了看，老婦人已不知去向，因為祂是最偉大的女神，宙斯的妻子赫拉，祂變成一個老婦人來試探傑森是否善良強壯，還是粗魯無禮。從這天開始，祂的恩典與他同在，在他面臨各種危難時幫助他。

傑森一瘸一拐的往下走進城裡，因為他在洪水中丟了一隻鞋。他到達城裡時，直接前往宮殿，穿過中庭走進敞開的門，邁入大廳，國王正和他的部下們坐在桌邊。傑森站在那裡，倚著長矛。

國王看到他的時候，嚇得臉色發白。因為庇索（德爾菲）的女先知告訴過他，有一天會有個只有一隻鞋的人來奪走他的王國。而眼前就是預言中提到的那個半鞋的人。

但佩里阿斯還記得要以禮相待，吩咐部下領陌生人到洗浴間，在那裡有僕從幫他洗浴，往他身上沖熱水。又用油抹他的頭，給他換上新衣服，再帶他回到大廳，讓他坐在國王的旁邊，給他食物和酒。

他吃完以後，恢復了精神。國王說道：「該要問問這位陌生人是誰，他的父母是誰，他從哪裡來到愛奧卡斯？」

傑森回答：「我是傑森，合法國王埃森的兒子，我要來拿回我的王國。」

國王的臉色再次變白，但他很狡猾，他跳起來擁抱了這個小伙子，對他噓寒問暖，並在他的頭髮上紮一個金環。他說他老了，已經厭倦評判別人。他說：「真是教人疲憊的工作，任何國王都沒有喜悅可言。因為這國家被詛咒了，除非金羊毛從世界盡頭的

土地上被帶回來，否則無法解除詛咒。弗里克索斯的鬼魂每晚站在我的床邊哭泣，要等到金羊毛再次被帶回家，才能得到安慰。

傑森一聽完便喊道：「我會解除詛咒，以赫拉女士眉梢的光彩為證，在我登上我父親的寶座之前，我會將金羊毛從世界盡頭的土地上帶回來。」

這正是國王所希望的，因為他認為一旦傑森去找羊毛，肯定再也不會回到愛奧卡斯城了。於是他說那是不可能完成的任務，因為那塊土地遠在大海的另一端，遠到飛鳥無法在一年內往返，大海又如此遼闊凶險。還有，看守金羊毛的龍，沒人在面對牠之後還能活下來。

但與龍戰鬥的想法對傑森來說是一種誘惑，他以冥河斯堤克斯（Styx）的河水立下一個眾神都不敢違背的誓言，他一定會把金羊毛帶回愛奧卡斯城。他派出使者到希臘各地，去找所有和他一起在半人馬洞穴裡生活的伙伴，請他們來幫助他，因為要殺掉一條龍，到時會有一場苦戰。他們全都駕著戰車翻山越嶺而來：大力士海克力斯，帶著他無人能彎的弓；奧菲斯帶著他的豎琴，卡斯托和波路克斯、金翅膀的仄特斯和卡拉伊斯，舵手提費斯，還有年輕的海拉斯（Hylas）還是個男孩，和女孩一樣美麗，他總是與海克力斯同行。

除了這些人還來了其他更多人，他們要造船工開始工作，砍伐橡樹做橫梁、梣木做船槳，製長矛，做箭羽，磨刀劍。但在船首處，他們放了一根來自多多納宙斯樹林的橡樹樹枝，那裡的樹木會說話，而那根樹枝會說話並預言即將發生的事情。他們稱這艘船為阿果號。船下水後，他們在船上放麵包、肉、酒，把盾牌

掛在舷牆外。然後向朋友道別，上了船，坐在船槳旁，揚帆啟航，往東駛向世界盡頭的科爾喀斯。

他們整天划槳，晚上則按照當時的習俗把船停上海灘，因為他們不在晚上航行，他們上岸吃晚飯、睡覺，隔天繼續回海上航行。半人馬老咯戎從高山上看到這艘快船，便跑到海灘；他站在那裡，灰色海浪拍打著他的腳，他揮動強健的雙手，祝願他的孩子們平安歸來。他的妻子站在一旁，懷裡抱著船上其中一人的小兒子，阿基里斯，長矛手佩琉斯和海沫女神緹蒂絲的兒子。

他們一直向東划行，不久就來到一座奇特的島嶼，那裡住著六隻手的人，是一群任性妄為的巨人。這些巨人在船停泊的河口上方的懸崖埋伏等待，在黎明前他們朝這些船員滾下巨石。但海克力斯拉開大弓，為了這把弓他曾經殺掉俄卡利亞（Oechalia）的國王歐律托斯。只要有巨人從懸崖上露出手或肩膀，他就用箭射死他，直到所有的巨人無一倖存。之後他們繼續往東航行，經過諸多島嶼和人類的城鎮，最後抵達密西亞（Mysia）和亞細亞海岸。他們在這裡登陸，碰上厄運。他們割著蘆葦和草，在沙灘上鋪床，年輕的海拉斯，美麗的海拉斯，提著罐子去汲水。他來到一處美麗的泉水，一個深邃、清澈、碧綠的池子，裡頭住著人稱涅瑞伊得斯（Nereids）的水精靈。有尤妮斯（Eunis），還有美眸如四月的涅奇亞（Nycheia），當她們看見美麗的海拉斯，就渴望他永遠和她們在一起，住在水下的水晶洞穴裡，因為她們不曾見過如此美麗的人。他拿著水罐彎下腰，把它浸入水流時，她們的手臂輕輕拉住他，把他拉到下面，再也沒有人見過他，但他其實就待在水精靈身邊。

但是大力士海克力斯愛他如弟弟，他在各地尋覓一面喊著：「海拉斯！海拉斯！」男孩回答的聲音從溪流下面模糊的傳出來，海克力斯根本沒有聽見。於是他獨自在森林裡遊蕩，其他船員都以為他不見了。

北風的兒子們很生氣，要大家別管海克力斯，他們就啟航了，把大力士拋在後頭。很久以後，他們贏得羊毛後，海克力斯遇到了北風之子，便用箭射死他們。他埋葬他們，在兩個墳墓上都放一塊大石頭，其中一塊石頭會在北風吹起時微微搖晃。他們躺在那裡，金色的翅膀靜止不動。

西風吹拂，他們繼續前進，來到一個國家，國王孔武有力，自認是在世最好的拳擊手，他來到船邊向船員挑戰，拳擊手波路克斯接受挑戰。其他人以及那國家的人民圍出競技場，波路克斯和身形巨大的阿密科斯（Amycus）走了進去，舉起雙手。起初他們謹慎的繞著對方走，尋找機會，當太陽照耀在巨人的臉上時，波路克斯跳起來，用左手擊中他兩眼之間，巨人雖然強壯無比，但還是踉蹌了一下摔倒了。他的朋友扶他起來，用水擦他的臉，阿果號的全體船員都歡呼起來。很快他再次站起來，衝向波路克斯，使勁出了一拳，力氣如此之大，要是打中，波路克斯必死無疑。但波路克斯只是稍微把頭一偏就閃開了，巨人腳一滑，波路克斯先是朝他的嘴出一拳，另一拳對著他的耳朵下方，在巨人恢復過來以前就先拉開距離。

他們站在那裡，氣喘吁吁，怒瞪著對方，最後巨人再次衝過去，但波路克斯避開他，飛快的朝他眼睛打好幾下，現在巨人幾乎瞎了。波路克斯右手往他的太陽穴一擊，結束這場戰鬥。巨人

倒下了，躺在那裡彷彿死了。等他恢復意識，已經不敢再戰，因為他的膝蓋發抖，眼睛幾乎看不見。波路克斯要他發誓，只要他活著再也不挑戰陌生人，然後阿果號的船員們給波路克斯戴上用白楊葉編成的頭冠。他們吃了晚飯，奧菲斯唱歌給他們聽，一覺之後，隔天來到一個最不幸的國王所統治的國家。

他叫菲紐斯（Phineus），是一位先知，傑森跟他的同伴見到他時，他看起來更像乞丐的幽靈而不是加冕的國王。因為他眼盲年老，倚著木杖，摸著牆面，像夢一樣遊蕩。他的四肢都在顫抖，只剩皮包骨，看起來極其骯髒令人作嘔。最後他走到了傑森住的房子門口，坐下來，身上的紫色斗篷垂落四周，他舉起瘦削的雙手歡迎傑森，因為身為先知，他知道自己即將脫離不幸。

他之所以活在這種痛苦中，或者確切的說，在這些痛苦中苟且偷生，是因為他冒犯眾神，告訴人們未來將發生的事情，而這些事情超出了眾神希望人們知道的。於是眾神弄瞎他，派可怕的鷹身女妖（Harpies）來攻擊他，這些女妖長著翅膀和彎曲的爪子，她們在他吃飯時撲到他身上，他把食物放進嘴裡之前就被搶走了。有時候她們帶走所有的食物；有時候留下一點，讓他不會餓死——他死了反而能夠得到安寧——卻會活得非常痛苦。然而女妖留下來的東西都腐敗了，充滿邪惡的味道，連饑腸轆轆的人都無法入口。因此這位國王是所有活著的人中最悲慘的一個。

他歡迎這些英雄，尤其是北風之子卡拉伊斯和仄特斯，因為他知道他們能夠幫他。他們走進他破破爛爛、赤裸裸的大廳，在桌邊坐下，僕人們端來食物和酒，擺在他們面前，這是鷹身女妖最近也是最後一頓飯。轉眼，鷹身女妖像閃電或疾風撲向食物，

黃銅翅膀和鐵爪鏗鏘作響，散發著戰場上死人的氣味；她們俯衝下來帶著食物尖叫著飛走。但是北風的兩個兒子拔出短劍，展開金色的翅膀騰空而起，在鷹身女妖的後面窮追不捨，一路越過許多海洋和土地，最後來到一個遙遠的島嶼，在那裡他們用劍殺死那些鷹身女妖。那個島被稱為「再次轉向」，因為北風之子在那裡轉身，當他們回到菲紐斯的大廳和同伴的身邊時，已經是深夜了。

菲紐斯告訴傑森和他的同伴，如何順利前往科爾喀斯和世界的盡頭，以及金羊毛所在的那個樹林。他說：「首先，你們要乘船到遊蕩的礁石那裡，因為那些礁石就像活物一樣在海裡遊蕩，從來沒有船能在它們之間航行。那些礁石會像大嘴那樣張開，讓船隻通過，等船在嘴唇內，礁石就會猛力合起來，用鐵顎壓碎船隻。用這種方式，連有翅膀的東西也永遠過不去；即使是為奧林帕斯之主宙斯獻上珍饈的鴿子，礁石也曾抓住過其中一隻。所以當你們接近礁石的時候，比須從船上放出一隻鴿子，讓牠先替你們探路。如果牠在礁石之間，安全的從這邊的海飛到另一邊的海，那麼在礁石再次打開以前，趕快用盡全力把船划過去。但如果礁石閉合要咬住鴿子，就要返回，不要冒險。如果你們安全度過，就繼續駛向法希斯（Phasis）河的河口，你們會在那裡看到國王埃帖斯（Æêtes）的塔樓、金羊毛所在的樹林。然後盡你們所能。」

他們向他道謝，隔天早上啟航，他們來到遊蕩的礁石在水中打滾的地方，礁石攪出許多泡沫；當礁石散開，海水迅速奔流，海浪在礁石下方怒吼，濕漉漉的懸崖轟隆作響。尤弗摩斯把手裡

的鴿子放走，牠直接飛向礁石交匯處的隘口，飛快的穿過，礁石像咬牙切齒般的咬下去，但只咬掉了牠尾巴上的一根羽毛。

之後那些礁石又慢慢張開，就像野獸張開嘴巴，舵手提費斯大喊：「繼續划，用力划！」他讓船直直駛向隘口。船槳在他們的手裡像弓一樣彎曲，船在大家用力划時跳躍了起來。他們划了三下，每划一次船就跳一次，現在他們就在礁石烏黑的下顎裡，水在他們的周圍翻騰，黑得可以看到頭頂上的星星，但槳手們看不到身後的日光，而舵手看不到前方的日光。接著一股大浪沖入礁石之間，好似奔騰的河流把船抬了起來，就像被手舉起來似的，這艘船像鳥一樣穿過了海峽，礁石猛力碰撞，只夾碎船尾的木雕。船打轉著進入遠處翻湧的大海，傑森和他的同伴們都低頭拚命划槳，精疲力竭。

他們揚起所有的帆，船歡快的全速往前駛去，經過內海的海岸，經過海灣和城鎮，經過河口，繞過青色的山丘，那是很久以前陣亡者的墳塚。看哪，在一座土丘的頂端站著一個高大的男子，身穿鏽跡斑斑的盔甲，手裡握著一把斷劍，戴著頂飾染血的頭盔。他揮手三次，放聲呼喊三次，然後消失不見，因為這是阿克泰翁（Actaeon）之子斯特涅洛斯（Sthenelus）的鬼魂，很久以前他被箭射死了，現在他從墳墓裡出來，要世上的人看看他的血，並向傑森和他的同伴致意。於是他們在那裡下錨，殺羊獻祭，把血和酒倒在斯特涅洛斯的墓塚上。奧菲斯在那裡留下一把豎琴，放在樹枝上，好讓風在和弦中歌唱，為地底下的斯特涅洛斯彈奏音樂。

他們繼續往前航行，傍晚，他們望見高加索山（Mount

Caucasus）白雪皚皚的山頂，被夕陽染紅。看到高空中有個黑點，越變越大，撲騰著黑色的翅膀，然後像石頭一樣垂直落下。他們聽到山谷裡傳來一聲可怕的叫喊，來自被綁在岩石上的普羅米修斯（Prometheus），老鷹在他身上啄食，因為他從眾神處盜火送給人類。所有的英雄聽到他的叫喊，都不寒而慄；可是不久之後，海克力斯將到那裡去，用弓射死老鷹，放普羅米修斯自由。

到了黃昏，他們進入法希斯河寬闊的河口，這條河流經世界盡頭的土地，他們看到國王埃帖斯的宮殿燈火通明。他們此刻來到旅程的最後階段，他們在那裡入睡，夢見了金羊毛。

◆ 贏得金羊毛 ◆

　　隔天早上，英雄們醒來，把船留在河口，藏在高高的蘆葦間，他們放下桅杆，以免被人看見。他們走向科爾喀斯城，穿過一片詭異恐怖的樹林。幾個死人被繩索綁在一起，懸吊在樹枝上，因為科爾喀斯人埋葬女人，但把死去的男人掛在樹枝上。一行人來到宮殿，裡面住著埃帖斯國王、他年輕的兒子阿普緒托斯（Absyrtus）、他的女兒卡爾喀俄佩（Chalciope）——她曾是弗里克索斯的妻子、他的小女兒美狄亞——是個女巫，恐怖女神布里摩（Brimo）的女祭司。這時卡爾喀俄佩走出來歡迎傑森，因為她知道這些英雄來自她親愛丈夫的故鄉。年輕美麗的美狄亞，黑暗的女巫，一見到傑森，對他的愛頓時超過了對自己的父親、兄弟還有父親的全家。他英氣煥發，盔甲金光閃閃，黃色的長髮披在肩膀上和鎧甲外面的豹皮上。美狄亞臉色轉白再轉紅，然後垂下目光。卡爾喀俄佩領著英雄們到洗浴間，給他們食物，之後他們被帶到埃帖斯那裡；他詢問他們的來意，他們說想要金羊毛，他勃然大怒，說他只願意把金羊毛交給比他更卓越的人。如果有人想證明自己值得得到它，必須馴服兩頭從鼻孔噴出火焰的公牛，而且要用這些公牛犁好四英畝的地，接著在這片地上用一隻龍的牙齒播種，這些龍牙一播下，會馬上變成全副武裝的人。傑森說既

然如此他願意嘗試，但他難過的回到船上，沒注意到他走的時候美狄亞多麼友善的看著他。

夜深人靜的時候，美狄亞輾轉難眠，她為這個陌生人感到難過，她知道自己可以用魔法幫助他。但她想起如果幫助傑森，她的父親會如何把她當作女巫燒死，況且她偏袒陌生人而不是自己的家人，也會蒙受恥辱。她在黑暗中起來，悄悄走向姊姊的房間，白色身影就像在宮殿裡遊蕩的鬼魂。在姊姊門前，她羞愧的轉過身，說：「不，我永遠不能這麼做。」她回到自己房間，又走了過來，不知如何是好；但最後她回到自己的房裡，倒在床上哭了起來。她的姊姊聽見她的哭聲便來找她，她們一起哭，但聲音很小，以免被人聽見。卡爾喀俄佩愛著死去的丈夫弗里克索斯而急於幫助希臘人，就像美狄亞愛著傑森。

最後美狄亞保證把一種可以馴服公牛的藥，帶到她擔任女祭司的女神廟，公牛住在神廟那片田野上。可是她依然哭著，希望自己死了，她想要自我了斷；同時她又一直渴望黎明到來，如果她見不到傑森，她可以去找他，把藥給他，再看一次他的臉。於是，天一亮她紮好頭髮，洗了臉，拿了從花中榨出的藥。老鷹將普羅米修斯的鮮血灑在大地上時，那朵花初次綻放。如果有人用這種花的汁液塗抹自己，那天就不會被劍所傷，火也無法燒灼他。她把裝在小瓶子裡藥塞進腰帶，和其他女孩，她的朋友們一起去女神的神廟。卡爾喀俄佩事先要傑森到那裡與她會合，他帶著懂鳥語的摩普索斯一同前來。摩普索斯聽到白楊樹上的烏鴉跟同伴說：「來了一個愚蠢的先知，比鵝還蠢。他帶一個年輕人要去見一位少女，卻不知道有他在場，少女根本不會說出心裡的

話。走開，笨蛋先知，她關心的不是你。」

摩普索斯笑了，停在原地；但傑森繼續往前走，美狄亞假裝和她的同伴玩耍。她看到傑森的時候，覺得自己進退不得，臉色蒼白。傑森要她別害怕，請求她助他一臂之力，但久久她都答不出話來。然而，她最後終於把藥給了他，並教他如何使用。「你將帶著羊毛去遙遠的愛奧卡斯城，但你離開此處前往哪裡我並不在意，請記住我的名字，美狄亞，就像我會記住你一樣。每當你完全忘了我時，願有某種聲音或是小鳥來找我。」

傑森回答：「女士，讓風照自己的意思將聲音吹來，小鳥想捎來什麼訊息也隨牠。如果你願意伴著我飄洋過海成為我的妻，任何風和小鳥都不會帶來我遺忘你的消息，」

她很歡喜，但是一想到要跟陌生人踏上幽暗的旅程，遠離父親的家跟她自己的家，又感到害怕。傑森回到船上，美狄亞回去宮殿。到了早上，傑森用那個藥抹在身體和盔甲上，所有的英雄都用長矛和劍攻擊他，但劍完全傷不了他或盔甲。他感覺強大且輕盈，高興的往空中躍起，陽光照在他閃耀的盾牌上。他們一起到噴火公牛所在的田野。埃帖斯跟美狄亞和所有的科爾喀斯人都來觀看傑森之死。要讓他套住公牛的犁具準備好了。他走到公牛跟前，牠們朝他噴火，火焰在他周圍燃燒，但魔藥保護了他。他右手抓著一頭公牛的角，左手抓著另一頭公牛的角，用力把牠們的頭相互撞擊，牠們都摔倒了。

牠們站起來時渾身發抖，他把犁具套到牠們身上，用長矛驅趕牠們，直到整片田野都被犁成筆直的田壟和犁溝。然後他摘下頭盔盛河水來喝，因為他累了；接下來他左右輪流播下龍牙。

矛尖、劍尖和頭盔頂飾從土壤探出來，就像穀物從土壤中冒芽，不久大地像海浪般湧動，武裝的人跳出犁溝就要戰鬥，他們氣勢洶洶，衝上前去要殺傑森。他按照美狄亞的囑咐，抓起一塊大石頭丟在他們中間，被石頭擊中的人對旁邊的人說，「你打我，看招！」然後用長矛刺穿那個人的胸膛，但還來不及把長矛拔出來，另一個人擊破他的頭盔，就這樣繼續下去：整整一個小時的攻擊和吶喊，同時頭盔、胸甲和盾牌冒出火花。犁溝裡都是鮮血，傷者在地上爬行，攻擊或刺殺那些還站著戰鬥的人。斧頭、劍、長矛一閃即落，最後只剩下一位最高大強壯的人。他環顧四周，只見傑森站在那裡，便蹣跚朝傑森走去，流著血，將大斧舉過頭頂。傑森只是退到一邊，避開足以劈裂他腰部的一擊，這是龍牙戰士的最後一擊，因為在劈砍之後倒地死了。

傑森走到國王面前，國王臉色陰沉的注視他。傑森說：「噢，國王，田地已經犁好了，種子也播下了，莊稼也收割好了。現在給我金羊毛，讓我離開。」但國王說：「今天夠了。明天又是新的一天，明天你就能贏得羊毛。」

國王側頭看了一眼美狄亞。她知道父親在懷疑她，她害怕了。

埃帖斯走去坐在他人民的首領之間，喝酒沉思著。他的心情苦澀，因為他將失去羊毛，也因為傑森不是靠自己的實力而是靠美狄亞的魔法。至於美狄亞，國王打算殘忍的處死她，她不需要透過巫術就能知道，她的眼中燃燒著火焰，耳邊回響著可怕的聲音，看來她只有兩個選擇：喝下毒藥自盡，或是跟阿果號的英雄們一起逃走。最終，逃離似乎勝過死亡。她把巫術的用具藏在長袍的衣褶裡，親吻了她再也不會入睡的床鋪和門柱，用手撫摸著

牆壁，作為最後的告別。她剪下一綹長長的黃頭髮，留在房間裡，作為她親愛的母親的紀念品，紀念她的少女時代。她說：「再見了，我的母親，這長髮留給你，作為我的替代。再見了，漫長的告別，對於即將遠行的我；再見了，我的姊姊卡爾喀俄佩，再見了！親愛的房子，再見了！」

美狄亞悄悄走出屋子，在她喃喃的快速咒語下，插上螺栓的門自動打開了。她赤腳沿著草地的小徑奔跑，在美狄亞潔白的腳底下，雛菊顯得很黑。她飛奔到女神的神廟，頂頭的月亮俯視著她。過去有很多次她用魔法歌曲遮蔽月亮的臉，現在月亮夫人白了她一眼，說：「那麼，我不是唯一一個為愛在夜裡徘徊的人，因為我愛沉睡的艾迪米安（Endymion the sleeper），他在拉特摩斯（Latmian）的山頂上沉睡，在他的夢中看著我。有很多次你用歌聲遮蔽了我的臉，用你的巫術使黑夜更黑，現在你也墜入愛河了！所以走你的路吧，讓你的心多加忍耐，因為你的面前有悲慘的命運！」

美狄亞繼續趕路，直到來到高高的河岸，看到英雄們在熊熊的火光中快樂的飲酒。她大聲呼喚三次，他們聽見了，來到她的身邊。她說：「救救我吧，我的朋友們，因為事已盡人皆知，我必死無疑。我願以生命為代價，將金羊毛交給你們。」

傑森發誓要娶她為妻，對他來說，她比全世界都更珍貴。她登上他們的船，他們迅速逆流而上，來到黑暗的樹林，那隻從不睡覺的龍在那裡守衛著金羊毛。她、傑森、帶著豎琴的奧菲斯在那裡登陸，他們穿過樹林，但那隻老龍看到他們來了，發出震耳的嘶嘶聲，科爾喀斯城裡的婦女都驚醒了，孩子們哭喊著要找母

親。奧菲斯輕輕的撥動琴弦，唱了一首獻給睡神的讚歌，要睡神過來，讓龍清醒的雙眼沉睡。這是他唱的歌：

睡眠之神！眾神與凡人之王！
再次來聽我的召喚，
迅速的越過田野與沼地，
　　　高山與深谷：
來吧，讓海浪靜止；
睡眠之神，凡是高地和山上的溪流，
野獸、飛鳥和蛇，祢都能征服，
　　　睡眠之神！
展開祢金色的翅膀來吧，
在燕子歌唱以前到來，
催眠所有的生靈，
　　　不管牠們飛翔還是爬行！
帶著祢沉重的魔杖過來，
帶著祢仁慈的手過來，
撫慰海上或陸地上
　　　哭泣的凡人。
從多雲的西方過來，
輕輕掠過頭腦和胸脯，
讓巨龍歇息，
　　　來到我這裡，睡眠之神！

　　這就是奧菲斯的歌曲，他唱得的如此悅耳，龍閉上了晶亮
的小眼睛，緊緊蜷著的身體都癱軟鬆開了。傑森一腳踩在龍的頸
子上，砍下牠的頭顱，從神聖的橡樹上取下金羊毛，它像黎明時
的金色雲朵閃閃發亮。他並未駐足對著它驚嘆，而是和美狄亞、
奧菲斯匆匆穿過潮濕的林間小徑來到船邊，把羊毛扔到船上，用
斗篷蓋住，要半數的英雄們坐下划槳，其他人拿起盾牌站在槳手
邊，保護他們免受科爾喀斯人的箭。他用劍砍斷船尾的纜繩，他
們在河岸下方輕輕的划槳，順著漆黑的河水前往大海。但龍的嘶
聲已經驚醒科爾喀斯人，火光從宮殿的窗戶掠過，埃帖斯駕著戰

車率領他的部下來到河岸。他們的箭像冰雹一樣落在那艘船上，但被英雄的盾牌彈了回來；那艘迅捷的船飛快越過沙洲，在鹹鹹的大海第一波浪潮湧來時，船躍了上去。

羊毛現在到手了，但帶回希臘是件累人的工作，而美狄亞和傑森還做了一件激怒眾神的事情：他們殺了她的兄弟阿普緒托斯——他率領一批艦隊在後面追趕——並砍斷他的四肢。當埃帖斯帶領船隊來到此處，看到那些死去的肢體，便停下腳步回家了，因為他的心都碎了。眾神不願讓這些希臘人循著來時的航線返回，而是讓他們行駛其他船隻從未航行過的奇特路線。他們沿著伊斯特河（Ister，現今的多瑙河）划槳，穿過野蠻人的國度，最後阿果號因為河道狹窄無法再前進。他們只好拖著船越過陸地，不知自己身在何處，最後在易北河下水，進入了從未見過船帆的水域。他們被迫往外漂流到大海，到達一座遙遠的精靈島，那裡是瑟西夫人居住的地方。瑟西是埃帖斯國王的姊妹，都是太陽神的孩子。美狄亞希望瑟西善待她，因為瑟西不可能聽到阿普緒托斯被殺的事。美狄亞和傑森穿過島嶼的樹林，來到瑟西的房子，他們並不懼怕守護那棟房子的獅子、狼、熊。這些動物知道美狄亞是女巫，為了討好她和傑森，放他們通行。進到屋裡，他們發現瑟西身穿深色喪服，黑色的長髮都濕透了，水滴到腳上，因為她看見恐怖和罪惡的景像，因此在海裡的鹽水中淨化自己。夜裡，她房間的牆壁閃耀得好似著了火，彷彿滴著鮮血，哀嚎的聲音穿牆而出，死去的阿普緒托斯的靈魂在她耳邊哭泣。

美狄亞和傑森走進大廳時，瑟西請他們坐下，召來宮廷侍女——樹林精靈和水精靈，桌面鋪上金布，擺上食物和酒。但傑

森和美狄亞向地爐跑去，那是犯下謀殺的人逃到陌生人家裡的聖地，在地爐那裡很安全。他們把地爐裡的灰燼撒在頭上，瑟西知道是他們殺了阿普緒托斯。然而她是美狄亞的近親，也尊重地爐的法則。因此，她按照習俗舉行淨化儀式，用血潔淨血，她在火中燒了一塊蜂蜜蛋糕、穀粉和油，以安撫復仇三女神（the Furies），祂們總是透過親族之手為親族之死復仇。

一切都完成後，跪著的傑森和美狄亞站起來，在大廳的椅子上坐下。美狄亞向瑟西講述了所有的事情，除了殺害阿普緒托斯的那個部分。瑟西說：「你所做的，比你告訴我的更多也更糟，但你是我兄弟的女兒。」

然後她告訴他們回希臘途中的所有危險，必須如何避開海妖賽壬、斯庫拉和卡律布狄斯，而她還派出一位信使彩虹女神伊麗絲，要緹蒂絲幫助他們度過危險的海域，把他們安全帶到菲耶夏，菲耶夏人會送他們回家。

「但你們永遠不會快樂，一生中也不會遇到一個好年。」瑟西說完向他們道別。

他們踏上的路程是尤里西斯後來也走過的；他們歷經重重險阻，最後回到愛奧卡斯城時佩里阿斯已經年老，就讓傑森繼位。

但傑森和美狄亞不再相愛，有許多不同的故事講述他們犯下的惡行，可以確定的是他們分開了，傑森娶了另一個妻子，美狄亞去了雅典。她住在愛琴斯（Aegeus）的宮殿哩，愛琴斯是個不幸的國王，對自己的真愛不忠，因此眾神奪走他的勇氣與力量。美狄亞在雅典的經歷會在下一個故事講述，即愛琴斯之子，翟修斯的傳說。

翟修斯

THESEUS

1

✦ 埃特拉的婚禮 ✦

　　遠在尤里西斯出生之前，雅典有位年輕的國王名叫愛琴斯，他強壯、勇敢、俊美。後來變得偉大和著名的雅典，當時只是個小鎮，位於從平原升起的懸崖頂端，距離大海兩三英里。選擇這個地點肯定是為了抵禦海盜，從前海盜經常在海上四處出沒，掠奪商船、搶劫城市、帶走男人、女人和小孩，當作奴隸出售。雅典人當時沒有艦隊鎮壓海盜，所擁有的土地還不夠在英格蘭建造大莊園，因為其他自由小城占據了雅典周遭的土地。

　　愛琴斯國王很年輕，想娶妻，確實也有人為他找到了對象。但如果可以的話，他想確定未來有兒子繼承他，沒有孩子的國王會遭遇許多不幸。可是他要怎麼知道自己有沒有孩子呢？那時，在皈依基督教以前的希臘，到處都有神廟，人們認為在這些神廟能得到問題的答案。這些神廟稱作神諭處（oracles），即提供神諭的地方，其中最著名的是雅典西北方庇索（德爾菲）的阿波羅神廟。它位在一座陡峭的山的深谷中，據說阿波羅神曾用祂的箭射殺一隻可怕的巨龍，然後下令在此處建造一座神廟；在這個神廟裡，一位少女受到神啟後給出預言。前來請示她的人向祭司們獻上最豐厚的禮物，神廟裡滿是金銀製的杯碗，密室內貯藏的財富超過了最富有的國王的寶庫。

愛琴斯決定把問題帶去德爾菲：他會有兒子繼承他嗎？他並未告訴人民他的去向；他將王國留給兄弟帕拉斯（Pallas）統治，在夜間祕密出發，沒帶僕從。他沒穿皇家服飾，駕著戰車，只帶一個小銀杯作為獻祭，因為他不想讓別人知道他是國王。他告訴祭司，他是佛提亞國王佩琉斯的追隨者。少女唱了兩行詩句回答他的問題，因為她總是用詩歌預言。她的回答很難理解，神諭通常如此，少女很少說清楚，而是給出能以多種方式理解的謎語。這樣不管最後結果如何，都無法證明她犯了錯。

　　愛琴斯對他得到的答案感到困惑。他沒有返回雅典，而是去請教特洛曾（Troezen）的王子庇透斯（Pittheus），他是當時公認最為睿智的人。庇透斯不知道愛琴斯是誰，但看出他出身高貴，高大英俊，於是非常親切的接待他，讓他住在家裡，以盛宴、舞蹈和狩獵款待他。庇透斯有個非常可愛的女兒叫埃特拉（Aethra）。她和愛琴斯深深愛上對方，兩人渴望結婚。當時的習俗是新郎要支付新娘的父親一定數量的牲畜，而愛琴斯當然沒有牲畜可給。但是也有另一個習俗，如果情人做出非常勇敢和有用的行動，就會以他的心上人來獎勵他，愛琴斯的機會就在這裡。一支海盜艦隊在特洛曾登陸，攻擊這座城市，愛琴斯英勇的戰鬥，並出色的率領庇透斯的軍隊，不只殺了海盜首領，擊敗他的部下，還占領他的一些船隻，上頭載滿劫掠品、黃金、青銅、鐵和奴隸。有了這筆財富，愛琴斯為埃特拉付了聘禮，兩人結婚。庇透斯認為自己是個幸運的人，因為他沒有兒子，現在有女婿能夠保護他的小王國，並在他死後繼承王位。

　　雖然人們認為庇透斯很有智慧，但在這件事上他卻非常愚

蠢。他一直不知道愛琴斯真正的身分是雅典國王，可憐的埃特拉也不知道。不久，愛琴斯厭倦了美麗的埃特拉，但她一直深愛著他。他急於回到自己的王國，因為聽說他的兄弟帕拉斯和帕拉斯的眾多兒子們治理不善，也擔心帕拉斯將王位據為己有，於是他開始對埃特拉說些神祕的話語，說他不得不踏上危險而漫長的旅程，原因必須保密，而且可能永遠不能活著回來。埃特拉痛哭流涕，有時心想──正如當時人的想法──這位俊美的陌生人或許不是凡人，而是神祇，也許他要回眾神之家奧林帕斯，然後忘記她；因為眾神從不在愛祂們的凡人女性身邊久留。

愛琴斯帶埃特拉到一個樹林裡的幽谷，在一條小山澗旁邊，有個長滿苔蘚的大石頭，是很久以前，一場地震將它從上方的懸崖搖晃下來的。愛琴斯說：「時候到了，我不得不與你分開，只有眾神才知道我們什麼時後再相見。也許你會生一個孩子，如果他是個男孩，等他夠強壯了，你一定要帶他來這裡，除了你們兩個，不要讓其他人來。你必須命令他推開石頭，如果他沒有力量推開，那只能接受。如果他能推開，那麼就讓他拿走他在那裡發現的東西，讓他好好思考，而後按照眾神放在他心裡的旨意行事。」

愛琴斯說了這些話。這天之後又過了三個晚上，黎明時，埃特拉醒來發現愛琴斯已經不在身邊。她站起來跑過屋子，叫喚他的名字，但是沒有回應，從那時起，特落曾的人再也沒見過愛琴斯。他們浮想聯翩，認為他的來歷無人知曉且又如此勇敢俊美，必定是不朽的神祇之一。他們說：「除了神，誰會無緣無故離開新娘，美麗、年輕、充滿深情的希臘之花？離開一個並非出生地

的王國？他肯定是銀弓的阿波羅，或是金杖的荷米斯。」

　　他們互相這樣談論著，對埃特拉表示了極大的敬意，但她因為悲傷而憔悴萎靡，就像富人花園裡被霜凍過的一朵高大的百合花。

2

◆ 翟修斯的童年 ◆

時光荏苒，埃特拉生下一個兒子。這是她唯一的安慰，她認為她在兒子身上看到了與他父親相似之處，她並不知道丈夫的真實姓名。他是個非常漂亮的嬰兒，身材勻稱強壯，一會走路就很容易和同齡的孩子吵架，用無害的方式跟他們打架。他從來就不是個隨和的孩子，不過對母親總是很溫柔。從一開始他就天不怕地不怕；到了四五歲時，常常帶著小弓箭出門遊蕩，一個人待在樹林裡，嚇壞了他的母親。不過，他總能找到回去的路，有時帶著他射中的鳥或蛇，有一次拖著一隻幾乎和他一樣重的小鹿的屍體。因此，從小他的母親總是為他擔心，擔心他可能在樹林裡被凶猛的野豬殺死，因為不管他碰上什麼野獸肯定都會用箭攻擊。或是怕他在爭吵時殺死其它男孩，如此一來他就不得不離開這個國家。不過，其他男孩很快就學會不要與翟修斯（埃特拉給兒子取了這名字）爭吵，因為他脾氣暴躁、下手很重；而面對野獸時，他既冷靜又熱切，似乎天生就懂得如何與牠們打交道。

埃特拉以自己的兒子為榮，並開始希望等他長大後能夠滾動山谷裡那塊大石頭。在他小的時候，她沒有提過這件事。但是當她跟兒子在樹林裡或海邊散步時，會請他舉起大石頭試試他的力氣。他成功時，她會親吻並稱讚他，跟他講著名的大力士海克力

斯的故事，海克力斯的名聲傳遍了全希臘。

翟修斯七歲時，埃特拉為他找了一位家庭教師，名叫坎尼達斯（Connidas），教他如何用網子捕捉野獸、狩獵、管理狗群、駕駛戰車、揮劍使盾、投擲長矛。坎尼達斯還教他在希臘很少有人知道的其他事情，因為坎尼達斯來自富饒的克里特島。他在一場爭吵中殺死一個人，然後逃到特洛曾，逃離那個人的兄弟和堂兄弟的復仇。在克里特島，許多人可以讀寫，而當時的希臘也許沒有人會，坎尼達斯將這種知識教給翟修斯。

翟修斯十五歲那年，遵循年輕王子的習俗，前往德爾菲的神廟，不是去提問，而是剪掉長髮獻給阿波羅神。他剪掉前額的頭髮，在戰鬥中敵人就不會抓住它。因為翟修斯打算在戰爭中近距離搏鬥，而不是從遠處射箭和擲矛。到了這時，他認為自己成年了，總是問他的父親在哪裡。埃特拉告訴他，她的丈夫在結婚不久就離開她了，此後不再有他的音訊，但總有一天翟修斯可能會親自查明他父親的一切，這是其他人永遠辦不到的。

埃特拉並不想太快告訴翟修斯那塊大石頭的祕密，而且石頭底下藏了什麼她並不清楚。她明白，等他抬得起那塊石頭，查出祕密，就會離開她去尋找父親，而她無法忍受失去他。隨著日子過去，他越來越像他的父親，她失去的愛人。她希望在他的力氣夠大之前，不要試圖搬那塊石頭。但到他十九歲時，他告訴母親，他現在要走遍整個希臘和全世界尋找他的父親。她看得出來他言出必行，於是有一天她獨自領著他到那塊大石頭所在的山谷，和他在那裡坐下，時而交談時而沉默，彷彿在聆聽小溪從高處墜入清澈深潭的悅耳聲響。事實上她是真的在注意聽，確保附近的

樹林裡沒有獵人和戀人，但她只聽到水流和小鳥的歌聲，沒有人聲，沒有獵犬的吠叫聲，也沒有腳踩在落地樹枝的劈啪聲。

　　最後，當她確定四下無人，她低聲告訴翟修斯，她的丈夫在消失之前曾經帶她來此處指給她看一塊長滿青苔的大石頭，並說，等兒子能搬開那塊石頭，會找到某些信物，然後他必須做眾神放在他心裡的旨意。翟修斯熱切的聽著，說道：「如果我父親抬起那塊石頭，並在底下放了信物，那麼我也抬得起來，也許現在還不能，但總有一天我會跟父親一樣強壯。」他開始移動石頭，漸漸用盡所有的力氣，但石頭彷彿在土裡扎根，雖然他一會兒試這邊，一會兒試那邊，最後他撲倒在母親腳邊，頭埋在草叢裡趴著不說話，呼吸急促沉重，雙手流著血。埃特拉把手放在他的長髮上，沉默無語，想著：「今年我還不會失去兒子。」

　　兩人在那裡待了很久，最後翟修斯站起來，親吻他的母親，張開雙臂。他說：「今天還不到時候！」他母親在心中暗想：「希望還要等更多日子！」他們走回庇透斯的房子，幾乎沒有說話，吃完晚飯後，翟修斯說他要去睡覺，看是否能夢到自己更好運。他站起來走去自己的臥房，他的臥房建在中庭裡。不久埃特拉也睡了，心情很好，因為她認為兒子還有好長一段時間不會離開她。

　　夜裡，翟修斯起來穿上鞋子、罩衫和一件雙層大斗篷。他佩上青銅劍，走進管家的房間，拿裝酒的小皮囊和一些食物，放進背袋裡，用繩子掛在脖子上，他悄悄走出庭院，走到那個幽靜的山谷，來到大石頭附近山澗流入的水池旁。在這裡，他把紫色的細羊毛斗篷圍在身上，躺下來在草地上睡覺，劍放在手邊。

　　當他醒來時，清澈的藍色晨光籠罩著他，所有的小鳥都對著

黎明啼唱。翟修斯站起來拋開斗篷和罩衫，跳進山澗流進的冰冷
水池，而後喝了點酒，吃麵包和冷肉，然後又開始搬動那塊大石
頭。他使盡力氣做第一次嘗試，石頭動了起來。第二次，他感覺
到石頭稍微離地。他投入全身的力量，終於把大石頭完完全全的
滾到一邊。

　　石頭下面什麼都沒有，只有剛被翻動的新鮮泥土，但被翻過
來朝上的石頭底部有個空洞，裡面放著一個紫色羊毛布的包裹。
翟修斯連忙取出來解開它，裡頭還有個白色亞麻布包裹。這個包
裹裹了很多層，他層層打開後，看到一雙鑲有金飾的鞋子，像國

王穿的,還有一把他所見過最漂亮的劍。劍柄是透明的水晶,透過水晶可以看到黃金,上面用不同色調的金銀鑲嵌著獵獅場景。劍鞘由皮革製成,上有金釘裝飾的圖案,劍身的材質是青銅,一道美麗的花紋沿著中心直到劍尖,劍身筆直,雙刃,靈活、鋒利且堅韌。翟修斯從沒見過如此華麗的劍,也從未有劍在他手中如此平衡。

他看出這是一把國王的劍,認為它不是在希臘鑄造的,因為希臘境內沒有劍匠能夠造出這樣的作品。他非常仔細的端詳,發現劍鞘下面刻了字,不是希臘人後來使用的字母,而是坎尼達斯教他閱讀的克里特符號,當初花的時間久到令他厭倦,寧可在森林裡跟蹤鹿隻。

翟修斯仔細讀這些符號,他讀到:

伊克馬力斯(Icmalius)造了我。我屬於雅典的愛琴斯。

現在他知道祕密了。他的父親是雅典國王愛琴斯。翟修斯聽說過他,知道他還活著,過著充滿煩惱的悲傷生活。愛琴斯沒有和他的雅典妻子生過孩子,而他兄弟帕拉斯的五十個兒子(他們被稱為帕蘭提代〔Pallantidae〕)蔑視他,終日在他的大廳裡宴飲作樂,行為跋扈兇殘,掠奪人民,愛琴斯在自己的王國裡毫無權勢可言。

翟修斯對自己說:「我想我父親需要我!」他把劍與鞋用亞麻布和羊毛布裹起來,在清晨步行回去,回到庇透斯的宮殿。

翟修斯回到宮殿時,直接走往母親樓上的房間,她正用象牙

紡紗桿紡著羊毛。他將劍和鞋放在她的面前時，紡紗桿從她手上掉了下來，她將頭埋在長袍的衣褶裡。翟修斯親吻她的雙手並安慰她，她擦乾淚水，稱讚他的力量，說：「這些是你父親的劍和鞋，但眾神剝奪了他的力量和勇氣。因為大家都說雅典的愛琴斯不是自己家裡的主人；他兄弟的兒子控制著他，與他們一起統治的還有女巫美狄亞，她曾是傑森的妻子。」

翟修斯說：「那麼他更需要他的兒子！母親，我必須去幫助他，成為他王國的繼承人，你將永遠和我在一起，統治凱克洛普斯（Cecrops）*的人民，他們用黃金蚱蜢固定頭髮。」

埃特拉說：「如果眾神與你同行並保護你，那就這樣吧，我的孩子。但你要乘坐有五十名槳手的船到雅典去，因為陸路太過遙遠、陡峭，也很危險，到處是殘忍的巨人和可怕的匪徒。」

翟修斯說：「不，母親，我必須走陸路，在我掌握情勢以前，不能讓雅典人知道我的身分。我會除掉這些巨人和盜匪，給人民平安，贏得榮耀。我今晚就出發。」

他痛苦傷心的與母親道別，在夜幕下上路，佩帶他父親愛琴斯的寶劍，背袋裡裝著那雙鑲有金飾的鞋。

---

* 編按：在希臘神話中，凱克洛普斯是創建雅典的半人半蛇的怪物，雅典首任國王。

✦ 3 ✦

✦ 翟修斯的冒險 ✦

　　翟修斯走了一整夜，第二天大半時間都在牧羊人的小屋裡睡覺。牧羊人對他很好，並囑咐他提防一個叫鎚矛手（Maceman）的人，這人守著一條狹窄的小路，上方有陡峭的峭壁，下方是險峻的斷崖。牧羊人說：「凡人都對付不了鎚矛手，因為他的大棒是鐵做的，不會折斷，而且他的力氣相當於十個人的力氣，儘管他的腿無力支撐他的身體。大家都說，他是瘸腿神祇赫費斯托斯的兒子，赫費斯托斯鍛造了這把鐵鎚矛；世界上沒有類似的東西。」

　　翟修斯說：「我該害怕瘸腿的人嗎？即使他是一個可怕的戰士，我在黑暗中經過不是很容易嗎？因為我走夜路。」

　　牧羊人搖搖頭，說：「很少有人能夠走過鎚矛手珀里菲特斯（Periphetes）身邊。避開那條高地的小路，選擇快船走水路的人比較明智。」

　　翟修斯說：「謝謝你的好意，老爹，不過我打算讓高地的小路恢復安全。」

　　於是兩人分別，翟修斯走過日落時分，走過不見日光的薄暮，他沿著一條上升的小路走，他越往前走越難看清楚，因為小路上雜草叢生，陰影越來越深。夜幕降臨，翟修斯幾乎不敢再往

前走，因為他的左手邊是岩壁，右手邊是往海裡陡降的斷崖。但現在他看到眼前有個亮光，閃爍著紅色的光線，似乎是一團大火發出來的，在弄清楚為何有那團大火以前他無法釋懷。於是他繼續往前走，緩慢而謹慎，直到他完全看到全貌；火堆覆蓋了小小的岩石平台。火焰照亮他左手邊的岩壁，另一側則是直墜大海的斷崖。這團火的前方有個巨大的黑色東西。翟修斯不知道那是什麼。他往前走去，最後看出那黑色的大塊頭是一個可怕的男人，背對火光而坐。那人點了點頭，他沉重的腦袋上長著未經修剪的濃密紅髮，翟修斯走近他。

他喊道：「喂，先生，我要走這條路，我非過不可！」

坐著的人睜開眼睛，睡眼惺忪，說：「沒有我的允許不可以通過。這條路是我在看守的，我和我的鐵棒。」

翟修斯說：「起來，走開！」

那個可怕的男人說：「我很難辦到，因為我的腿承受不了我身體的重量，不過我的手臂夠強壯。」

「這點有待證明！」翟修斯說完拔出劍，跳進鐵棒的防禦範圍。那個怪物坐著，輕輕左右揮舞鐵棒就有路徑那麼寬。鎚矛手朝翟修斯揮棒，翟修斯跳往一邊，沒等怪物回神，愛琴斯的劍就刺進怪物的喉嚨，怪物倒地死去。

「他有權得到焚燒的機會，免得他的幽靈在黑帝斯的冥府外面遊蕩。」翟修斯自言自語道，然後將鎚矛手的屍體丟進大火堆裡。他回頭走了一段路後，裹上斗篷，一直睡到太陽高掛天空，此時火堆只剩餘燼。翟修斯動作輕盈的越過灰燼，隨身帶走鎚矛手的鐵棒。這條小路現在往下延伸，一條流經綠色森林的山澗沿

路伴著他，帶他到宜人的農場和房舍。

那些人看到他這個年輕人竟然扛著鎚矛手的鐵棒，都極為驚訝。他們問：「你經過的時候他睡著了嗎？」翟修斯笑著說：「沒有，他是清醒的。但現在他睡得很沉，再也不會醒來。他的屍體已經在他自己的火堆裡焚燒了。」男男女女讚美翟修斯，用樹葉和花朵為他編織頭冠。將羊獻祭給天上的眾神，事後大家分食羊肉，為了現在可以走山路到特落曾而歡欣鼓舞，因為他們並不喜歡船和海。

他們吃飽喝足後，把最後一杯酒倒在地上，向運氣之神荷米斯致敬。這些鄉下人問翟修斯要去哪裡。他說他要走到雅典，大家一聽便面露愁容。他們說：「沒人可以走過那個建造了艾菲拉城（Ephyre）的地峽，因為上方有彎松巨人希尼斯（Sinis the Pine-Bender），他看守那條路。」

翟修斯問：「誰是希尼斯？他為什麼要折彎松樹？」

「他力大無窮，一抓到旅人，就綁住旅人的手腳，放在兩棵松樹之間。接著彎折兩棵松樹直到兩樹相碰，再將旅人綁在每棵樹的樹枝上，讓兩棵樹彈開，如此一來那個人就被扯裂了。」

「這一套我也會。」翟修斯微笑著說，然後向和善的鄉下人道別，把珀里菲特斯的鐵棒扛在肩上，邊唱歌邊趕路。這條路帶他越過荒野，經過農舍，最後朝著山丘的頂端上升。他從那裡原本可以看到兩海相遇的地方，要不是被現在稱為科林斯地峽的狹長土地一分為二的話。這裡的路徑非常狹窄，兩側都是茂密的松樹林。翟修斯自言自語道：「我可能會在這裡碰到彎松巨人。」

不久他就知道自己想的沒錯，因為他看到松樹上掛著死人恐

怖的殘骸，就像結出恐怖的果實，前來獵食死者的禿鷹和渡鴉撲打翅膀，遮蔽了日光，使這裡變得昏暗。翟修斯說：「我在陰暗處打得更好。」他鬆開劍鞘，另一手高舉珀里菲特斯的鐵棒。

還好他當時舉起鐵棒。因為就在他舉起鐵棒的時候，從灌木叢中飛出一個又長又細又黑的東西，在他頭頂上方飄動了片刻後，它末端有個環落在翟修斯的頭上，突然猛力收緊。不過那個環同時也圈住了鐵棒，翟修斯緊緊握住鐵棒把環推開，環脫落了，所以那個環並沒有束到他的脖子。他左手拿出青銅匕首，一刀割斷皮革套索，接著跳進飛出套索的灌木叢中。他發現一個體型巨大的人，身披獅子皮，獅子的頭顱像個頭罩似的套在頭上。男人舉起一根用小松樹的樹幹做成的棍子，棍頭上綁著一塊邊緣鋒利的石頭，就像斧頭。怪物舉起那根長武器時，擊中了翟修斯頭頂上方一根粗壯的樹枝，並被樹枝纏住，因此翟修斯有時間使盡全力拿鐵棒往他的臉猛擊，野蠻人像一棵倒在蕨叢中的橡樹，砰的一聲倒下了。他是古代野蠻種族中的最後一個，他們在希臘人出現之前就住在希臘，戰鬥的方式就是使用木頭和石頭做成的武器。

翟修斯雙膝跪在彎松巨人的胸膛上，雙手捏住他毛茸茸的喉嚨，不是要掐死他，而是要牢牢的抓住他，直到他甦醒過來。當怪物終於睜開眼睛，翟修斯更加用力的扼住他的喉嚨，說：「彎松巨人，因為你，松樹被折彎。但我是人不是怪物，在你的身體被撕成兩半成為禿鷹最後的盛宴以前，你將死得乾乾脆脆。」接著左手掐住這個惡棍的喉嚨，右手拔出愛琴斯的寶劍，刺進彎松巨人希尼斯的心臟。巨人發出公牛般的吼叫，他的靈魂逃走了。

翟修斯用自己的皮繩綁住野蠻人的屍體，彎下兩棵松樹的樹梢，就像希尼斯過去對活人所做的那樣。

最後他仔細的清理劍刃，用青草和蕨類擦拭乾淨，然後插入樹下柔軟的新土裡，一直插到劍柄處。他繼續上路，來到了一條小溪，小溪從艾菲拉城（現在稱為科林斯）上方山丘的頂端流向大海。他在清澈的溪水裡清洗自己時，聽到樹林的枝椏傳來沙沙聲。他拔出劍跑向聲音的來源，聽見一個女人的低語聲。他看到一幅奇特的景象。一位高佻美麗的女孩跪在灌木叢裡，在一片石刁柏*之間，哭泣著，喃喃祈禱，用一種孩子般天真無邪的低語向那些帶刺的石刁柏祈禱，祈求它們庇護她、保護她。

翟修斯驚奇的看著她，收劍入鞘，輕輕的走到她的身邊，請她不要害怕。她用雙手摟住他的膝蓋，抬起淚流滿面的臉，求他憐憫，因為她沒做錯事。

翟修斯說：「女孩，你是誰？你在我身邊很安全。你在害怕彎松巨人嗎？」

女孩回答：「唉，先生，我是他的女兒佩里吉恩（Perigyne），你手上沾了他的血。」

翟修斯說：「可是我不跟女人打仗。殺了他是眾神的意願。如果你跟著我，你會被善待。你這麼美麗，如果願意，可以跟有個好房子的男人結婚。」

少女聽了立刻站起來，想把手放在他的手上。翟修斯和善的

---

* 編按：此處的原文是asparagus thorn，推測有可能是指石刁柏。它的嫩莖即人們食用的蘆筍，原產於地中海沿岸。石刁柏無論是成株還是嫩莖，都有呈刺狀的外觀。

說：「時候未到，要等水將你我之間的隔閡清理乾淨。不過，女孩，你剛剛那麼害怕，為什麼不祈求天上的眾神，而是祈求聽不見也幫不了忙的石刁柏？」

她說：「先生，我父親不認識神，他來自石刁柏的種族，所以我遇到困難就向它們哭訴。」

翟修斯對這些話感到驚奇，並說：「從今天開始，你應該向雷電之主宙斯和其他神祇祈禱。」接著他走出樹林，少女跟在後面。他在流過的小溪裡洗淨自己。

他們路過富有的艾菲拉城，國王聽說他殺了鎚矛手珀里菲特斯和彎松巨人希尼斯，很高興的接待他。王后同情美麗的的佩里吉恩，將她留在自己的宮殿裡。佩里吉恩後來嫁給一位王子狄歐涅斯（Deiones），他是俄卡利亞國王歐律托斯的兒子。大力士海克力斯為了歐律托斯的弓而殺了他；尤里西斯多年後在自家的大廳裡殲滅那些求婚者，用的就是同一把弓。後來佩里吉恩和狄歐涅斯的兒子們渡海到亞細亞，定居在一個叫做卡里亞（Caria）的地方，他們從未焚毀或傷害佩里吉恩曾經在灌木叢中對著禱告的石刁柏。

那時的希臘是沒有法紀的，從特洛曾往北通往雅典的所有道路上都盤據著暴力、無法無天的人。比起搶劫，他們更熱愛殘忍，每個人都想出獨特的殘酷作風。那時的城市規模很小，彼此交戰或是內訌，不同家族爭奪王位，因此沒有機會集結一支軍隊來消滅路上那些可怕的盜匪；其實只要一小群弓箭手就能輕易做到。後來，翟修斯會為一切建立起秩序，不過目前他只是獨自在尋求冒險。

在一個叫墨伽拉（Megara）的小國邊界上，那裡的人在希臘備受鄙視，而翟修斯找到了提昇地位、和獲得榮耀的機會。中午時分，他正沿著海邊懸崖頂上的一條窄路行走，看到藍色的空氣中熊熊燃燒的大火，在火上，一口盛水的青銅大鍋冒著蒸氣。火的一側是閃閃發光的青銅洗腳盆，不遠處有個綠色樹枝搭成的涼亭，在大熱天裡非常涼爽，涼亭門口伸出一雙毛茸茸、粗壯的的光腿。

翟修斯從別人告訴他的情況中猜測，那雙腿的主人是狠腳斯喀戎（Sciron the Kicker）。他是個凶惡的歹徒，之所以叫狠腳，是因為他讓所有路過的旅人洗他的腳，並在他們幫他洗腳時把他們踢下懸崖。有人說懸崖底下住著一隻巨大的烏龜，在死人或垂死的人掉到牠的巢穴附近時吃掉他們，但一般來說烏龜並不吃肉，所以這可能是誤傳。翟修斯決心不接受斯喀戎的無禮對待，於是大喊──

「奴隸，把你的髒腿拿開，別擋王子的路。」

斯喀戎回答：「王子！如果我的腿髒了，眾神好心派你來幫我洗。」

接著他懶洋洋的站起來，哈哈大笑露出醜陋的牙齒，手裡握著沉重的木棒站在洗腳盆前方。他侮辱性的在頭上旋轉木棒，但翟修斯比他快，就像他殺死彎松巨人時，他並未擊打對方；因為推搡比起擊打，速度更快。他閃電似的向前衝，用鐵棒粗的一端撞斯喀戎的胸膛。斯喀戎腳步跟蹌，當他搖搖晃晃時，翟修斯一拳打在他的大腿上，他倒了下來。翟修斯抓住從斯喀戎手中掉下來的木棒，把它扔下懸崖，感覺過了許久，木棒撞擊岩石的聲音

才了傳上來。翟修斯說：「這一路下去還真遠，沿途都是石頭，斯喀戎，現在洗我的腳！站起來，背對對我，準備好等我的口令。」斯喀戎站起來，動作緩慢、臉色陰沉，按照翟修斯的吩咐站在那裡。

翟修斯現在穿的可不是輕便的鞋子或涼鞋，像他放在背袋裡愛琴斯那雙有金飾的涼鞋。他穿著一雙厚靴子，鞋底有青銅釘，鞋面上的皮革高高的繫在腿上，希臘人在山路上長途跋涉時都穿這種靴子。翟修斯指示斯喀戎站在恰當的位置，要斯喀戎彎腰替他解開靴子的綁帶。斯喀戎彎下腰時，翟修斯狠狠踢他一腳，他立即飛出懸崖邊緣，斯克戎就此終結。

翟修斯離開了墨伽拉的邊境，在海的上方邊唱邊走，因為他的心情愉快，正在尋找內心渴望的冒險。如此年輕，訓練有素，在搏鬥的時候手腳快如閃電，而敵人都比他年長，雖然非常強壯，但肚子塞滿食物，行動遲緩。無論是軍隊作戰或是一對一的搏鬥，如果有了力量和勇氣，最後贏得戰鬥的關鍵是速度。

最後這條路帶翟修斯從高處來到一片肥沃的廣大平原，叫做特里亞平原（Thriasian plain），距離雅典並不遠。在那裡，鄰近大海的地方，有一座著名的古城厄琉息斯（Eleusis）。亡者之神黑帝斯將美麗的波瑟芬妮——穀物女神狄蜜特的女兒——帶到祂位在大洋河（the stream of Ocean）旁邊的幽暗宮殿，而狄蜜特來到厄琉息斯。祂一身喪服，坐在路邊的石頭上，像個疲憊的老婦人。當時統治厄琉息斯的國王有三個女兒，她們到水井取水的路上，見到又累又窮的老婦人，便放下取水的罐子圍在祂身邊，問能為祂做些什麼。她們說家裡有個小弟弟，是她們的最愛，他需要一

位奶媽。狄蜜特對她們的善心很滿意，她們把水罐留在祂身邊，跑回家找母親。她們奔跑的時候金色的長髮在肩膀上飛舞，氣喘吁吁來到王后身邊，請她接受老婦人作為她們小弟弟的奶媽。王后人很善良，老婦人住在他們的房子裡，直到主神宙斯要亡者之神將波瑟芬妮送回人間，陪祂母親度過春天、夏天和初秋，但在冬天，祂必須和祂的丈夫住在大洋河邊幽暗的宮殿裡。

狄蜜特很高興，讓厄琉息斯人的穀物豐收，教導他們種種儀典，以及一種戲劇，在其中表演了祂所有快樂和悲傷的故事。人們也受到教導：人類的靈魂不會隨著肉體死去而死亡，就像穀物的種子埋在黑暗的地裡也不會死亡一樣，而是會在更幸福更美麗的世界裡重生。這些舉世聞名的儀式被稱為「厄琉息斯祕儀」（Mysteries of Eleusis）。

翟修斯當時可能預期厄琉息斯是座寧靜祥和的神聖城市。但他在旅途上聽說厄琉息斯有個強悍的惡霸，叫刻耳庫翁（Cercyon）；是阿卡迪亞（Arcadia）粗野的高地人之一，他們住在希臘南部中心的山區，也就是伯羅奔尼撒半島（Peloponnesus）。據說他強占王位，並驅逐善待狄蜜特的國王的後代。那個強壯的人經常強迫陌生人和他摔角，他摔斷別人的背脊，而他從未被摔過。

翟修斯知道這點，再加上自己也喜愛摔角，他徑直走到王宮門口，雖然城裡的人事先警告過他，婦女們則眼神哀傷的看著他。他發現中庭的大門開著，中間是至高神宙斯的神壇，煙霧裊裊，兩個僕人在門檻那裡迎接他，並且依照國王家裡的習俗，帶他到拋光的浴盆那裡，由婦女們幫他洗浴，為他抹油，給他穿上

新衣服。然後他們領他到大廳，他直接走到大廳的中央，地爐邊、四根柱子之間的高椅那裡。

刻耳庫翁坐在那裡吃喝，周圍圍繞著二十位親族，都是些身材魁梧的紅髮壯漢，但他本人是最壯碩的。他歡迎翟修斯，並讓人準備一張桌子，上面有肉、麵包和酒。等翟修斯解飢之後，國王開始問他是誰、從哪裡來。翟修斯告訴他，他從特洛曾步行過來，正要前往北方佩琉斯國王（阿基里斯的父親）的宮廷，因為他不想讓自己要來的消息提前傳到雅典。

刻耳庫翁說：「你從特洛曾走來的？你見過或聽過那個殺掉鎚矛手、彎松巨人，還有將狠腳斯喀戎踢進海裡的人？」

翟修斯說：「我走得很快，但消息傳得更快。」

刻耳庫翁說：「消息是從我的部下來的，他有預見未來的能力，他就在那個角落裡。」刻耳庫翁把牛的腿骨扔向他的先知，先知勉強閃了開來。刻耳庫翁說：「他好像預見到骨頭會朝他襲來。」他所有的朋友都大笑起來。「他今天早上告訴我們，一個陌生人會來，他殺了三個守路的人。從你的腿和肩膀，還有你攜帶的鐵棒看來，我想你就是那個陌生人？」

翟修斯微笑著，朝上點點頭，那是希臘人表示「是！」的方式。

刻耳庫翁說：「讚美所有的神！我已經很久沒碰上這麼有能耐的人了。特洛曾那裡的人練摔角嗎？」

翟修斯說：「偶爾會。」

「那你要不要跟我試試？中庭裡有個鋪滿沙子的空間。」

翟修斯回答說，他來這裡就是希望國王能跟他以摔角一較高

下。狂野的賓客全都大喊大叫，走到屋外，在摔角地點圍成一圈。翟修斯和刻耳庫翁脫下衣服，在身上抹油。他們往前使勁，想辦法抓住對方，最後難分難解，左右搖晃，他們的腳猛踩地面。一旁粗野的賓客大聲叫嚷，分別為兩人打氣。最後他們休息喘口氣時，人們開始投注；對刻耳庫翁下了七頭牛對三頭牛的賭注，好幾個人都下了注。他們繼續摔跤，翟修斯發現這是迄今為止最艱難的冒險，因為刻耳庫翁比他重也比他強壯，但沒那麼靈活。有好久時間翟修斯除了抵抗刻耳庫翁手臂的可怕壓力外，幾乎無法做什麼。直到最後，刻耳庫翁有那麼一刻虛弱了。翟修斯把自己的臀部滑到刻耳庫翁的臀部下面，把他抬上自己的背，舉起來，再把他扔在地上。他著地的方式，讓他摔斷了脖子，他躺在那裡死去了。

翟修斯說：「過程算公平吧？」

阿卡迪亞的高地人喊道：「公平！」然後他們為了死者大聲哭嚎，翟修斯覺得明智的做法是穿上衣服走出王宮。他跳上停在大門口的一輛空戰車，由於戰車上的僕人害怕那根鐵棒，於是全速駛離。

雖然刻耳庫翁兇殘野蠻，翟修斯心裡還是為他惋惜。

戰車上的馬夫企圖跳車，但翟修斯緊緊抓住他。翟修斯說：「別急，我的朋友，我需要你幫忙。我不打算偷走車和馬，我們到了雅典，你就可以帶牠們回家。」

馬夫說：「可是，大人，你到不了雅典的。」

翟修斯問：「為什麼到不了？」

「因為普洛克斯提（Procrustes）住在山路上一座堅固的城堡

裡。凡是遇上他的人都會傷殘，他有一群弓箭手和長矛手，都是來自島嶼的海盜。他會跟每個旅人會面，彬彬有禮的交談，祈求旅人做他的客人，如果有人拒絕，埋伏的弓箭手就跳出來抓住他綁起來。沒人對付得了他們。按他的說法，他有一張神奇的床，因為它的長度和睡在上面最高或最矮的人一樣長，因此適合所有人。但實際狀況是這樣的：床頭有個附繩索的設備，床尾有鋸子。如果那個人太矮，他的手會被綁上繩子，拉到那張床的整個長度為止。如果那個人太高，會被鋸子切短。普洛克斯提就是這樣的一個怪物。

「其實，大人，刻耳庫翁原本明天要率軍去攻打他，國王有個新裝置，這輛戰車的兩側掛著兩面盾牌，用以抵禦普洛克斯提部下的箭。」

翟修斯說：「那麼等我們接近普洛克斯提跟旅人碰面的地方時，我們就把盾牌掛好，我想今晚他自己的床對他來說太長了。」

馬夫對此沒有回答，只是顫抖了起來。

翟修斯駕車飛快地往前，直到開始爬帕尼薩山（Mount Parnes）最低的山脊，然後他拉住韁繩，放上一大面覆蓋身體和腿部的大盾，並且要馬夫也照做。接著他緩緩的行駛，看著路旁的灌木叢和樹林下的草叢。不，他看到路邊樹林高處有一座高大的城堡屋頂升起濃煙，而有個男人正等在路上。翟修斯驅車朝他而去。看到樹林下有盔甲的閃光，夕陽餘暉在樹葉上方的矛尖閃耀紅光。他對馬夫說：「我們要找的人在這裡。」便將馬匹停在陌生人身邊。他鬆開劍鞘，跳下戰車，左手拉住韁繩，彬彬有禮的向那人鞠躬。那人身材高大，看起來虛弱且年老，頭髮花白，

臉刮的乾乾淨淨，呈象牙色，打扮得像國王，穿著深色絲綢衣服，戴金手環，腿上的皮製綁腿有金環扣著。他笑容滿面，搓著雙手，左右看了看，但沒有看翟修斯。

他對翟修斯說：「我真幸運，先生，我喜歡款待陌生人，因為會得到宙斯的喜愛與保護。陌生人對所有人來說都很寶貴，也很神聖！你運氣不錯，夜幕降臨，道路將會黑暗與危險。你來我家吃飯睡覺。今晚我可以給你一張人人讚譽的床，它適合所有人使用，無論高矮，而你算是很高的。」

翟修斯說：「今晚，先生，你自己的床，長度恰好夠你使用。」然後拔出愛琴斯的寶劍，一劍砍斷普洛克斯提的脖子，那人的頭朝一邊飛了出去，身體往另一邊倒下。

翟修斯手一揮，將盾牌從身體前方轉到背後，跳進馬車。他大喊一聲，催馬往前，馬夫也把自己的盾牌從前面轉到後面。戰車往前飛馳，普洛克斯提的弓箭手射出的箭在青銅盾上發出嘎嘎聲，或是射在戰車側面和座位上。一支箭擦過一匹馬的側腹，兩匹馬狂奔起來，弓箭手的叫喊聲越來越遠。當他們爬上一座小山時，馬匹放慢了腳步，翟修斯從山頂上看到阿斐德尼城（Aphidnae）的燈火。

翟修斯對馬夫說，「好了，我的朋友，通往雅典的道路暢通無阻了，你帶著馬和戰車在回程的路上會很安全。憑著雅典娜女神額頭上的光輝，我將燒毀普洛克斯提的烏鴉巢穴！」

那晚，他們在菲塔勒斯（Phytalus）的兒子家裡過夜，躺在安全的床上。菲塔勒斯的兒子們統治阿斐德尼，翟修斯他們在這裡受到親切的接待。當菲塔勒斯的兒子們聽說翟修斯如何殺了凶殘

的守路人讓道路安全，都非常高興。他們說：「我們是你的人了。當你成為雅典以及雅典周圍所有城市的國王時，我們和我們的人民，以及我們的矛，都會擁護你。」

✦4✦

✦翟修斯找到父親✦

　　第二天，翟修斯告別菲塔勒斯的幾個兒子，緩緩駛過位在清澈的刻菲索斯河（Cephisus）上方宜人的綠色樹林。他在一處河谷停下來讓馬休息，看到一位非常俊美的年輕人在河對岸的草地上走著；手裡拿著一朵白花，花的根是黑色的，另一手握著金杖，他的上唇才剛剛冒出鬍鬚，正值青春最美好的時候。泛白的河水又深又急，往低處一個長形的水潭傾洩，年輕人越過河水，朝翟修斯走來，在翟修斯看來，他的金鞋似乎沒有碰到水面。

　　年輕人說：「來，跟我到旁邊聊聊。」翟修斯把韁繩拋給馬夫，跟年輕人走到一旁，仔細看著他，因為不知道自己會遇到什麼奇特的危險。

　　年輕人說：「你要去哪裡，不幸的人？你不了解這片土地嗎？注意，帕拉斯的兒子們統治著雅典，殘酷且混亂。你的父親沒有力量，和他同住的是一位來自遙遠國度的美麗女巫。她的名字叫美狄亞，是女巫瑟西的兄弟埃帖斯的女兒。她嫁給著名的傑森，為他贏得了金羊毛，並殺死自己的兄弟阿普緒托斯。她還犯下其他的罪惡，現在跟愛琴斯住在一起，愛琴斯又怕她又愛她。你把這株神恩草拿去，如果美狄亞給你酒，就把這株草放進杯子裡，你就能逃過死劫。看哪，我是帶著金杖的荷米斯。」

荷米斯把花給了翟修斯，然後走進樹林，消失了蹤影。翟修斯跪下來祈禱，感謝眾神。他把花放在胸前的衣服裡，回到戰車上接過韁繩駛向雅典。沿著陡峭的窄路爬上石山的頂峰，雅典娜神廟和愛琴斯國王的宮殿就坐落於此。

翟修斯駕車穿過庭院，把戰車停在門口。院子裡的年輕人正對著標靶投擲長矛，其他人則坐在屋門前下棋，一面叫喊一面下注。這些年輕人外表粗獷笨重、滿面通紅，樣貌相似。他們抬起頭盯著看，但什麼也沒說。翟修斯知道他們是他的堂兄弟，帕拉斯的兒子們。既然他們什麼也沒對他說，他肩上扛著鐵棒從他們中間走過時，彷彿也沒看見他們。一個高大的傢伙攔住他的路，他肩膀一推，撞得那個高大的傢伙直打轉。翟修斯在大廳門口停下來大聲呼喚，有兩三個僕人聽到他的叫聲跑了來。

翟修斯說：「顧好我的馬匹和部下，我是來見你們主人的。」他走進去，直接走向大廳中央地爐旁的高椅。房間裡空無一人，但有個人坐在高椅上，往前頹坐，半睡半醒，他的灰髮上戴著一個金圈和一隻黃金蚱蜢。翟修斯知道那是他的父親，他灰濛濛的、靜止的，就像地爐裡熄滅的火。國王沒有抬頭，翟修斯摸了摸他的肩膀，然後跪下來，用雙臂環抱國王的膝蓋。國王驚醒了。「你是誰？你想要什麼？」他說，揉了揉布滿血絲的紅眼睛。

「我是來自特洛曾的求情人，來到你的膝前，噢，我遠道而來，為您帶來禮物。」

「來自特洛曾！」國王睡眼惺忪的說，好像努力回憶著什麼。

「來自你的妻子埃特拉，你的兒子帶來了你的劍和鞋子。」翟修斯說。他把劍和鞋放在他父親的腳邊。

國王大叫一聲，站了以來。他喊道：「你終於來了，眾神已經原諒我，也聽到我的祈禱。快把劍配在身上，藏起鞋子，不要說出『妻子』這個稱號，因為有人會聽見。」

「有人已經聽見了。」一個銀鈴般的甜美聲音說道。從一根柱子後面走來一個女人，深色頭髮、肌膚蒼白，但非常漂亮，穿著一件華麗的東方長袍，長袍閃閃發亮，色彩變幻不停。她用白晰的雙臂輕輕摟住翟修斯的脖子，輕輕親吻他的臉頰，她的身上縈繞著奇異的甜香。她把雙手搭在他的肩上，推開他，她笑著半轉身對倒在椅子裡的愛琴斯說：「您以為您能對我隱瞞什麼嗎？」然後用她那雙大眼睛注視著翟修斯的眼睛，以銀鈴般的聲音說：「我們是朋友吧？」

「夫人，我對你的愛，就像你對我父親愛琴斯國王的愛。」翟修斯說。

美狄亞夫人說：「這樣嗎？那麼我們一定要以酒向他致意。」她翩翩的走到愛琴斯身後，那裡的桌上有個黃金調酒大碗，她背對翟修斯，用勺子盛酒倒入一只顏色奇特的杯子裡。「宣示效忠我和國王吧。」她說著，將杯子遞給翟修斯。他接過去，取出胸前荷米斯送給他的那朵黑根白花，放進酒裡。酒冒出氣泡，嘶嘶作響，杯子爆裂破碎，酒灑了一地，像被血染紅一樣。

美狄亞淡淡一笑，說：「現在我們真的是朋友了，因為眾神與你為友。我以冥河之水發誓，你的朋友就是我的朋友，你的敵人就是我的敵人，永永遠遠，直到最後。眾神與你同在；我以眾神的偉大誓言許下不可違背的誓約；因為我是來自永生眾神的親族。」

美狄亞的祖父是太陽神。

翟修斯握住她的雙手。他說：「我以宙斯的神光發誓，你的朋友就是我的朋友，你的敵人就是我的敵人，永永遠遠，直到最後。」

美狄亞坐在愛琴斯腳邊，把他的頭拉到她的肩上；翟修斯握住父親的手，國王喜極而泣。因為他愛的兒子和他又愛又怕的女人是朋友，他們兩人比帕拉斯的兒子們更強大。

他們就這麼坐著時，帕拉斯的一個兒子——他們被稱為帕蘭提代——懶洋洋的走進大廳，看看晚飯是否準備好了。他瞪著眼睛，又懶洋洋地走了出去，對兄弟們說：「老頭坐著，被那個外國女人和拿著鐵棒的陌生壯漢擁在懷裡！」他們聚集起來，發出威脅和恐懼的咆哮聲，踢著中庭的石頭，為了該怎麼做而爭吵不休。

同時，在大廳裡，僕人開始在桌上擺放食物和酒，翟修斯被帶去洗浴間，換上新衣服。

翟修斯在洗澡的時候，美狄亞告訴愛琴斯該怎麼做。翟修斯回到大廳時，帕拉斯的兒子們正在那裡大吃大喝，喧鬧不斷。愛琴斯站起來，喚翟修斯過來坐在他的右手邊。他環顧大廳，以宏亮的聲音補充道：「這是我的兒子翟修斯，他殺掉好幾個怪物，他是這屋裡的掌權者！」

帕拉斯的兒子們因恐懼和怒氣而臉色發白，但沒有人敢做出無禮的回應。他們知道自己受到雅典人民的憎恨，除了與他們臭氣相投的一些年輕人；他們不敢對這個殺死珀里菲特斯、希尼斯、刻耳庫翁、斯喀戎的人輕舉妄動，而且這個人還突破普洛克

斯提傭兵的重圍，砍掉普洛克斯提的腦袋。剩下的時間，帕拉斯的兒子們一言不發的坐著，吃完飯後默默的走出去，去到一個僻靜的地方，以免他們制定的計畫被人偷聽。

翟修斯和美狄亞走到她芬芳的房間，兩人說了一些話。美狄亞拿出一個銀碗，在裡頭裝滿水，把深色的絲綢斗篷蓋在頭上，坐在那裡凝視著碗。她靜靜的注視許久之後說：「他們有些人正要前往他們父親住的司菲都斯（Sphettus），召集他的部下，還有一些人要到城市另一邊的加格圖斯（Gargettus），在那裡設下埋伏，等司菲都斯人襲擊我們的時候，切斷我們的退路。他們將在黎明前襲擊宮殿。我現在要穿過城市，暗地召集可靠的人武裝起來保衛宮殿，我會告訴他們，清除道路怪物的愛琴斯之子與我們在一起。你搭戰車趕到菲塔勒斯的兒子們那裡，把他們的長矛手、戰車手和步兵都帶過來，讓他們埋伏在加格圖斯周圍，帕蘭提代的一支隊伍今晚上會在那裡直到黎明。其餘的你知道該怎麼做。」

翟修斯點頭微笑，全速駛向阿斐德尼城。菲塔勒斯的兒子們讓部下武裝起來，午夜時分便隱藏在加格圖斯周圍的樹林裡。天上的星星繼續往前行，三班守夜的第二班快結束時，他們派出一部份人守住每條出小城的路，然後翟修斯率領另外一批人衝進去。帕拉斯兒子們的部下圍在營火邊，有些清醒著，但大多數人都睡了。翟修斯他們殺死這些人，逃脫的人被守路的人抓住了。黎明時分天空晴朗，翟修斯帶領他的同伴前往愛琴斯的宮殿，在那裡他們猛烈的撲向司菲都斯人後方的軍隊，這批軍隊正在圍攻愛琴斯的宮殿。

來自司菲都斯的軍隊闖進中庭的大門，正試圖放火燒宮殿。宮殿屋頂上，雅典那些可信賴的人們則射出密密麻麻的箭。帕蘭提代沒設置哨兵，他們以為翟修斯在宮殿裡，燒死他後就可以贏得這個王國。翟修斯的朋友們悄悄的溜進中庭，留下幾個人看守大門；他們排成一列，朝帕蘭提代那些混亂的人群衝去。他們向敵人拋出大量的長矛後，接著持劍衝鋒，那群人驚恐的四處逃竄，在大門口被砍倒，或是試圖爬牆時被拖了下來。天亮時，帕蘭提代和他們的部下都死在中庭裡，無一倖免。翟修斯、菲塔勒斯的兒子們和他們的同伴，在城裡遊行，宣布合法的王子來了，強盜和壓迫者已經垮臺，所有正直的人都歡欣鼓舞。他們焚燒死者，埋葬他們的骨灰和骨頭，那天剩下的時間，他們在愛琴斯的大廳裡宴飲。第二天，翟修斯帶著那些朋友們回到阿斐德尼城，隔天他們進攻並攻占了普洛克斯提的城堡，殺光那些劫掠者。翟修斯將所有豐富的戰利品分給了菲塔勒斯的兒子們和他們的同伴，但他們把那張邪惡的床燒成灰燼。

✦5✦
❧ 使者前來進貢 ❧

　　一日日、一週週過去，翟修斯與他的父親統治著國家，天下太平。鄰近小城的首領來到雅典，請求翟修斯成為他們的統治者，他們會效忠他；若有敵人進犯，翟修斯可以率領他們的人民。他們甚至願意進貢，用來購買更精良的武器，建造堅固的城牆，提供船隻，因為當時雅典人沒有海軍。翟修斯彬彬有禮的接待他們，並答應他們一切的要求，因為他當時不知道自己很快會被送走，作為雅典人九年一度進貢給克里特島米諾斯國王（Minos）的貢品。

　　雖然整個冬天一切似乎都安詳快樂，但翟修斯卻覺得不太好。他走進城裡人們的家裡，那些人家都曾因為他的來訪感到高興和自豪，但現在他卻看到憂鬱、沉默的母親，而且沒有見到少男少女。據說很多都到希臘遠地去拜訪朋友了。年長的人和留下來的年輕人經常整天站在海邊看海，似乎預期有什麼怪事會從海裡降臨在他們身上。愛琴斯悲傷的坐在火邊，很少說話，他似乎處於恐懼之中。

　　翟修斯心中不安，但是沒有選擇詢問愛琴斯或人民。他和美狄亞是好朋友，有一天只有他們兩人在她的房間裡，那裡燒著芬芳的雪松，他將自己留意到的狀況告訴她。美狄亞嘆口氣，說：

「對帕拉斯之子的詛咒就要降臨到雅典人身上了——這個詛咒如此可怕，連你，翟修斯王子，也無法對付。敵人不僅僅是一個人或一個怪物，而是世界上最偉大也是最強大的國王。」

翟修斯說：「把一切都告訴我，雖然我只是一個凡人，但永生的眾神會保護和幫助我。」

美狄亞說：「這個詛咒的故事很長，你父親愛琴斯年輕時，從特洛曾回到雅典後，下令每五年舉行一次比賽，賽跑、拳擊、摔角、競走、戰車競賽。不僅雅典人，陌生人也可以參加，當時來的陌生人裡有偉大的米諾斯的長子安卓吉歐（Androgeos），他是克諾索斯的國王，來自遙遠南方海域的百城克里特島。米諾斯非常有智慧，眾神之王宙斯是他的顧問，與他面對面交談。他也極為富有，船隻不計其數，因此他統治所有的島嶼，可以隨時發動戰爭，甚至與埃及國王作戰。米諾斯的兒子率領三艘好船來參加比賽，他也最強壯、動作迅捷。最後他贏了競走、拳擊和摔角、射箭、擲矛、擲鐵餅，輕而易舉的戰勝帕拉斯最強壯的兒子。

「帕拉斯的兒子們不顧道義、卑鄙無恥，竟然在愛琴斯的宴席上殺了安卓吉歐，他們殺死國王宮中的客人，這是眾神最討厭的惡行。他的船隻在夜裡逃離，將消息傳給米諾斯國王，那天之後的一年，他無數的船隻將大海變成黑色。他的部下登陸，人數眾多，穿著閃閃發光的青銅盔甲，無人敢與他們交戰。愛琴斯國王和城裡所有的長老，謙卑的前去跟米諾斯會面。他們穿著喪服，手裡拿裹著羊毛的樹枝，表示他們前來請求憐憫。米諾斯說：『當你們交出殺害我兒子的人，就會得到憐憫。』但愛琴斯無法交出帕拉斯的兒子們，因為他們早已偽裝潛逃了，躲藏在希臘偏

遠地區農民的茅屋裡。米諾斯樂於向雅典人展現慈悲，他沒有燒毀城市，也沒有殺掉男人、擄走女人。但他要愛琴斯和長老發誓，每隔九年從最健壯的少年和最美麗的少女中抽籤各選出七位，交給他的部下帶回克里特島。每九年他就派出一艘掛著黑帆的船載走俘虜。今年正逢第九年，那艘船即將到來。你能抵抗米諾斯國王嗎？」

「我們可以燒掉他的船，殺死他的部下。」翟修斯說，手握在劍柄上。

美狄亞說「是可以，但一年之內米諾斯就會帶著艦隊和軍隊前來，燒掉這座城市。不支持我們的那些希臘城市害怕他，不會對我們伸出援手。」

翟修斯說：「那麼，我們必須送上最後一次貢品；如果我活下來，而且眾神幫助我，九年之內我將擁有一支艦隊，米諾斯必須為他的貢品而戰。因為九年內，雅典會成為附近所有城市的女王，擁有強大的兵力與艦隊。但是，告訴我，米諾斯是否善待雅典的俘虜？」

美狄亞說：「從來沒有人回來說過這些事情。不過米諾斯的水手們說，他把那些俘虜關在一個叫做迷宮的奇特監牢裡。那裡面充滿陰暗迂迴的通道，都是從堅硬的岩石開鑿出來的，俘虜會在裡面迷路並餓死，或是活著遇到一個叫做米諾陶（Minotaur）的怪物。這怪物有壯漢的身軀和手腳，但有公牛的頭，獅子的牙齒，沒有人能對付他。凡是遇到他的人，都會被拋擲、刺殺、吞噬，我知道這個邪惡的東西是從哪裡來的，但無法將真相說出

口*。米諾斯國王不能合法殺死那個恐怖東西，這對他來說是極大的恥辱和悲傷，他也不能協助任何人殺掉他。因此，在他對雅典人的憤怒中，發誓每九年一次，要把十四名雅典的少男少女交給這個東西，他們都不可以攜帶劍或長矛、匕首或斧頭，或是其他武器。然而，如果其中一人或者他們所有人一起殺掉怪物，米諾斯發誓從此雅典人不必再獻上貢品。」

翟修斯笑著站起來，說：「如果眾神與我同在，很快，米諾斯國王將擺脫那個恐怖的東西，雅典將擺脫進貢。對我來說無需拈鬮，我很樂意自願去克里特島。」

美狄亞說：「我不必是個女先知，也知道你會這麼說。不過有件事我可以做。把這小瓶子放在胸前，當你面對米諾陶時，照我說的去做。」她低聲對翟修斯說了一些話，他仔細的聽著。

他離開美狄亞的起居間，走到雅典所在的山頂上，他看到人群聚集在那裡，望著大海哭泣。一艘懸掛黑帆的船迅速駛向岸邊，船舷上因掛著船員的青銅盾牌而閃閃發亮。

翟修斯說：「我的朋友們，我知道那艘船，也知道它為何而來，我將搭那艘船到克里特島並殺死米諾陶。我不是除掉了希尼斯、斯喀戎、刻耳庫翁、普洛克斯提、珀里菲特斯嗎？不要拈鬮了。山於對翟修斯的愛，白願與我同去的七男七女在哪裡？我們

---

* 編按：牛頭人米諾陶的誕生涉及一段被操縱的激情，在此引用伊迪絲·漢彌敦（Edith Hamilton）在《希臘羅馬神話》裡清晰扼要的敘述：「米諾陶是個怪物，長得半人半牛的，是米諾斯的妻子帕希法娥（Pasiphaë）跟一頭漂亮的公牛生的。這公牛本是波賽頓送給米諾斯的禮物，要米諾斯殺了獻給海神。不過米諾斯不忍殺那公牛，就把公牛占為己有。波賽頓為了懲罰米諾斯，就讓帕希法娥瘋狂愛上公牛。」

來迎接登陸的克里特島人，跟他們一起返航，看看這個著名的克里特島。」

雅典最優秀的青年裡有七位挺身而出，高大強壯又俊美，千年之後他們的後裔在馬拉松（Marathon）平原、撒拉米海峽擊敗了波斯人。他們說：「翟修斯王子，我們將與你同生共死。」

接下來，一個個少女從人群裡走出來，紅著臉，但昂首挺胸，步履堅定，正是那七位青年所愛的七位少女。她們高躰、美麗、莊重，就像撐起神廟屋頂，稱作女像柱（Crayatides）的石雕少女。

她們喊道：「翟修斯王子，我們將與你和我們的愛人同生共死。」所有人都歡呼起來，愛琴斯國王聽見了，扶著枴杖從宮殿裡出來，美狄亞走在他的身旁。

「我的孩子們，你們為什麼歡呼？」愛琴斯說，「那不是死亡之船嗎？我們不是要拈鬮選出給米諾斯國王的貢品嗎？」

翟修斯說：「父王，我們之所以高興，是因為我們作為自由的人，按照自己的意願，我和這些少男少女要去接受眾神為我們安排的天命，並盡我們所能。好了，不要耽擱了，因為從這一刻起，雅典將獲得自由，不再被克里特島人宰制。」

「可是，我的孩子，你是我眼睛的光芒，手臂的力量，我要是失去你，誰來保護我，誰來引導我？」愛琴斯嗚咽著說。

翟修斯說：「是否國王獨自哭泣，而我同伴的父母卻眼睛乾澀？諸神將是你的幫手，而那位女士是我的朋友，消滅帕拉斯兒子們的計畫出自於她。她的頭腦，我的手，造成了他們的毀滅。讓她擔任你的顧問，因為沒人如此有智慧。那艘船即將靠岸，我們必須走了。」

翟修斯擁抱愛琴斯，美狄亞吻了他，而那些少男少女也吻了他們的父母，互相道別。他們以翟修斯為首，雙雙走下山，但美狄亞派戰車追趕他們，車上載有衣物、食物、酒囊和他們所需的一切。他們將乘坐自己雇來的船航行，這是當時的習俗，船上的槳手已準備就緒。但依照米諾斯的規定，翟修斯和七男七女不得攜帶劍或其他戰爭武器。這艘船掛著黑帆，但愛琴斯給船長一面用橡樹枝液染成緋紅色的帆，吩咐他如果載翟修斯安全返航，就揚起這面帆；如果沒有，就在黑帆下返回。

船長、瞭望員、船員以和船隻都來自撒拉米島，因為當時的雅典人還沒有適合長途航行的船隻，只有漁船。翟修斯和同伴，與米諾斯國王的使者會合，使者拿著一根神聖的手杖，因為使者是神聖的，殺死使者是致命的罪孽。他見到翟修斯時停下了腳步，驚嘆於翟修斯的俊美與力量。「您為何要與十四人同行呢？您知道他們此行的目的嗎？」

翟修斯回答：「我不知道，你也不知道，任何人都不知道，但我和他們將走向什麼結局，端賴眾神的旨意。請不要再和我說話，也不要靠近雅典，因為今天人們情緒高漲，他們都拿著劍。」

翟修斯的語氣與眼神令使者畏懼，他和他的部下轉身，謙卑的跟在後面，好像他們才是俘虜，而翟修斯是征服者。

✦6✦

✦翟修斯在克里特島✦

航行多日，穿越了島嶼壯麗山峰下的海峽，穿越了遠離陸地的廣闊大海，他們終於看到克里特島艾達山的頂峰；駛進港口時，有百艘船隻停泊於此，並且聚集了一大群人。翟修斯和同伴上岸，看見船隻數量之多，又如此堅固，港口還擁有巨大的護牆，他對眼前所見驚嘆不已。米諾斯的一百名衛兵在碼頭上列好隊形，他們都有大盾、青銅條製成的胸甲、帶角的青銅頭盔。衛兵圍住這一小群雅典人，一起行進到克諾索斯城和國王的宮殿。

如果翟修斯對港口驚嘆不已，那麼這座城市更讓他大開眼界。這座城市看似沒有盡頭，周圍環繞著高牆，每隔四十碼就有一座方形塔樓。塔樓上有方形小窗。在蘇格蘭南部與英格蘭北部邊境地區的群山間或溪流旁，你會看到一樣的塔樓，那些是英格蘭和蘇格蘭交戰時建造的。但當他們穿過主塔的通道時，這座城市似乎比城牆更美妙，因為它在各方面都與希臘城市截然不同。街道鋪著平坦的鋪路石，在房屋之間曲折蜿蜒；房屋有地面樓層（沒有窗戶），上面有兩三層樓，有窗戶和窗框，每扇窗戶都有許多塗紅色的窗格。每扇窗戶都開向陽臺，陽臺上擠滿女士們，她們穿著艷麗的衣服，和現在的人很像。帽子下面的頭髮編成長長的辮子披在肩上，她們的白色短衫質地細緻，以絲線刺繡的短外

套色彩鮮豔，裙子飾有荷葉邊。她們愉快的笑著閒聊著，低頭看那一小群囚犯，有些人說她們為雅典女孩感到難過。翟修斯走在最前面，他比最高的衛兵還高一個頭，她們把鮮花灑到他的腳邊，喊道：「加油啊，勇敢的王子！」因為她們無法相信他是其中一名俘虜。

街上人潮擁擠，這行人在一座比其他地方都高的房子底下停下腳步。陽臺上只有一位女士坐著，其他幾位圍著她站著，似乎是她的侍女。這位女士衣著華麗，年輕美麗，神態莊重，她正是國王的女兒阿麗雅德妮（Ariadne）。她看起來嚴肅且充滿憐憫，當翟修斯碰巧往上看了一眼，他們的目光相遇，兩人都目不轉睛。以前不怎麼在意女孩的翟修斯此時臉色蒼白，因為他從未見過如此美麗的少女；阿麗雅德妮也臉色蒼白，接著臉一紅，移開了視線，但又低頭看了翟修斯一眼，他看到了，心頭湧現異樣的感覺。

衛兵驅散人群，一行人繼續往前走，來到了比城牆還要漂亮的宮牆和大門。但最美妙的是宮殿本身，它矗立在廣闊的庭園裡，比翟修斯先前見過的城鎮，無論是特落曾、阿斐德尼或雅典，都要大得多。有許多高度不等的屋頂，數量多到數不清的屋頂、窗戶、露臺、花園。我們這個時代國王的宮殿，幾乎沒有規模如此宏大和如此堅固的。那裡有噴泉、鮮花、花朵盛開氣味甜美的樹木。雅典人被領進宮殿時，他們在彎曲的通道和大廳中感到迷失方向。

牆面畫著飛魚的圖案，在清澈的大海上方，各式各樣的魚在其中游動，魚尾巴噴濺著水花和氣泡，就像船舵劃開大海。有鬥

牛的圖畫，男人女人逗著公牛，在牠身上翻跟頭，一頭公牛把一個女孩往上拋。圖畫中，陽台上畫著女士們在觀看著什麼，就像剛才觀看翟修斯和他同伴的女士們一樣；有的牆面畫著年輕人，他們捧著裝滿酒的高高的涼水瓶；其他則裝飾著以硬灰泥製成的公牛和雄鹿，圖案突出牆面，造型精美，人們稱為「浮雕」。還有牆面繪著樹葉和花朵的圖案。

房間裡擺滿富麗的家具，椅子上鑲嵌著象牙、黃金和白銀，箱子上鑲嵌著小方塊狀的彩繪瓷片，每個單獨的小方塊都有色彩明亮的圖案。還有華美的織毯，有些通道裡放著一排排瓶子，每個瓶子都大到足以容納一個人，就像《一千零一夜》阿里巴巴和四十大盜故事裡的罐子一樣。有從埃及來的石板，上面刻著眾神和國王的形象，和奇異的埃及文字，也有黃金和白銀做成的杯子──米諾斯宮殿裡美麗和奇妙的東西太多了，我連一半都說不完。現在我們知道這些都是實際存在的，因為這些東西從地底下挖了出來，這些東西本身，或是它們的照片，都已公諸於世；而且經過多年的挖掘，這座美妙的宮殿仍有許多方面有待探索。

雅典人走過許許多多房間和通道，看得目不暇給，皆感到迷茫和頭暈目眩，最後被帶進稱為「寶座室」的大廳，米諾斯坐在至今仍存在原處的鍍金寶座上，他的周圍站著首領和王子，他們身穿綴著金飾的絲綢長袍，光彩耀眼；他們給隊伍讓出通道，翟修斯率領這一小群人走了過去。米諾斯是個面色黝黑的人，頭髮和長鬚略白，手肘支在膝蓋上，手托著下巴，盯著翟修斯的眼睛。翟修斯鞠躬之後昂首挺胸站著，雙眼正對著米諾斯的眼睛。

米諾斯最後說道：「你們一共有十五個人，我的法令規定

十四個人。」

翟修斯答說：「我是自願來的，我的同伴也是。我們並未拈鬮。」

米諾斯問：「為什麼？」

「噢，國王，雅典人想要自由。」

米諾斯說：「是有個辦法，殺了米諾陶，你們就不必再進貢了。」

「我打算殺了他。」翟修斯說。他說出口的時候，首領、祭司、王子這些人起一陣騷動，阿麗雅德妮穿過他們翩翩走來，站在她父親寶座後面不遠的一側。翟修斯深深的鞠躬，又站直身體，眼睛盯著阿麗雅德妮的臉。

米諾斯說：「你說話像是不曾經歷不幸的國王之子。」

翟修斯說：「我嘗過不幸，我的名字叫翟修斯，是愛琴斯的兒子。」

「這倒是新鮮事。我見到愛琴斯國王時他並沒有兒子，但有很多侄子。」

翟修斯說：「當時他不知道自己有兒子。但現在他沒有侄子，只有一個兒子。」

米諾斯說：「那麼你為我報了殺子之仇，先生，是你的劍將愛琴斯從帕拉斯兒子們的手中解救出來的，是嗎？」

「我的劍和我朋友的劍，當中有七個人站在你的面前。」

米諾斯說：「我會知道你所說是否為真。」

翟修斯喊道：「是真的！」他的手飛到他的劍柄應該在的地方，但他身上沒有劍。

米諾斯國王笑了，說：「你還年輕，實際情況如何我以後會了解更多。」他對衛兵喊道：「將這些年輕的男孩女孩帶到宮中各自的房間，一切供應按照王子的規格。明天再繼續討論。」

翟修斯注視著阿麗雅德妮。她站在父親身後，舉起右手看起來像是要拉好面紗，但她舉起手的時候迅速做一個舉杯到唇邊的動作，再將左手的手指放在唇上，嘴唇迅速合起。翟修斯看懂了手勢的意思，他對米諾斯和公主鞠了個躬，他的同伴也是。他們被帶到樓上，穿過長廊，每個人都來到了比他們在夢中所見更富麗堂皇的房間。每個人都被領到洗浴間，洗淨之後換上新衣，再被帶回房間，食物與金杯盛裝的酒已經擺好。每個房間門口站著兩名守衛，但翟修斯的門口設置四名守衛。夜幕降臨時，送來更多的食物，並為翟修斯準備很多紅酒，盛在裝飾著金繩和金鈕的大容器裡。

翟修斯吃了不少食物，但一口酒也沒喝，吃完後他打開房間的門，把所有的酒和杯子搬出去。他說：「我只喝水，不喜歡房間裡有酒味。」

守衛向他道謝，很快的他就聽到守衛們為國王的上等美酒歡呼雀躍，接著他們一聲不響，接下來──鼾聲連連！

翟修斯輕輕的打開房門，守衛橫躺在門檻邊呼呼大睡。一個發亮的東西映入他的眼簾，他抬頭望去，有盞燈在黑暗的走廊上移動，那盞燈在一個穿著黑袍的女人手中；燈光落在她潔白無聲的腳上，以及跟在她身後的女人的腳上。

翟修斯溜回房間。女孩的手雖然遮擋住燈光，但依然照亮了門板與門柱間的縫隙。阿麗雅德妮悄悄的走進來，身後跟著一位

曾是她奶媽的老婦人。她低聲說：「你猜中了手勢的意思？酒裡有安眠藥。」

跪在她身邊的翟修斯點點頭。

「我可以告訴你怎麼逃走，我還帶了一把劍給你。」

「我感謝你給我這把劍，女士，我請求你為我指路——怎麼找到米諾陶。」

阿麗雅德妮臉色變得蒼白，手摁往心口。

「請快點告訴我。我不會逃走的，即使國王憐憫我們，在見到米諾陶以前我不會離開，因為他讓我的人民流血。」

阿麗雅德妮愛翟修斯，她心裡知道翟修斯也愛她。但她很勇敢，不再耽擱。她向他招手要他一道走，跨過躺在門檻邊昏睡的守衛們。翟修斯舉起一隻手，她停住腳步，他從守衛身上拿走兩把劍。一把很長，有堅硬且筆直的窄刀片，逐漸收窄到一個非常鋒利的尖端；另一把短而直，有鋒利的雙面刃。翟修斯將兩把劍的劍帶掛在脖子上，阿麗雅德妮沿著走廊走去，翟修斯跟在後頭，老奶媽在他後面。他從熟睡的人身上取走劍，以免阿麗雅德妮給他劍的事被人發現；她心裡清楚這一點，因為他們兩人都沒有說話。

他們迅速無聲的走著，穿過曲折蜿蜒的長廊和走道，最後來到阿麗雅德妮的房間門口。她在這裡舉起了手，翟修斯停下腳步，直到她再次出來，把某個東西塞進長袍的胸口。她繼續帶路，走下巨大柱子之間寬闊的樓梯，進入一個大廳。她在那裡轉身走下一段更窄的樓梯，再穿過許多通道，最後走到戶外，走過崎嶇的地面來到一個山坡上的洞穴。洞穴的後面有一扇用青銅加固的

門，她拿鑰匙打開門。她在這裡止步不再往前，從長袍胸口取出一卷結實的細繩。

她說：「拿著這個，從那扇門進去，先把繩子的一端綁在一塊石頭上再穿過迷宮。等你回來時，這卷細繩就是你的嚮導。也帶上這把鑰匙，打開門以後從裡面鎖上。如果你回來宮殿，外門內的牆上有個裂縫，把鑰匙放進裂縫裡。」

她停下來，以憂鬱的眼神看著翟修斯。他張開雙臂摟住她，兩人親吻擁抱，就像即將分離的戀人不知是否還能相見。

最後她嘆口氣說：「黎明快到了──再會了，願眾神與你同在。我會給你夜間的口令，如果你活著出來，就能通過哨兵。」她告訴他那個字，接著推開門，把鑰匙給他，老奶媽給他燈和食物。

✦ 7 ✦
✦ 米諾陶之死 ✦

　　翟修斯把那卷細繩的一端綁在一塊尖起的岩石上，然後開始環顧四周。迷宮陰暗，他拉著細繩沿著最寬闊的通道慢慢走，通道在此處往左邊和右邊延伸。他數算自己的腳步，已經走了將近三千步，他從頭頂上岩石屋頂的小圓洞看到天空的微光，也看到逐漸暗淡的星星。他的兩側是陡峭的岩壁，上方是是岩石的屋頂，屋頂之上顯然是戶外，因為可以看到天空；圓洞被厚重的欄杆擋住。不久天就要亮了。

　　翟修斯把燈放在角落的岩石上，他在陰暗狹窄的通道拐向左邊的轉角處等待著、思索著。他仔細看，見到一堆骨頭，但不是人的，而是牛羊的頭骨、牛蹄和腿骨。他想：「這裡一定米諾陶的食物從上面放下來的地方。他們可沒辦法每天給他雅典的少男少女！我就在這個餵食處等著吧。」他自言自語的站起來，繞過左邊那條從岩石鑿出的陰暗狹窄的通道拐角處。他吃阿麗雅德妮給他的食物當作早飯，突然想到米諾陶可能也在想著吃早飯的時間到了。

　　他坐定不動，遠處傳來模糊的聲音，就像怒吼的回音末尾；他站起來拔出長劍，側耳傾聽。聲音越來越近，越來越響，那是種很奇異的聲音，不像公牛的吼聲那麼低沉，而是更尖銳單薄。

翟修斯無聲的笑了。這個怪物長著著牛頭、牛舌,卻有人的胸膛,沒有比這更好的吼聲了!聲音越來越近,越來越大,但仍然尖銳單薄。翟修斯從懷裡拿出一個小金瓶,那是美狄亞在雅典告訴他有關米諾陶的事情時交給他的。他取下塞子,用拇指摀住瓶口,把引路的細繩繫在腰帶上,左手握住長劍。

飢餓的的米諾陶吼聲越來越近了,可以聽到他踏在迷宮地板上的回音。翟修斯走到通道的陰暗角落處,那裡通向透光的寬闊通道,他蹲下來埋伏,心跳得很快。米諾陶來了,翟修斯跳起來,把小金瓶裡的東西撒向怪物的眼睛。白色的粉塵飛散出來,翟修斯即刻跳回他躲藏的地方。米諾陶發出奇怪的痛苦尖叫聲,用恐怖的雙手揉眼睛。他抬頭朝向天空,困惑得吼著,上下甩著頭,身體一圈又一圈的旋轉,雙手摸索著牆壁。他的眼睛瞎了。翟修斯拔出短劍,赤著腳,悄悄走到怪物背後,割斷怪物膝蓋後側的肌腱。米諾陶發出一聲吼叫倒了下來,撞出響聲,用獅子般的牙齒咬岩石地板,他揮舞雙手,徒勞的只能抓住空氣。翟修斯等待時機,等他緊握的雙手停下來,他用鋒利的青銅長劍刺入米諾陶的心臟三次。怪物的身體彈了起來,之後就靜止不動了。

翟修斯跪下感謝眾神,承諾獻上豐厚的祭品,並為雅典的守護神帕拉斯雅典娜建造一座新的神廟。祈禱完畢,他拔出短劍,砍下米諾陶的頭。他收起雙劍,把那顆頭握在手中,循著細繩離開那個透光的地方,回到他放燈的岩石處。在燈和細繩的引導下,他很容易的找到了通往門口的路,然後打開門鎖。他注意到厚重的青銅門板有很多凹痕且刮痕累累,是米諾陶試圖強行出去時造成的。

　　他走出迷宮，走進清新的早晨，鳥兒都在歡快的啼唱，翟修斯也滿心喜悅。他鎖上那道門，走向宮殿，把鑰匙放在阿麗雅德妮指給他看的地方。她就在那裡，眼裡帶著恐懼與喜悅。翟修斯說：「別碰我，因為我沾染了米諾陶的血。」她帶他到地面樓層的洗浴間，然後迅速登上一道祕密的階梯。翟修斯把自己清理乾淨，換上了事先為他準備好的乾淨衣服。洗淨身體穿好衣服後，他在米諾陶頭上的角綁上一根紙莎草編成的繩索，然後繞到宮殿的後面，把怪物的頭拖在身後走著，最後來到一個哨兵旁邊。他說：「我要見米諾斯國王。我有暗號：安卓吉歐！」

哨兵面色蒼白，納悶著放他通行。他穿過守衛，來到宮殿大門，僕人用布把血淋淋的頭裹起來，以免弄髒地板。翟修斯要僕人帶他去見米諾斯國王；國王正坐在寶座上，審判著四名睡著的守衛。

　　翟修斯走進來，僕人扛著怪物的頭跟在後面，國王在寶座上一動不動，用灰色的眼睛盯著翟修斯。翟修斯說：「陛下，該完成的事情已經完成了。」僕人把扛著的東西放在米諾斯國王的腳下，掀開包裹。

　　國王轉向衛隊長，說：「這四個人在牢房關一星期。」那四個原以為會死於殘酷方式的守衛被帶走了。米諾斯說：「把那個頭顱和屍體燒成灰燼，丟到遠離岸邊的海裡。」僕人默默的蓋住米諾陶的頭，將它抬出寶座室。

　　最後，米諾斯從寶座上站起來，握住翟修斯的手，說：「先生，感謝你。我會讓你的同伴自由，他們將安全的回到你身邊。我不再憎恨你的人民，就讓我和他們和平相處吧。但你們願意和我們住一陣子，做我們的客人嗎？」

　　翟修斯很高興，他和同伴在宮殿裡逗留一陣子，受到盛情款待。米諾斯向翟修斯展示他的王國和他的船艦的輝煌和偉大，以及裝滿各種武器的大型軍械庫：那些武器的名稱和數量至今還為人所知，因為它們被寫在黏土板上，後人在國王的倉庫裡發現這些黏土板。之後在暮色中，翟修斯和阿麗雅德妮在夜鶯歌唱的芳香花園裡結伴散步，米諾斯知道了也覺得高興。他認為世界上沒有其他地方可以為女兒找到這樣的丈夫，而翟修斯能成為偉大的國王，與他聯姻是明智的。但是，出於對女兒的愛，他把翟修斯

留在身邊許久，直到王子對自己的延遲感到羞愧，因為他知道他的父親愛琴斯國王和全國人民會著急的找尋他。

他把心中所想告訴米諾斯，米諾斯嘆息著說：「我知道你的心意，我不能拒絕你。我很樂意將我的女兒交給你。」接著他們談論國事，兩人在世期間，克諾索斯和雅典結成堅實的聯盟。然後舉行了輝煌盛大的婚禮，最後，翟修斯和阿麗雅德妮以及他們的同伴都登船離開克里特島。他們遇到了一個不幸事件：當他們在克里特島時，原本的船長病死了，但米諾斯派最好的船長給他們。然而由於暴風雨的緣故，他們經歷了一段漫長而可怕的航行，屢屢偏離航道，進入陌生的海域。等他們終於找到方向時，一場嚴重的疾病降臨在美麗的阿麗雅德妮身上。她一天比一天虛弱，最後翟修斯傷心欲絕，把船停在一座離雅典只有兩天的小島上。阿麗雅德妮被抬上岸，放在國王家裡的床上，醫生和女智者竭盡全力照料她。她死的時候雙手被翟修斯握在手中，他的唇貼在她的唇上。她被葬在那座小島，翟修斯登上他的船，用斗篷蓋著頭躺了兩天，一動不動，一言不發，不吃也不喝。沒人敢跟他說話，但當船停在雅典的港口時，他站了起來環顧四周。

岸邊，人們都身著喪服而顯得一片漆黑，使者帶來國王愛琴斯已死的消息。因為克里特島的船長並不知道若是翟修斯凱旋歸來，應該升起緋紅色的帆。當時愛琴斯遙望海面，看到遠方的黑帆，於是他在悲痛中跳下懸崖，淹死在海裡。這就是翟修斯航程的終局。

翟修斯一心想死，欲在波瑟芬妮王后的土地上和阿麗雅德妮相聚。但他是堅強的人，後來成為雅典最偉大的國王，其他城鎮

都加入成為他的臣民，他也統治得很好。他首先著手的事情，是在遠離城鎮和人跡的祕密港口建造一支龐大的艦隊，雖然他和米諾斯生前是朋友，但當米諾斯死後，新的克里特國王有可能會壓迫雅典。

米諾斯過世後，他的兒子果真挑起衝突。克里特的新王想要殺掉某個人，那人逃到雅典而翟修斯拒絕把他交出來。翟修斯得到消息，有一大批海軍在克里特島整備將過來攻擊雅典。翟修斯遣使者去見多利安人（Dorians）的國王，多利安人是凶猛的民族，他們當時正穿越希臘西北部的幾個國家，搶奪土地且定居下來，並在幾年後又再次前進。他們狂野、強壯、勇敢，據說使用的鐵劍勝過希臘人的青銅武器。翟修斯的使者對他們說：「來見我們的國王，他會帶你們渡海，讓你們看到充足的戰利品。但你們要發誓不傷害他的王國。」

這話讓多利安人相當高興，翟修斯的船把他們載到雅典，翟修斯率領眾多部下與他們會合，他們共同做了宣誓。然後迅速駛向克里特島，當他們在黑夜裡抵達克里特島時，克里特的首領們以為他們屬於自己的海軍，來加入對雅典的攻擊行動；他們都不知道翟修斯有一支祕密海軍。夜裡，他率領部下前往克諾索斯，出其不意的襲擊駐軍，燒毀宮殿並洗劫一空。即使到現在，我們也能看出宮殿部分被燒毀，並被突然來襲的敵人匆匆搶掠的痕跡。

多利安人留在克里特島上，到了尤里西斯的時代他們仍在那裡，占據部分島嶼，而真正的克里特島人則占據了大部分。翟修斯回到雅典，娶亞馬遜女王希波麗塔為妻。莎士比亞的戲劇《仲夏夜之夢》講述了他們婚禮的故事。翟修斯後來又經歷了許多冒

險，也遇到許多麻煩，但他讓雅典變得富裕而強大，不再有來自克里特國王的脅迫。雖然多利安人在尤里西斯時代之後席捲了希臘的其餘土地，占領邁錫尼和拉刻代蒙，也就是阿加曼儂和梅內勞斯的城市，但他們一直遵守著對翟修斯的誓言：將雅典留給雅典人。

帕修斯

PERSEUS

✦ 1 ✦

✦ 達那厄的監牢 ✦

許多年前，那時特洛伊圍城戰尚未發生，希臘有兩位王子，既是兄弟也是死敵。他們都想成為阿爾戈斯（特洛伊戰爭期間戴歐米德斯＊統治的地方）和提林斯的國王。經過長期的戰爭，兄弟之一的普洛托斯（Proetus）占領了提林斯，用巨石建造高大的城牆和宮殿；另一個兄弟阿克瑞修斯（Acrisius）占領阿爾戈斯，娶拉刻代蒙王室的公主尤麗狄絲（Euridice）為妻，後來的梅內勞斯和海倫即為刻代蒙的國王和王后。

阿克瑞修斯有個女兒達那厄（Danae），長成了希臘最美麗的女人，但他沒有兒子。這點讓他很不快樂，因為當他年老時如果沒有兒子率領軍隊，他的兄弟普洛托斯的兒子們就會發動攻擊，奪走他的土地和城市。他最好的計畫應是找到一個像翟修斯那樣勇敢的年輕王子，把達那厄嫁給他，他們的兒子就會成為阿爾戈斯人的領袖。但阿克瑞修斯寧可去庇索（德爾菲）詢問阿波羅神廟的女先知，有沒有生育兒子的機會。

女先知鮮少告訴別人好消息，但至少這一次她說的內容不難理解。她走到神廟地面下方的深洞裡，據說那裡有奇怪的霧氣或

＊ 編按：本書第一個故事〈掠城者尤里西斯〉裡，戴歐米德斯是尤里西斯最要好的朋友，他們一起戰鬥，共同經歷好幾場冒險。

✦ 254 —— 255 ✦

蒸氣從地裡冒出來，使她陷入奇異的睡眠，睡夢中她可以走路和說話，但不知道自己唱什麼，而她唱的就是她的預言。最後，她回來了，臉色非常蒼白，她的月桂花環歪了一邊，睜著眼睛但視而不見。她唱阿克瑞修斯永遠不會有兒子；但他的女兒會生下一個兒子，那個兒子將來會殺死他。

阿克瑞修斯悲傷且遺憾的登上戰車，被載回家去。一路上他什麼話也沒說，只是想著如何避開這則預言，阻撓眾神之主宙斯的意志。他不知道宙斯俯瞰著達那厄並且愛上了她，達那厄也不知道。

避免預言發生，唯一可靠的方法是殺死達那厄，而阿克瑞修斯考慮這麼做；但他太愛她了；他也擔心要是殺了自己的女兒，人民會起來反對他，因為她是他們心中的驕傲。阿克瑞修斯還有另一個恐懼，這點將在故事後面解釋。他想出一個最好的辦法，在宮殿的中庭裡用青銅建造一間屋子，屋子深陷地下，但屋頂有部分向天空敞開，如同當時所有的房子；光線從上面照進來，火爐的煙霧也從同樣的地方散出去。阿克瑞修斯打造了這個祕密房間，把可憐的達那厄和她的奶媽關在裡面。她們什麼都看不見，無論是山丘、平原或大海、人或樹木，頂多只能看到正午的太陽、天空，以及自由飛翔的小鳥。達那厄躺在那裡，又疲憊又傷心，不懂父親為何要這樣囚禁她。他常去探望她，看起來很慈祥，也為她難過；但當她懇求把她賣到遙遠的國家為奴，至少她還可以看到生活的世界，他卻總是置若罔聞。

有一天發生了神祕的事情；很久以後，生活在希臘人和波斯

國王戰爭期間的詩人品達（Pindar）*描述：有一陣黃金雨從天而降，充滿達那厄的房間。過了一段時間，達那厄生下一個兒子，他是最強壯最漂亮的孩子。她和奶媽保守祕密，孩子在青銅屋的內室裡長大。實在很難阻止這麼活潑的孩子玩耍時發出聲音，一天，阿克瑞修斯來看達那厄，這個三四歲的男孩從奶媽身邊逃開，又笑又叫跑出她的房間。阿克瑞修斯衝了出去，看到奶媽拉住孩子用斗篷蓋著他。阿克瑞修斯把男孩抓過來，男孩用短短的腿站穩，昂著頭，皺著眉看他的外祖父，藍色的大眼睛裡充滿憤怒。阿克瑞修斯看出這孩子長大後會很危險，於是在氣憤之下，命令衛兵把奶媽帶出去用繩子勒死，而達那厄跪在他腳邊哭泣。

只有他們兩人時，阿克瑞修斯問達那厄：「這孩子的父親是誰？」但她摟著孩子，從阿克瑞修斯身邊溜過去，走出敞開的門，走上樓梯，來到屋外。她跑到中庭裡的宙斯祭壇，雙臂抱住它，心想沒人敢碰她。她說：「我向至高無上的雷電之主宙斯呼喊，因為祂是我兒子帕修斯的父親。」天空湛藍，萬里無雲，達那厄徒勞的哭喊。沒有閃電，也沒有雷聲。

阿克瑞修斯說：「是這樣嗎？那麼讓宙斯守護自己的孩子吧。」他命令部下把達那厄從祭壇拖走，再次鎖進青銅屋裡；然後命人做一個堅固的大箱子。他殘忍的將達那厄和她的兒子放進那個箱子，然後派船載出海，水手們奉命遠離海岸時將箱子沉入海中。他們不敢違抗，但是放了食物、一皮袋的酒和兩皮袋的水在箱子裡，把箱子放到風平浪靜的海裡。他們希望有船駛過，也

---

* 編按：希臘詩人品達，西元前五一八年至前四三八年。上文提及的波希戰爭，
　發生於西元前四九九年至前四四九年。

許是一艘腓尼基的商船，腓尼基商人一定會救達那厄和孩子，即使只是將他們當作奴隸賣掉。

阿克瑞修斯國王並非不知道可能發生這種情況，而他的孫子也許會活下去成為他的死因。但希臘人相信，如果任何人殺死自己的親屬，他就會被稱為厄里倪厄斯（Erinyes）的復仇三女神追捕並逼瘋，祂們長著無情的利爪和翅膀，非常可怕。這些長著翅膀的女人驅使阿加曼儂的兒子俄瑞斯特斯，像瘋子一樣四處逃亡，因為他殺了自己的母親克萊婷為父親報仇，因為她和埃吉士圖斯聯手謀殺了阿加曼儂。沒有什麼比這些復仇三女神更可怕的了，因此阿克瑞修斯不敢殺死自己的女兒和孫子帕修斯，只是讓他們處於有可能被淹死的情況。後來他再也沒有聽到他們的消息，他希望他們的屍體在波浪中翻騰，或者他們的骨頭躺在某個未知的海岸上逐漸變白。但他無法確定──事實上他很快就明白了──只要還活著，就會一直生活在恐懼中，害怕帕修斯已經逃脫，最後會來殺他，就像女先知在歌中所說的那樣。

那個箱子在平靜的水面上漂浮，海鳥俯衝下來看了一下，隨即揮動翅膀飛走了。夕陽西下，達那厄望著星辰，大熊座和繫著腰帶的獵戶座。她裹住兒子讓他溫暖；他沉沉的睡著，因為在母親懷裡他從來不知道害怕。黎明坐在祂金色的寶座上，達那厄看到周圍島嶼上群山的藍色尖頂，它們像睡蓮一樣散落在希臘的海面上。她想，如果水流能將她漂到小島上就好了，她在心裡向善神帕拉斯雅典娜、金杖的荷米斯祈禱。不久，她開始盼望箱子逐漸靠近前方一座島嶼。她把頭轉往相反方向許久，才再次看向前方。她距離島嶼更近了，可以看到煙霧從樹林間裊裊上升。但她

繼續漂流，漂過島嶼的末端，順著水流往前，就這樣過了一整天。

　　她度過了疲憊的一天，因為這個男孩玩得很開心，箱子都快翻覆了。她給他一些酒和水，他很快就睡著了。達那厄望著大海和遠處的島嶼，直到夜幕降臨。天很黑，沒有月亮，天色更黑是因為箱子漂浮在一座山的陰影中，水流把箱子拉近岸邊。但達那厄不敢再懷抱希望；她心想，夜裡不會有人乘船經過。她無助的躺著，看到海面上有一道移動的光，她大聲呼喊。那道光停了，一個男人的叫喊隔著水面傳過來，那道光快速朝她移動。光來自船桿上的火盆，現在達那厄可以看到明亮的火花從船槳的水滴中閃耀，因為有兩個強壯的男人正以最快的速度向她划來。

　　兩天來太陽的熱氣使她無比虛弱，也因為希望與恐懼交織而筋疲力盡，她昏倒了，直到感覺臉上有涼水才醒來。她睜開眼睛，看到一雙和善的眼睛注視著她，在船的燈火中，她看到一張留著鬍子的棕色臉龐。那燈火是為了捕魚；夜間漁夫們把燈火放在船上，魚群對火光好奇而圍攏過來，漁夫便用矛刺牠們。船上有不少死魚，達那厄和男孩被抬上船，一個手持魚矛的男人彎腰看著她。

　　達那厄知道自己和兒子獲救了，她躺著無法言語，最後槳手們把船划到一個石砌的小碼頭。拿著魚矛的男人輕輕的抱起她，輕輕的讓她的腳踩在陸地上，一個船夫把男孩遞給她，男孩已經醒了，喊著要吃東西。

　　持魚矛的男人說：「你安全了，女士！我這次的收穫比海裡游過的魚還要漂亮。我叫狄克堤斯（Dictys），我的兄弟波呂提克斯（Polydectes）是這座島的國王，我的妻子正在家裡等我，她會

歡迎你的，而這個男孩會得到三倍的歡迎，因為眾神帶走了我們唯一的兒子。」

他沒問達那厄任何問題。那個年代，向陌生人和客人提問是不禮貌的。他用船上的火點燃兩根火炬，要兩個手下走在前面，他扶著達那厄，肩上扛著孩子。他們沒走多遠，因為狄克堤斯熱愛捕魚，他的房子就在海邊。不久他們看到大廳屋頂開口處流洩的火光，狄克堤斯的妻子聽見說話和腳步聲，跑了出來，叫道：「豐收嗎？」

「捕到難得的東西。」狄克堤斯高興的喊道，他領達那厄進屋，將孩子放在他妻子的懷裡。他們被帶去洗溫水澡，換上乾淨的衣物，有食物擺在他們面前。不久，達那厄和帕修斯睡在柔軟的床上，上面鋪著緋紅色的羊毛毯。

狄克堤斯和妻子未曾問過達那厄為何夜裡在海上漂蕩。但透過船上的漁夫和商人，消息迅速的從大陸傳到島上。狄克堤斯聽說阿爾戈斯的國王將女兒和她的兒子扔到海裡，希望兩人都被淹死。這座島嶼叫塞里福斯（Seriphos），島民知道了這件事，都痛恨阿克瑞修斯的殘忍，而且許多人相信帕修斯是宙斯之子。

如果阿爾戈斯的消息傳到了塞里福斯，可想而知塞里福斯的消息也傳到了阿爾戈斯。阿克瑞修斯聽說有個像女神一樣美麗的女人，帶著一個神族的男孩漂流到小島的岸邊。他的恐懼在心中滋生，隨著歲月流逝，帕修斯即將成年，恐懼變得越發強烈。阿克瑞修斯經常思考著要用什麼方式殺死他的孫子，但似乎沒有一個能萬無一失。

帕修斯十五歲的時候，阿克瑞修斯不敢走出大門，除非有武

裝衛兵執矛保護。他被恐懼吞噬得如此之深，如果他從未出生，
對他來說會更幸福。

✦ 2 ✦
✦ 帕修斯的誓言 ✦

　　帕修斯相當幸運，狄克堤斯把他當作親生兒子一樣的對待和教導，要是他兇猛好鬥，便加以制止，因為身強力壯的孩子往往如此。他接受了所有年輕人該受的訓練，包括使用長矛和劍、盾牌和弓箭，以及跑步、跳躍、狩獵、划船和駕駛帆船。塞里福斯島上沒有書籍，沒人能夠閱讀或寫字；但帕修斯聽遍舊時代的故事，還有老戰士殺死海上和陸上怪物的故事。帕修斯聽到大部分的怪物都被殺死了，感到非常遺憾，因為他想要成年後也試試運氣。但最為可怕的怪物是被人類和諸神憎恨的戈爾貢（Gorgons），她們仍生活在亡者之地附近的一座島上；如何前往那座島，無人知曉。戈爾貢是兩姊妹，還有第三個女人；這兩姊妹醜惡無比，有頭髮、翅膀和銅爪，牙齒像野豬的白獠牙。她們像豬一樣醜陋可厭，以未埋葬的人類屍體為食。不過第三個戈爾貢很美，只是髮間盤繞著一條條的活蛇。三個戈爾貢裡只有她是會死的肉身，能被殺死，但誰能殺得了她呢？她的眼睛非常可怕，與她為敵的人都會變成石柱。

　　這是帕修斯小時候聽過的故事之一。當時有句諺語，形容這件或那件艱鉅的任務「跟殺死戈爾貢一樣困難。」帕修斯從小就思考著如何殺死戈爾貢，並成為與大力士海克力斯或殺死奇美拉

（Chimaera）的貝勒洛豐（Bellerophon）一樣有名的人。帕修斯總是在想這些著名人物，尤其喜歡貝勒洛豐的故事，故事如下：

　　在艾菲拉城，現在稱為科林斯，有位國王叫格勞克斯，他有一個兒子貝勒洛豐。貝勒洛豐住在遠離家鄉的阿爾戈斯，由愛他的養父普洛托斯國王（帕修斯的叔祖父）扶養長大*。普洛托斯是個老人，但他的妻子安特亞（Anteia）年輕貌美，漸漸的，安特亞愛上年輕俊美的貝勒洛豐，沒有他就快樂不起來，但她是他的養母，貝勒洛豐心中沒有這樣的愛。最後安特亞將羞恥心拋在腦後，向貝勒洛豐吐露愛意，說她痛恨丈夫；她求他一起逃到海邊，那裡已經備好一艘船，兩人可以航行到遠方某個島嶼，一起快樂的生活。

　　貝勒洛豐不知道該說什麼，他不能辜負養父普洛托斯國王。他站在原地無言以對，因羞愧而滿臉通紅，但安特亞則氣得臉色發白。

　　她說：「懦夫！你別想在阿爾戈斯活太久，好吹噓我對你的愛和你自己的美德！」她從他身邊跑開，徑直奔向普洛托斯國王，撲倒在他腳邊，喊著：「噢，國王，有人對阿爾戈斯的王后說情話侮辱她的名譽，該如何是好？」

　　普洛托斯喊道：「憑著宙斯的光輝，如果是我自己的養子，那麼他必須死！」

　　「你說對了，就是他！」安特亞說著跑回樓上她自己的房間，

---

* 編按：根據伊迪絲・漢彌敦《希臘羅馬神話》所述，貝勒洛豐殺了哥哥，這樁慘案的始末並不清楚，僅知道是個意外，但殺死親人是有罪的，所以他去找阿爾戈斯城的國王格勞克斯，請國王為他滌罪。

鎖上門，撲倒在床上憤怒的哭泣，彷彿心都要碎了。普洛托斯跟了過去，但她不肯開門，他只聽到她痛哭的聲音，於是他獨自走開，思索著如何報復貝勒洛豐。他不想公開殺養子，因為到時艾菲拉的國王將對他開戰。也不能讓他在法官面前受審，因為除了安特亞，沒有其他目擊者。而且他不想讓臣民議論王后，因為這是女性的榮譽，在那個年代是不可以在談話中提及的。

因此，有那麼一兩天，普洛托斯對待貝勒洛豐似乎比以往任何時候都更親切。後來他叫貝勒洛豐單獨到他的房間，說年輕人要多見識世界，漂洋過海走訪他鄉，並贏得名聲。聽到這些話，貝勒洛豐雙眼發亮，不只因為他想去旅行，也因為他在阿爾戈斯過得很悲慘，每天都看到安特亞憤怒的眼神。普洛托斯說，遠在大海彼端的亞細亞有個呂基亞王國，國王是他的岳父也是他的摯友，他將送貝勒洛豐到那裡去。普洛托斯把一塊摺起的字板交給貝勒洛豐，裡面寫上許多致命的符號。貝勒洛豐接過字板，當然沒看裡面得內容，然後乘船前往呂基亞。那個國家的國王盛情接待他，抵達之後第十天，國王問他是否帶了普洛托斯國王的信物。

貝勒洛豐將字板交給國王，國王打開閱讀。內容寫著，貝勒洛豐必須死。當時有個非由人類所生的女妖讓呂基亞不堪其擾；她的前半身是獅子，身體的中段是山羊，後段逐漸變細，變成一條強壯迅捷的巨蛇，從鼻孔噴出火焰．呂基亞的國王想要除掉貝勒洛豐，只好對他的客人提起這個禍害，客人立刻發誓如果找得到她，就會對付她。於是他被帶到女妖居住的山洞，守候了她一整夜，直到天亮。

他不只勇敢，也相當機靈。別人問他為何只帶他的劍和兩支

長矛，矛頭沉重，是軟鉛製成的，而不是青銅。貝勒洛豐告訴他的同伴，他有自己的戰鬥方式，要他們先回去，留他一人，而他的車夫則站在馬匹和戰車旁邊，停在一處別人看不見的凹路裡。貝勒洛豐躲在洞口的岩石後面趴著看。初升太陽的紅色光芒照射到幽暗洞口的那一刻，奇美拉出現了，她把前爪搭在岩石上，俯瞰著山谷。就在她張口吐出火焰的那一刻，貝勒洛豐將鉛製長矛刺進她的喉嚨深處，而後跳到一邊。奇美拉撲過來，蛇尾抽打著岩石，但貝勒洛豐一直躲在高大的岩石後方。奇美拉不再追他，她倒在地上翻滾，發出痛苦的尖叫，因為鉛塊在她體內的火焰中融化，而融化的鉛燒穿了她，她死了。貝勒洛豐砍下她的頭和幾呎長的尾巴，放在戰車上，駕著馬車回到呂基亞國王的宮殿，人們跟在他後面唱著讚歌。

國王另外指派給他三項可怕的任務，他光榮的完成每一項冒險，最後國王將女兒嫁給他，並獎賞他一半的王國。這就是貝勒洛豐的故事（這則故事還有其他的版本），帕修斯決心跟他一樣立下豐功偉業。但帕修斯還是個孩子，他不知道也沒有人能告訴他，怎麼到戈爾貢的島。

帕修斯十六歲左右，塞里福斯國王波呂提克斯一看到達那厄就愛上她，想帶她回自己的宮殿，但他不想要帕修斯。波呂提克斯是個又壞又殘酷的人，而帕修斯深得人民愛戴，以致他不敢公然殺帕修斯，因此他與這個小夥子結交，並仔細觀察他，看看能怎麼利用他。國王看出他魯莽、大膽且傲慢，雖說狄克堤斯教導他要控制自己，但他急切的想贏得榮耀。國王想出一個計畫：他在生日那天舉辦盛宴，邀請島上所有的首領和富人；他也邀請帕

修斯。按照習俗，所有的賓客帶來了他們最好的東西當作禮物，牲畜、女奴、金杯、金塊、大型青銅器皿和其他華麗的物品，國王在大廳門口迎接客人，親切的向他們致謝。

帕修斯最後來到：他沒有禮物可以贈送，因為他一無所有。其他人開始譏笑他，說：「這裡有個沒帶生日禮物的客人！」「無人之子怎麼會有適合國王的禮物呢。」「這個懶惰的小夥子，賴在母親身邊；他早該跟著商船船長去工作了。」「他至少能在城市的田地裡看守城裡的牛隻。」另一個人說。他們羞辱帕修斯，國王帶著殘忍微笑看著他，見到他的臉變紅了。當帕修斯逐一看著這些嘲笑他的人，他的藍眼睛閃出亮光。

最後帕修斯開口道：「你們這些小島的農人、漁夫、船長和奴隸販子，我會給你們的主人帶來一件你們都不敢尋求的禮物。再會。等你們再見到我，就是永別的時候。我要去殺蛇髮女妖，並帶回任何國王都沒有的禮物──蛇髮女妖的頭顱。」

他們哈哈大笑，發出噓聲，但帕修斯轉過身去，手放在劍柄上，任他們自己去歡慶，而國王心中大喜。帕修斯不敢再見到母親；他對狄克堤斯說，他知道自己到了必須去異地闖天下的年紀。他請狄克堤斯盡其所能保護他的母親不受傷害。狄克堤斯承諾他會設法保護達那厄，然後給他三個金塊（當時稱作「塔冷通」，作為金錢使用），並借給他一艘船到希臘大陸闖蕩。

黎明時分，帕修斯悄悄啟航，先在瑪勒亞（Malea）登陸，然後四處漫遊，想打聽如何前往戈爾貢的島。他衣衫襤褸，晚上睡在鐵匠鋪的火爐邊，乞丐和流浪者也都睡在那裡：他聽他們講故事，遇到老人就問他們是否認識什麼人，知道怎麼前往戈爾

貢的島。他們都搖頭。一個老人說：「如果那座島離亡者之地很近，我應該知道一點，因為我就住在它的邊界，然而我卻一無所知。也許死者可能知道；或是在庇索預言的女先知；或是賽洛伊人（Selloi），就是不洗腳的祭司，在遙遠的多多納樹林裡，他們睡在宙斯的聖橡樹下。」

帕修斯只知道這些，他繼續四處漫遊。他去了通往亡者之地的洞穴，在那裡鬼魂用單薄的聲音回答問題，聽起來像蝙蝠的叫聲。但是鬼魂無法將他想知道的事情告訴他。於是他去了庇索，女先知透過歌曲，要他尋找一片土地，那裡的人吃橡實而不是豐收女神狄蜜特的黃色穀物。他從那裡流浪到伊庇魯斯（Epirus），找到了住在宙斯橡樹林裡的賽洛伊人，他們以橡實磨成的粉為生。其中一人躺在樹林裡，斗篷蒙著頭，聽著風對樹林裡的葉子低語時的聲音。那些樹葉說：「我們祝願這位年輕人有美好的希望，因為眾神與他同在。」

但是這個回答沒有告訴帕修斯，戈爾貢的島在何處，不過這些話讓他心中充滿希望，儘管他已經疲憊不堪，雙腳痠痛。他吃了賽洛伊人用橡實做成的麵包和給他的豬肉，然後獨自走到樹林深處，把頭伏在一棵長滿苔蘚的老橡樹寬闊的樹根上。他沒有睡覺，只是透過樹枝看星星，聽著夜間遊蕩的野獸在林地裡的叫聲。「如果眾神與我同在，我會很順利的。」他說。他說話的時候，一道澄澈的白光在黑暗中移動。清澈的白光來自一位高挑美麗的女子手中的金燈，祂身穿盔甲，一面拋光的青銅大盾繫著帶子掛在脖子上。有位年輕人與祂同行，腳踩有翼的金鞋，腰間繫一把奇特的短彎劍，手裡拿一根有翼的金杖，金蛇纏繞其上。

帕修斯知道這些美麗的人是女神雅典娜和帶來所有幸運事物的荷米斯。他在祂們面前俯伏在地，但雅典娜以甜美而莊嚴的聲音說，「起來，帕修斯，與我們面對面說話，因為我們是你的親戚，我們也是諸神與人類之父宙斯的孩子。」

　　帕修斯站起來，直視他們的眼睛。

　　「帕修斯，我們觀察你很久，以瞭解你是否擁有英雄之心，能夠完成偉大的冒險；或者你只是個無所事事、愛作夢的男孩。我們看到你的心堅定不移，看到你忍受飢餓和長途跋涉，尋找你必須找到的死亡之路或贏得榮耀之路。如果沒有眾神的幫助，是找不到那條路的。首先，你必須找到三位灰女人，她們住在北風背後的土地之外。她們會告訴你通往西方三位寧芙的道路，她們住在不知道什麼是航行的島嶼上；那裡比海力克斯立的石柱更遠，那石柱是他前往世界盡頭之井的旅途中感到疲倦時立下的，回程他也在那裡停留過。你必須去找這些寧芙，她們住在人類未曾踏足的地方，她們會告訴你如何前往戈爾貢的島。如果你看到蛇髮女妖的臉，你會變成石頭。不過你發誓要取三個戈爾貢裡最年輕那位的頭顱，她並非生來就是戈爾貢，而是因為自身的邪惡而成為她們之中的一個。如果你殺了她，你連她死掉的頭顱都不可以看，要用掛在我盾牌旁邊的羊皮裹住；你不要看它，也不要讓任何人看它，除了你的敵人。」

　　帕修斯說：「殺死我不能注視的女人以免變成石頭，真是一場大冒險。」

　　雅典娜說：「我把拋光的盾牌給你，如果你想活著看到陽光，讓它永遠保持光亮。」祂從脖子上取下盾牌連同盾牌的羊皮遮布，

掛在帕修斯的脖子上。他跪下來感謝祂的神恩，抬頭透過樹林中樹枝間的空隙望去，他說：「我看到大熊座了，指引水手的北方星辰。我現在就按照你們的意願走向它們，因為我急著找到那三位灰女人為我指路。」

荷米斯微笑著說：「你還沒走到，就會變成白鬍老人了！喏，把我有翼的涼鞋拿去穿，綁在腳上。它們知道天空所有的路，會帶你去見三位灰女人。也繫上我的劍，因為這把劍不需要揮第二次就能劈開你想要劈開的東西。」

於是帕修斯穿上飛迅之鞋，繫上名叫赫丕（Herpe）的鋒利之劍。他綁完鞋子站起來，只剩自己一人，兩位神祇已經離去。他拔出劍，砍向一棵橡樹樹幹，劍刃俐落的穿過樹幹，樹木轟然倒下，伴隨雷鳴般的撞擊聲。帕修斯從樹林的空曠處升起，在星空下朝著大熊星座飛去。他飛往希臘北部，飛越色雷斯山，多瑙河（當時稱為伊斯特河）在他的下方有如一條長長的銀線。當他飛過希臘人未知的土地時，空氣變得寒冷，那裡是野人居住的地方，野人披著野獸的皮，用磨尖的石頭製成斧頭和矛頭。他去了北風背後的土地，那是一片陽光普照的溫暖土地，那裡的人把野驢獻給阿波羅神。越過此地，他來到熾熱的沙漠，但他看到遠方有喜水的樹木，白楊和柳樹，於是往那裡飛去。

他來到樹林間一個湖邊，三隻巨大的灰天鵝在湖面上盤旋，她們有女人的頭，灰色的長髮垂到身體下方，隨風飄揚。她們邊飛邊互相歌唱，聲音就像天鵝的叫聲。她們共用一隻眼眼、一顆牙齒，她們輪流傳給對方，因為她們的翅膀底下有胳膊和手。帕修斯降落下來觀察她們。當一個人把眼睛遞給另一個人時，她們

誰也看不到他，所以他等待著，趁機拿走眼睛。

一個灰女人說：「我們的眼睛在哪裡？你拿走了嗎？沒在我手上。」帕修斯就是從她手中拿走眼睛的。

其他人一個個喊道：「我沒拿啊！」她們像天鵝一樣放聲號叫。

帕修斯說：「在我手上。」聽到他的聲音，她們都朝他飛去，但他輕易的避開她們。帕修斯說：「這隻眼睛我先收著，只要告訴我只有你們知曉的那條前往戈爾貢島嶼的路，就還給你們。」

可憐的灰女人喊道：「我們不知道，除了西島的寧芙，沒有人知道：給我們眼睛！」

帕修斯說：「那麼請告訴我如何前往寧芙的西島。」

「轉過身去繼續前進，經過有白色峭壁的阿爾比昂島（Albion），保持你的左手邊是陸地，右手邊是未航行過的大海，最後會在左手邊看到海力克斯的石柱，然後朝著西微南*的方向。詛咒你！把我們的眼睛還來！」

帕修斯將眼睛歸還她們，接過眼睛的那個朝他飛去，但他笑著，高高的升到她們的上方，按照她們所說的方向飛去了。他飛越許多海洋和陸地，最後在海力克斯之柱（直布羅陀）轉向右邊，朝著西微南的方向飛行，穿過溫暖的空氣，越過寂寞無盡的大西洋海域。最後看到遙遠的島嶼上一座藍色的大山，山頂覆蓋著白雪。他在那座島嶼降落。那片土地鮮花盛放，山坡高處有松樹林，但松樹下方就像一座花園，花園裡有棵結金蘋果的樹，三個美麗

---

* 編按：西微南，介於正西和西南偏西之間，是羅盤方位（三十二方位）的第二十四個方位。

的少女圍著樹跳舞，她們穿著綠色、白色和紅色的衣服。

「這幾位一定是西島的寧芙。」帕修斯說著往下飄到花園裡，靠近她們。

她們一看到他就停止跳舞，拉著彼此的手笑著跑向帕修斯，喊道：「荷米斯，我們的玩伴荷米斯來了！」她們的手臂摟著帕修斯，笑著親吻著，說：「你為什麼帶一面大盾，荷米斯？這裡沒有不友善的神或人要與你作戰。」

帕修斯看到她們將他誤認是荷米斯神，因為他所佩帶的劍和有翼的鞋，不過他並不討厭這些快樂的少女所犯的錯誤。

他說：「我不是荷米斯，而是一個凡人，那位神仁慈的將祂的劍和鞋借給我。我叫帕修斯。」

女孩們從他身邊跳開，紅了臉，看起來很害羞。年紀最長的女孩回答：「我們是暮星之神赫斯佩洛斯（Hesperus）的女兒。我是埃格勒（Aegle），這是我妹妹厄律提亞（Erytheia），還有這位是赫斯佩里亞（Hesperia）。我們是這座島嶼的守護者，這裡是眾神的花園，祂們經常來拜訪我們。我們的表兄弟，年輕的葡萄藤之神與歡樂之神戴奧尼索斯、金杖的荷米斯都常過來，還有閃耀的阿波羅和祂姊姊女獵人阿特蜜斯。但是眾神為什麼派你這位我們從未見過的凡人來此地？」

「兩位神祇派我來，問你們到戈爾貢島嶼的路，我能殺死眾神和人類都厭惡的蛇髮美杜莎（Medusa）。」

寧芙回答道：「唉呀！即使我們知道路，你要怎麼殺她呢？更何況我們並不知道？」

帕修斯感嘆著：走了那麼遠的路，受了那麼多的苦，來到西

島的寧芙這裡，但連她們都不知道怎麼去戈爾貢的島。女孩說：
「不要害怕，因為即使我們不知道，但我們知道誰知曉這條路：
他叫阿特拉斯——山中的巨人。他居住在雪山的最高峰，是他托
著天空，分開天與地。他環顧整個世界，和遼闊的西方大海：我
們必須請他回答你的問題。拿下你沉重的盾牌，跟我們一起坐在
花叢中，讓我們想想你要如何殺死蛇髮女妖。」

　　帕修斯高興的卸下沉重的盾牌，在白紫相間的風之花中坐
下，埃格勒也坐了下來；但厄律提亞撐起那面盾牌，美麗的赫斯
佩里亞從拋光的盾面上笑著欣賞自己的倒影。

帕修斯看著她們笑了笑，心中浮現一個計畫。他在流浪期間一直努力思考，如果找到蛇髮女妖要怎麼砍掉她的頭，而又不用看到那張能把人變成石頭的臉。現在他的難題解開了。他可以在蛇髮女妖上方舉起盾牌，像鏡子那樣看到她臉部的倒影，此時他看見盾牌上映照出赫斯佩里亞美麗的面孔。他轉向默默坐在一旁的埃格勒，說：「怎麼做才能攻擊蛇髮女妖又不用看見她的臉，我解開這個困擾我很久的難題了。我可以懸在她上方的空中，看她映在盾牌上的臉，如此就知道該攻擊哪裡。」另外兩個女孩已經把盾牌留在了草地上，帕修斯這麼說的時候，她們鼓起掌來，但埃格勒仍然一臉凝重。「你想出這個巧妙的計畫真是太好了；但是戈爾貢會看到你，其中兩個是不死的，即使用赫丕劍也無法殺死。這些戈爾貢有翅膀，飛起來幾乎和荷米斯有翼的鞋一樣快，還有無法折斷的青銅爪子。」

赫斯佩里亞拍了拍手，說：「我知道有個辦法，可以讓我們的朋友接近戈爾貢又不會被她們發現。」她轉向帕修斯，說：「我們三姊妹是精靈女王波瑟芬妮的女伴，祂是豐收女神狄蜜特的女兒。一個春天的早晨，我們在恩納（Enna）平原上和祂一起採花，這時一朵新花綻放，芬芳美麗，那就是白水仙。波瑟芬妮剛摘下那朵花，祂身旁的地面瞬間裂開，冥王黑帝斯的馬匹和戰車出現了，祂把波瑟芬妮抱上戰車，把祂帶到冥府。我們哭了，非常害怕，但宙斯允准波瑟芬妮帶著第一朵雪花蓮返回人間，待在祂母親狄蜜特身邊，直到最後一朵玫瑰花凋謝。現在波瑟芬妮最喜歡我，會帶我去見祂的丈夫，祂的丈夫愛屋及烏也會對我很好，不會拒絕我，祂能幫得上你。我會去找祂，當你的世界進入冬天時，

我經常去探訪我的玩伴；而我們的島嶼永遠是夏天。我會去找祂再回來，設法讓你不被任何人看見，無論是神、人還是怪物。這段期間，我的姊妹會照顧你，明天她們會帶你到山頂與巨人交談。」

高駣嚴肅的埃格勒說：「說得很好。」她把帕修斯帶到她們的屋子裡，給他食物和酒。晚上他在中庭的房間裡滿懷著希望入睡。

第二天一早，帕修斯、埃格勒、厄律提亞飄浮到山頂，因為赫斯佩里亞已在夜裡啟程去拜訪波瑟芬妮王后。帕修斯兩手分別拉著寧芙的手，不用太費力就上去了；荷米斯有翼的鞋子力量很大，他們一同騰空而起。他們找到好巨人阿特拉斯，巨人正跪在雪地裡一塊黑色岩石上，兩手托著天空。埃格勒和巨人談過話後，巨人請女孩先到一旁，然後告訴帕修斯，說：「在那邊，在西邊很遠的地方，你會看見一座島嶼，上面有一座山，山頂平坦，像一張桌子。戈爾貢就住在那裡。」

帕修斯熱切的致謝。但阿特拉斯嘆口氣說：「我的生活真教人疲憊。自從巨人和眾神交戰並落敗以後，我就跪在這裡執行任務。為了懲罰我，宙斯將我安置在此處分開天與地。祂告訴過我，幾百年後我就可以休息，變成一塊石頭。現在，我看到約定的休息日就要到了，等你殺了蛇髮女妖，給我看她的頭，讓我的身體變成石頭，但我的靈魂將與永生的眾神同在。」

帕修斯可憐阿特拉斯；他順從宙斯的意志以及巨人的請求，並許下承諾。接著他飄向埃格勒和厄律提亞，三人飄向金蘋果園。他們踩著柔軟的草地，看著白色、紅色、紫色的風之花鈴鐺

般的花朵隨風搖曳，這時他們聽到低沉的笑聲，是赫斯佩里亞的笑聲，但看不見她。「你在哪裡，赫斯佩里亞？你躲在哪裡？」埃格勒驚奇的叫著，因為草地寬敞開闊，沒有灌木叢或樹木可以躲藏。

「來找我啊。」赫斯佩里亞的聲音在他們身邊喊道，幾把花被輕輕的拋向他們，但沒看到是誰做的。帕修斯想：「這個地方肯定被施了魔法。」赫斯佩里亞的聲音回答道：「跟上來，跟我來。我會在你們之前跑到房子裡，讓你們知道我的祕密。」

他們都看到花朵彎了腰，草葉搖擺，好像一個輕盈的女孩從中跑過，他們尾隨著被踩過的草地走回屋子。赫斯佩里亞在門口迎接他們。她說：「你們剛剛看不到我，戈爾貢也不會看到帕修斯。看，那張桌子上放著黑帝斯的頭盔，凡人稱之為黑暗之帽。當我戴上它，你們看不到我，不，連不死的神也看不到頭盔的配戴者。」她舉起放在大廳桌上那頂深色的硬皮便盔，當戴上它，她就不見了。她摘下來套在帕修斯頭上。女孩都喊道：「我們看不到你了，帕修斯，你用閃亮的盾牌看看自己：你能看到自己嗎？

帕修斯轉向他掛在牆上一顆金釘上的盾牌。他只看到拋光的青銅，以及從他身後張望的女孩的臉。他摘下黑帝斯的頭盔，重重嘆了口氣，說：「仁慈的眾神，我想我會遵守諾言，將蛇髮女妖的頭顱帶給波呂提克斯。」

那天晚上他們都很快樂，帕修斯將自己是宙斯之子的故事告訴她們，這幾個女孩稱他為「帕修斯表弟」。赫斯佩里亞說：「我們非常愛你，我們可以讓你永生，沒有老年與死亡，你可以永遠

跟我們住在這裡——對於眾神花園裡的三位少女來說，有時候真是孤獨啊。可是你必須信守諾言，懲罰敵人，珍惜你的母親。等你娶了你心儀的女士，成為阿爾戈斯的國王時，可別忘了我們三個表姊。」

帕修斯的眼裡含著淚水，說：「親愛的表姊，我永遠不會忘記你們，即使以後去了冥府。赫斯佩里亞，你會不時下來看我嗎？不過，沒有女人讓我動心。」

厄律提亞說：「我想你很快就會有一位愛人。時間晚了，你明天還有很多事情要做。」

於是他們分開了。第二天早上，她們為帕修斯祈求好運。他將盾牌打磨拋光，並用羊皮覆蓋，穿上迅捷之鞋，繫上鋒利之劍，把黑暗之帽戴在頭上。他在空中翱翔，直到看見西方海洋的一個小點，那是戈爾貢的島以及桌形的山。

路途遙遠，但翼鞋速度很快，在正午的熱氣中，帕修斯懸浮於高處，俯視桌山的頂端。他隱約看到三大塊奇形怪狀的東西，可怕的四肢動也不動，他知道那是正在午睡的戈爾貢。他舉起盾牌，讓那些形狀映在盾面光滑的表面上，然後緩緩往下飄，往下再往下，直到進入攻擊距離。戈爾貢躺在那裡，其中兩個奇醜無比，像睡夢中的醉漢發出響亮的鼾聲。但是躺在中間的那個戈爾貢，她的臉像熟睡的孩子一樣安靜，和愛情女神的臉一樣美麗，長長的深色睫毛遮住眼睛，紅唇半啟。所有的一切都沒有動靜，除了美麗的美杜莎髮間的蛇；那些蛇沒有靜止的時候，總是不停的盤繞、扭曲。帕修斯從盾牌看著牠們，心生厭惡。牠們盤繞又展開，露出了她象牙般的脖子，帕修斯舉起赫丕劍，砍了下去。

他從盾牌上看到滾落的頭顱，他抓住頭髮，用羊皮包裹起來，放進背袋裡。他高高的升到空中，低頭看去，他看到兩個戈爾貢姊妹在睡夢中翻身。她們醒來，看到她們的妹妹死了。她們似乎在相互交談；她們東張西望，望向空曠明亮的天空，因為她們看不到戴著黑暗之帽的帕修斯。她們撲打有力的翅膀升到空中，高高低低四處巡獵，俯衝到島嶼前方和後方，但帕修斯飛得比往任何時候都快，時而俯衝、時而高飛，以隱藏他的蹤跡。他潛入深海，屏住氣息在水裡飛行，然後衝出海面，迅速逃走。戈爾貢被他每次的急轉彎弄得困惑無比，在他潛入海中的地方她們追丟了氣味；帕修斯從很遠的地方聽見她們的大聲叫喊，但很快這些叫聲也隨著距離消失了。他直直飛向巨人阿特拉斯遙遠的藍色山丘，他經常回頭看，但他身後的天空並無他物，他再也沒有見過戈爾貢。那座山從藍色變成了明亮的灰色、紅色和金色，有如用鉛筆勾勒的裂隙和峽谷，很快的帕修斯站在巨大的阿特拉斯旁邊。巨人說：「歡迎你並祝福你，讓我看看那顆能讓我休息的頭顱。」

帕修斯從背袋裡取出包裹，小心的解開羊皮，舉起那顆頭顱，移開目光。巨人轉眼變為一塊灰色的巨石。帕修斯往下飛到眾神的花園裡，將黑暗之帽放在草地上。坐在那裡編織花環的三位寧芙跳起來圍住他，親吻他，將花環戴在他的頭上。那晚，他和她們一起休息，第二天早上，他們彼此親吻道別。

埃格勒說：「不要忘記我們，也不要為我們的孤獨感到難過。今天荷米斯和我們在一起，明天祂又會和葡萄藤之神戴奧尼索斯和祂那群快樂的同伴一起來。荷米斯留了訊息給你，要你往東

飛，再往南飛，飛去你的翅膀指引的地方，他說你會在那裡找到幸福。贏得勝利後，你要轉向北再往西，回到自己的國家。我們三個人的愛永遠與你同在，我們也會聽到你的好消息，因為荷米斯會告訴我們，那麼我們也能跟著歡喜。再會了！」

　　三位少女滿臉和善、眼帶微笑，她們擁抱帕修斯，他也盡可能回以微笑；他在向東飛行的路上經常回頭看，當他再也看不到眾神花園上方那座宜人的山丘時，心中感到悲傷。

✦3✦
⇸帕修斯和安卓美姐⇷

　　帕修斯讓翅膀帶領他飛翔，飛過高山和沙漠荒野。在他腳下，狂風喚醒了沙塵暴，下方除了一片黃灰色的柔軟地面，他什麼也看不見。當黃沙散去後，他看見荒地中圍繞著泉水的小綠洲，還有長長的駱駝隊伍，以及棕皮膚的人騎著快馬，他對此感到驚奇；因為他那個時代的希臘人都駕駛馬車，而不是騎馬。火紅的太陽在他身後落下，大地一片紫色，群星似乎在一瞬間奔騰而出，他在星光中飛馳，直到天空重新變成灰色，繼而玫瑰色，然後是濃烈的色彩，綠色、金色、紅寶石色和紫晶色。太陽升起，帕修斯往下俯瞰一片綠地，那裡有條大河流向北方，他猜想那是埃吉普塔斯河，也就是我們現今的尼羅河。他腳下有一座城市，棕櫚樹林間有許多白色的房子，以及用紅石建造的宏偉神廟。迅捷之鞋停在寬闊的市集上方，帕修斯懸在空中，看見一大群人從神廟門口湧出來。

　　走在前面的是國王，像希臘人，他領著一位膚白如雪的少女，她身上掛著花圈和羊毛飾環，就像希臘人獻祭給神祇的公牛。國王和少女身後則是一群棕皮膚的人，首先是祭司、術士、豎琴手，還有搖著金屬響環的婦女，響環發出狂野悲切的聲音，而群眾都在哀嘆。

在帕修斯的注視下，眾人慢慢的往下走到大河的岸邊，帕修斯從未見過如此寬闊的河流。他們走到河流上方一塊如牆般的陡峭紅色岩石；它的腳下有片平坦的岩石架──河水剛剛沖刷過。他們在這裡停步，國王親吻並擁抱雪白的少女。他們用青銅鎖鍊將她繫在嵌入岩石裡的銅環。他們唱一首奇特的頌歌，然後列隊走回城鎮，把斗篷蓋在頭上。少女站在那裡，或者更確切的說，被鎖鍊支撐著向前垂懸。帕修斯飄了下來，他離得越近，那位雪白的少女就顯得更美，柔軟的深色頭髮垂到她雪白的腳邊。他輕輕的飄下來，直到雙腳踩在岩石的邊緣。她沒聽到他走過來，當他輕輕的碰觸她，她驚叫一聲，睜開深色的大眼睛看著他，眼睛狂野而乾澀，沒有一滴淚。「是神嗎？」她說，緊握著雙手。

「我不是神，只是個凡人，我是殺了蛇髮女妖的帕修斯。你在這裡做什麼？什麼樣殘忍的人將你綁在這裡？」

「我是安卓美姐（Andromeda），克甫斯（Cepheus）之女，他是一個奇特民族的國王。每年他們獻上一個少女給他們的神，一隻用腳行走的怪物魚，今年從城裡所有的少女中抽到了我。」

帕修斯隨即拔出赫丕劍，斬斷縛住少女的青銅鎖鍊，彷彿它們是亞麻繩索。少女跪倒在他腳邊，雙手搗住眼睛。帕修斯看到河對岸長長的蘆葦搖曳著、攪動著，嘩啦啦的響著，從蘆葦叢中冒出一隻可怕的魚，用腳走路，再滑進了水裡；游動時，又尖又長的黑色頭顱露出水面，身後的水波就像船尾的水波一樣。

「別動，遮住眼睛！」帕修斯對少女低聲說。

他從背袋裡抽走羊皮，舉起蛇髮女妖的頭，後腦袋朝著自己，等到魚怪長長的黑色頭顱從河邊抬起來，前腳踩上濕答答的

岩石架。他把那顆頭舉在魚怪的眼前，魚怪從頭往下慢慢僵硬起來。尾巴還沒停止拍打水面，頭、前腳和肩膀已經變成了石頭，接著魚尾巴硬化成鋸齒狀的尖銳長石，帕修斯用羊皮把頭包起來收進背袋。他背對著安卓美姐，避免她睜開眼睛看見蛇髮女妖的頭。但她一直閉著雙眼，帕修斯發現她因為害怕怪物，還有太陽的高溫，已經暈倒了。帕修斯雙手合成杯狀，彎身掬起河水，潑在安卓美姐的臉和脖子上，對她的美貌讚嘆不已。她終於睜開眼睛，想要站起來卻還是跪倒了，手指緊緊抓住岩石。帕修斯見她太過虛弱無力，將她抱在懷裡，美麗的頭枕在他的肩上，像個疲倦的孩子睡著了。他升到空中，飄過河流上方陡峭的紅色岩牆，緩緩的朝城市飛去。

城門沒有哨兵看守；長長的街道空無一人，因為所有的人都在家裡祈禱與哭泣。但是一個小女孩從城門附近的房子裡溜了出去。她還太小，不明白父母和哥哥們為什麼那麼傷心，完全不理會她。她想她可以出去到街上玩耍，她從玩耍中抬起頭來，看到帕修斯抱著國王的女兒。孩子瞪大眼睛，然後跑回家，大聲叫了起來，因為她還不大會說話。她用力拉著母親的長袍，母親站起來跟著她走到門口。母親高興的叫出聲，她的丈夫和孩子們也跑了出來，同樣因為喜悅而歡呼。他們的歡呼聲傳到其他房子裡，所有的居民先前有多悲傷，現在就有多高興。眾人跟著帕修斯來到國王的宮殿。帕修斯穿過空蕩蕩的中庭，站在大廳門口，男僕女僕都來到他那裡，女人們流著歡喜的淚水將安卓美姐帶到她母親卡西厄佩亞（Cassiopeia）王后的臥房。

國王和王后是多麼快樂啊，他們興高采烈的迎接帕修斯！他

們設宴請客，送牛、羊和酒給所有的人，好叫眾人都歡喜快樂。
安卓美姐也來到大廳，她臉色蒼白但面帶微笑，坐在她母親的高
椅旁，聽帕修斯講述他的冒險故事。現在帕修斯說話時候，目
光幾乎離不開安卓美姐的臉龐，她偷偷看了他一眼。當他們四目
相接時，她的臉再次有了血色，像染上淡玫瑰色的象牙般閃閃發
光，那種象牙是卡里亞的婦女為某個富有國王製作的。帕修斯想
起荷米斯透過埃格勒傳達的訊息，如果他往東再往南飛，就會找
到幸福。他知道自己已經找到了，如果這位少女願意成為他的妻
子，他重複荷米斯的訊息來結束故事。

他說：「眾神只說真話。為你們帶來幸福，是阿爾戈斯的帕修斯最大的幸福。」然而他內心裡希望看到一個更幸福的日子，即他與安卓美妲舉行結婚儀式，年輕男女在他們的門前唱婚禮歌曲。

安卓美妲與他想法一致，而且由於帕修斯必須回家，她的父母認為沒有他，她就活不下去了，是他把女兒從殘酷的死亡中拯救出來的。於是他們懷著沉重的心情舉辦婚宴，安卓美妲和父母含淚道別。帕修斯和他的新娘乘著國王的船，順著埃吉普塔斯大河航行；沿途每個城鎮都以盛宴、歌曲和舞蹈來歡迎他們。他們看到了埃及所有奇妙的事物，宮殿、金字塔、神廟和國王的陵墓，最後在河口找到一艘克里特島人的船。他們雇用這艘船，因為他們攜帶了大量的財寶，黃金、沒藥、象牙，這些都是埃及王子們送的禮物。

✦4✦

✦帕修斯為達那厄報仇✦

　　他們的背後吹拂著穩定的南風，航行到塞里福斯後他們登陸，把財寶帶到岸上前往狄克堤斯的家，卻發現他孤寂悲傷，因為他的妻子過世了，而他的兄弟波呂提克斯國王帶走達那厄，要她在他屋裡和其他女奴一起磨穀子。帕修斯聽了便問：「波呂提克斯國王在哪裡？」

　　狄克堤斯說：「今天是他的生日，他跟幾位王子一同宴飲。」

　　帕修斯說：「那麼讓我同行，如果城裡有乞丐，請差你家的僕人去乞丐那裡借最破舊的衣服。」正好有這樣的人——他一瘸一拐的穿過庭院的門，來到房子的門檻，坐在那裡發牢騷，乞討。他們給他食物和酒，帕修斯喊道：「老爹，我拿新衣跟你換舊衣，新鞋換舊鞋。」乞丐不敢相信自己的耳朵，但他被帶去洗浴，還給了他新衣服。帕修斯穿上乞丐的破衣爛衫，將荷米斯的翼鞋、赫丕劍、雅典娜的拋光盾牌交給狄克堤斯保管。帕修斯把塵土和木頭的灰燼撒在頭上，直到頭髮看起來骯髒和灰白，然後將羊皮遮布和戈爾貢的頭放在背袋裡，拄著乞丐的木杖，一瘸一拐走向波呂提克斯的宮殿。他像乞丐一樣坐在門檻上，波呂提克看到他，就對僕人喊道：「帶那個人進來。今天不是我舉辦壽宴的日子嗎？當然歡迎所有人。」帕修斯被帶進屋裡，他謙卑的看著地

面，接著被帶到國王面前。

國王說：「你這乞丐，有什麼新消息嗎？」

帕修斯故意以抱怨的語氣說：「我有你要的消息，看好了，我就是那個七年前沒有帶禮物來參加國王盛宴的人，現在我又累又餓的回來請求他的恩典。」

波呂提克斯喊道：「憑著宙斯的光輝，這不就是那個小乞丐，吹噓會給我帶來國王寶物室裡沒有的寶物！那個小乞丐變成大乞丐了啊。時間和旅行馴服了他！喂，來人啊，跑去把他正在磨坊磨穀子的母親叫來，好讓她歡迎她的兒子。」

一個僕人跑出大廳，塞里福斯的首領們對帕修斯冷嘲熱諷。「就是他罵我們是農夫和奴隸販子。他在奴隸市場上必定賣不到一頭老母牛的價錢。」他們拿麵包皮和豬骨頭丟他，但他保持沉默。

達那厄被帶進來，穿著骯髒的衣服，但看起來像個王后。國王喊道：「往前走，女人，看看那個乞丐，認出你兒子了嗎？」她昂著頭往前走，帕修斯低聲說：「母親，站在我旁邊，不要說話！」

帕修斯說：「我的母親認不出我，或者看輕我。我雖窮，但不會空手而歸。我的背袋裡有一份禮物，是從很遠的地方帶來的，要獻給我的國王陛下。」

他把背袋甩到身體前方；他揭開羊皮遮布，抓住蛇髮，高舉蛇髮女妖的頭顱面向國王和首領們。一瞬間，沿著大廳入座的他們全部變成灰色的石頭，椅子在石頭的重壓下碎裂倒地，石頭滾到了堅硬的黏土地板上。帕修斯再用羊皮把那顆頭顱包起來，小

心的收進背袋，喊道：「母親，看看四周，看你的兒子和你自己的復仇。」

達那厄不是憑著眼睛，而是憑著聲音終於認出她的兒子，她喜極而泣。於是兩人前往狄克堤斯的家，帕修斯洗乾淨後換上華美的衣服，達那厄不再是奴隸，也穿上了自由的女人所穿的衣服，她非常高興的擁抱安卓美姐。

帕修斯推舉善良的狄克堤斯為塞里福斯的國王；他將翼鞋、赫丕劍放在荷米斯的神廟裡，裹在羊皮裡蛇髮女妖的頭顱、拋光的盾牌則放在雅典娜神廟的祭壇上。他要所有在神廟裡服務的人先離開，無論老少；他鎖上大門，由他、狄克堤斯和武裝的克里特島人——也就是他的船員，徹夜看守，不讓任何人進去。隔日，帕修斯獨自走進雅典娜神廟。一切都跟往常一樣，但蛇髮女妖的頭顱和拋光的盾牌不見了，而翼鞋和赫丕劍也從荷米斯神廟裡消失無蹤。

帕修斯帶著達那厄和安卓美姐一起航向希臘，在那裡他得知普洛托斯國王的兒子們將阿克瑞修斯國王趕出了阿爾戈斯，阿克瑞修斯逃到北方的佛提亞，偉大的阿基里斯的祖先當時是那裡的國王。帕修斯往佛提亞去，想去見他的外祖父。他發現宮殿前有年輕人舉行比賽和體育活動。帕修斯心想，如果他在對陌生人開放的比賽中展現自己的力量，他的外祖父可能會更愛他，所以他參加並贏得了賽跑、跳躍，接著是投擲銅餅的比賽。帕修斯使勁一拋，遠遠超過其他人，但銅餅突然轉向，落在群眾中。帕修斯害怕了，風一樣的跑到銅餅掉落的地方。那裡躺著一個老人，慘遭銅餅重擊，人們說他殺死了阿克瑞修斯國王。

就這樣，女先知的預言和命運之神的旨意都應驗了。帕修斯哭著去找佛提亞的國王，把真相告訴他。國王跟全希臘人一樣都知道阿克瑞修斯曾企圖淹死女兒和她的孩子，他相信了這個故事，並說帕修斯無罪。他、達那厄、安卓美妲和佛提亞的國王一起住了一年，然後帕修斯率領佩拉斯吉亞人和密耳彌多人組成的軍隊，向南進軍阿爾戈斯，攻占那座城市，趕走他的堂舅們，也就是普洛托斯的兒子們。帕修斯和母親以及美麗的安卓美妲，在阿爾戈斯幸福快樂的生活了很久，死後將王國留給了他的兒子。

寫給所有人的 特洛伊與希臘故事集

作　　　者	安德魯‧蘭格（Andrew Lang）	
譯　　　者	謝靜雯	
責 任 編 輯	何維民	

版　　　權	吳玲緯	
行　　　銷	闕志勳　吳宇軒　陳欣岑	
業　　　務	李再星　陳紫晴　陳美燕　葉晉源	
副 總 編 輯	何維民	
編 輯 總 監	劉麗真	
總 經 理	陳逸瑛	
發 行 人	涂玉雲	

出　　　版　麥田出版
　　　　　　104台北市中山區民生東路二段141號5樓
　　　　　　電話：(886) 2-2500-7696　傳真：(886) 2-2500-1967
發　　　行　英屬蓋曼群島商家庭傳媒股份有限公司城邦分公司
　　　　　　104台北市中山區民生東路二段141號2樓
　　　　　　書虫客服服務專線：(886) 2-2500-7718；2500-7719
　　　　　　24小時傳真服務：(886) 2-2500-1990；2500-1991
　　　　　　服務時間：週一至週五09:30-12:00；13:30-17:00
　　　　　　郵撥帳號：19863813　戶名：書虫股份有限公司
　　　　　　讀者服務信箱E-mail：service@readingclub.com.tw
　　　　　　麥田部落格：http://blog.pixnet.net/ryefield
　　　　　　麥田出版Facebook：http://www.facebook.com/RyeField.Cite/
香港發行所　城邦（香港）出版集團有限公司
　　　　　　香港灣仔駱克道193號東超商業中心1樓
　　　　　　電話：852-2508-6231
　　　　　　傳真：852-2578-9337
馬新發行所　城邦（馬新）出版集團【Cite (M) Sdn Bhd.】
　　　　　　41-3, Jalan Radin Anum, Bandar Baru Sri Petaling,
　　　　　　57000 Kula Lumpur, Malaysia.
　　　　　　電話：(603) 9056-3833　傳真：(603) 9057-6622
　　　　　　Email：service@cite.my

印　　　刷　前進彩藝有限公司
電 腦 排 版　黃雅藍
書 封 設 計　莊謹銘

初 版 一 刷　2023年3月
定　　　價　399元
I　S　B　N　978-626-310-371-9

國家圖書館出版品預行編目資料

特洛伊和希臘故事集／安德魯‧蘭格（Andrew Lang）著；謝靜雯譯. -- 初版. -- 臺北市：
麥田出版：英屬蓋曼群島商家庭傳媒股份有限公司城邦分公司發行, 2023.03
288面；14.8X21公分
譯自：Tales of Troy and Greece
ISBN 978-626-310-371-9（平裝）
1. CST：希臘神話
284.95　　　　　　　　　　　　　　　　　　　　　　　　　111019656